第三极拾贝

魏强文集

魏强 著

中央民族大学出版社
China Minzu University Press

图书在版编目（CIP）数据

第三极拾贝：魏强文集 / 魏强著. —北京：中央民族大学出版社，2021.1

ISBN 978-7-5660-1813-7

Ⅰ. ①第… Ⅱ. ①魏… Ⅲ. ①藏学—文集 Ⅳ. ①K281.4-53

中国版本图书馆 CIP 数据核字（2020）第 163424 号

第三极拾贝——魏强文集

著　　者　魏　强
责任编辑　戴佩丽
责任校对　胡菁瑶　赵静　肖俊俊
封面设计　舒刚卫
出版发行　中央民族大学出版社
　　　　　北京市海淀区中关村南大街 27 号　邮编：100081
　　　　　电　话：(010)68472815(发行部)　传真：(010)68932751(发行部)
　　　　　(010)68932218(总编室)　(010)68932447(办公室)
经 销 者　全国各地新华书店
印 刷 厂　北京鑫宇图源印刷科技有限公司
开　　本　787×1092　1/16　印张：25.5
字　　数　320 千字
版　　次　2021 年 1 月第 1 版　2021 年 1 月第 1 次印刷
书　　号　ISBN 978-7-5660-1813-7
定　　价　98.00 元

目录

下编 文学艺术

前　言

我去过几次藏区，喜欢那里，前两年还到了甘南几个县走访、调研。藏区壮美的自然风光、独特的人文景观、浓郁的民族文化、鲜明的民俗特征，都给我留下了深刻的印象，并且深深地吸引着我。

有一部电视纪录片叫《第三极》，由五集电视纪录片和一集花絮组成。青藏高原被称为地球上的“第三极”，相比南极、北极，它是唯一有着人类丰富生存活动的极地地带。全片借“第三极”这个地理概念，通过一个个生动的故事展现青藏高原上的生命之美和人们的祥和生活，反映藏族传统文化得到继承、传统生活方式得到延续。本书书名即来源于此。

20 世纪 70 年代，在西藏昌都以南 12 公里处发掘了卡若文化遗址，遗址分为早、晚两期。出土文物丰富，达数万件。发现房屋基址 28 座；还有石质农具和石质狩猎用工具；另有一些环、珠镯等装饰品及土陶制品。此外，还有谷物、兽骨等。经研究，遗址属新石器时代，距今已有 4000—5000 年的历史。此文化遗址的成功发掘，表明当时人们已定居，经济生活以农业为主，兼有狩猎和家禽饲养。

卡若遗址的发掘为我们展现了西藏原始文化的历史画卷，实际上，早在旧石器时代，西藏就有原始人居住了。过去在定日县苏热、申扎县卢令、日土县扎布、普兰县霍尔等地发现的旧石器，在那曲、申扎、双湖、班戈、聂拉木、日土等地发现的新石器，在林芝、墨脱以及在拉萨、札达、乃东、小恩达等地发现的新石器时代的文化，这些都与昌都卡若文化有相似之处，具有某些联系，它们之间有某些传承的可能。卡若遗址发掘的资料说明，西藏高原自古就有人类在这里繁衍生息，开拓这片广阔的土地，为藏民族原始文化的形成奠定了雄厚的基础。

象雄文化被称为西藏的根基文化，早在公元2世纪至3世纪时，今阿里地区札达县、普兰县即为象雄国中心辖区。据《世界地理概况》载，在冈底斯山西面一天的路程之外是象雄国的都城。这片土地曾经为象雄十八国的国王们统治。反映古象雄文明的《象雄大藏经》是象雄文化的精髓，这是一部涵盖了哲学、天文、地理、医学、艺术、建筑等领域的百科全书，有着丰富的历史文化价值。《象雄大藏经》其实就是藏族历史、宗教和文化的滥觞，是研究藏族古代文明极其珍贵的资料。

古象雄文化的遗迹贯穿西藏的方方面面。从生产到生活，从民俗到信仰，处处都有象雄文化的影子。比如祭山神、转山等宗教活动仪式，都源自象雄文化。象雄人的宗教、文字等深刻影响了吐蕃以及后来的西藏社会。

公元7世纪，佛教从印度传入西藏，虽然在公元9世纪中叶一度遭禁止，但是随着后弘期的发展，佛教最终还是在西藏扎下了根基，之后又不断巩固和壮大，在青藏高原传播开来，并与西藏原有的本教融合形成藏传佛教。这一藏族地区特有的宗教对藏族文化产生了十分巨大的影响，经过长时间的流传与发展，藏传佛教的思想已经渗入藏族社会的各个方面，对西藏文化产生了强烈的影响。

藏民族历史悠久，文化丰厚。从公元前2000至3000年的卡若文明到公元2世纪至3世纪的象雄文化，再到公元7世纪以来的佛教文化，滚滚的历史长河所沉淀的丰厚的传统文化是可想而知的。我的文集正是在藏民族这丰厚的文化积淀的震撼与滋养下完成的。这部文集里既包括了农牧业生产活动，又有哲学、医学、艺术、建筑等方面的内容，更有宗教文化的韵律。

顶礼藏民族的传统文化！

顶礼吉祥如意的青藏高原！

魏强于曾经的陋室

2016年2月3日

上编　宗教文化

1　论藏传佛教的灵魂观

藏传佛教轮回转世的观点，实际上就是灵魂存在的依据，换句话说，没有灵魂的存在，也就谈不上轮回转世，人的生与死不是人力所能控制的，因此产生了种种说法，其中最神秘的是有关灵魂的。按照藏传佛教的观点，人乃至于其他动物都是有灵魂的。生，是灵魂驱动使然；死，则是灵魂出壳之必然。灵魂是永驻的，是永远不灭的，它从前世转今世，再由今世转来世，就像转动的车轮，永无休止。佛教的轮回说认为，从前世转到今世，这就是灵魂的转生。以上是灵魂可以转世的问题，接下来就是往哪里转的问题。藏传佛教进一步解释，人有善恶之分，善人死后，他的灵魂会得到好的转生，即转生为人，甚至转生为贵族；如果是恶人，生前做了坏事，那么就要转生为动物。坏事做多了，还要被打入地狱，一世要受苦受罪。这种因果关系和轮回的学说，根据人的生前、生后及未来，出现了六道轮回的宗教伦理。“轮回”一词的藏文为“阔瓦（vkor-pa-）”，意思是死而转生，如车轮之回转。[①]《心地观经》载云：“有情转回生六道，犹如车轮无始终。”藏传佛教是这样解释六道的：一是地狱，即地下的八寒八热之地狱；二是饿鬼，即所谓魔鬼界也；三是畜生，又译作“旁生”，即所谓人以外的动物禽兽；四是阿修

① 蔡志纯、黄颢编著：《活佛转世》，中国社会科学出版社，1992 年，第 11 页。

罗，又译作“非天”，即所谓爱好战斗一类的众生；五是人，也译为“人类界”；六是天，又译为“神明界”。佛教认为轮回是由业报决定的，佛教主张世俗众生积极行善，善得善报，恶得恶报，人一生的行为会决定他将来得到一个什么样的报应，在什么样的境界里去轮回。在六道轮回中转生，分善恶，行善的可转生为天、人、阿修罗，行恶的只能转生到地狱、畜生、饿鬼。

把藏传佛教轮回转世的观点和藏族的丧葬习俗结合起来，做横向联系，并以此为基点，把一个人的死亡、灵魂飘出躯体、在中阴前徘徊、进入中阴、七七超度（中阴闻教）以及对布施的认识、布施行为等做一个纵向梳理，读者可较为清楚地了解藏族对灵魂的态度、对死亡的认识，这是本章节的撰写目的。

一、灵魂出窍

藏族丧葬观念既是远古时期所表现出的种种意识行为，同时也融进了佛教思想。佛教思想对藏族社会有1000多年的影响。在藏族传统观念中，肉体只不过是个躯壳，它是灵魂的寄居之所。如果一个人寿终正寝，其肉体就失去了存在的意义，其灵魂则飘然而出。从另一个角度讲，如果灵魂要脱离躯壳，那就意味着一个人行将毙命，留下的只是一副躯壳。灵魂去了哪里？按照藏传佛教的观点，灵魂进入了中阴，等候轮回。由此看来，在藏族的观念中，死亡不是终结，不是泯灭，它仅仅是废弃了作为物质的肉体，飘出的灵魂将去驱动一个新的血肉之躯，开始新的生命之旅。

在闫振中先生的大作《西藏秘境》中记录了这样一件事情：

老僧已奄奄一息，灵气正在消逝。法师轻轻地握着老僧的手说：“老人啊，你要摆脱肉身的束缚了。注意我的话，好使你能选择易走的路……你的生命正在接近，越来越接近最后的解脱了。老人啊，你要镇定沉着，这里没有可怖的东西……老人啊，你要轻松从容，抛开生命进入实相之境，不必紧张慌乱……解放你的精神，享受来世快乐的时刻近了。”主持仪式的喇嘛一面指引一面敲打那垂死的老僧，从锁骨敲到头顶，这样可以让灵魂毫无痛苦地解脱出来。敲打继续进行，老僧的生命力在他已沉寂的尸身上方汇聚成一团云雾状的东西。这东西旋转扭动似乎有点纠缠不清，而后化为一缕青烟，其大小与肉身相似且仍由银带与它相连着，银带渐渐变细，正像婴儿的脐带被割断而出现于世，老人也将在银带断裂后进入来生。现在银带越来越细，已成了一条游丝，终于断离。那团与肉体相似的清烟非常缓慢地飘开了。“你已死了，你与人间无瓜葛，肉身的束缚也已割断。你已进入‘中阴身’，你走你的路，离开这个虚幻的世界进入伟大的‘实相’世界吧。你已死了，继续你的前程吧。”

上文所引用的闫先生书中法师对临终老僧讲的这些话，按照藏传佛教的理解就是催促其灵魂脱离躯体，进入中阴。藏传佛教认为，临终的痛苦中阴，从死亡过程的开始，一直到所谓的“内呼吸”结束为止，最后是死亡时的心性显露。法性的光明中阴，是包含死后心性光芒的体验。“明光”或“光明”将会展现为声音、颜色和光能。在这一刻，临终者需要帮助，当其处于弥留之际，为集中临终的心境，藏族群众多是请一位亲友或一位喇嘛在病人的耳边，呼唤病人所崇拜的菩萨或活佛的名号，让其微弱的意识忆念佛祖，死后能够抱着良好的善心离去，使灵魂早日生于善趣。在《西藏度亡经》（又叫《中阴得度》）中有一段经文是为临终者的灵魂念诵的：“尊贵的某某（称呼临终者的名字），现在，你求道的时候到了，你的气息就要停止了。你的上师已经助你入观光明了：其中一切万物皆如无云的晴空，而无遮无瑕的智性则如一种没有周边或中心的透明真空。当此之时，你应该了解你自己，并安住此一境界之中。我此时也在助你进入其中。”①

一般而言，宗教承认一种不为自然规律所制约，但能影响自然事物的“超自然体”，这种“超自然体”不具有物质躯体，但是具有意志、欲望、情感和智能等。神仙、鬼怪、精灵等“超自然体”的出现，即反映了各种宗教都具有不同形式的超自然体观念。藏传佛教的轮回转世观念能最集中、最具体地反映这种“超自然体”的积极活动，处在阳间之人又以超出寻常的思维和行为去迎合它的意志，并按照藏传佛教的相关理论及严格的宗教仪轨指引它去其归宿落定。

在藏区，人死后，还要速请活佛为死者做“颇瓦（vpho-pa-）”，即举行超度灵魂仪式，在念过一阵经咒之后，活佛拔掉死者头顶的一根头发，作为灵魂出窍的金门。藏传佛教是这样解释的：灵魂如从头顶出窍，死者可以投生人、神、阿修罗“三善趣”；如从腰部以下出窍，便会转生到地狱、饿鬼、畜生“三恶趣”。为了死后不落入地狱，很多信徒香客在生前便请高僧活佛在头上开启金门。关于“颇瓦”仪式，还有的说是在天灵盖上开一个小孔，让灵魂尽快离开死者的躯体。据说，有些咒师法术高强，在异地作法，可以击倒垒在死者卧榻边的砖石，并达到灵魂出窍的目的。拉萨东北部的直贡梯寺活佛，以“颇瓦”法术闻名整个藏区。每年六月羊尔岗寺的“噶珠节”，活佛专门举行“颇瓦”典礼。据说当他击掌并呼唤几声“嘿”之后，成千上万前来膜拜的信徒，头盖骨上都同时出现一个小孔，他们死后，不必再超度，灵魂可以通过头上的小孔出去。如果不经过“颇瓦”仪式，灵魂从肛门脱离躯体，就只能在地

① 莲花生：《西藏度亡经》（第2版），徐进夫译，宗教文化出版社，2003年，第40页。

狱、饿鬼、畜牲“三恶趣”中轮回，那是非常可怕的。有些地区，在病人即将咽气时还要为其灌一粒称为“秦丹”的藏药，“秦丹”是由活佛加持过的，具有极大的神力，能使病人情绪平稳，无忧无虑、无牵无挂地离开人间。

“颇瓦法”属于藏传佛教的范畴，它是专为临终者而修习的法门，其目的在于帮助临终者释放出自己的意识，再让这意识与佛的智慧心相结合，就是让临终者的灵魂向佛的精神靠拢，在佛的智慧心的引导下，亡灵沿着正确的轨迹投往“三善趣”。去往“三善趣”亦或“三恶趣”关键在于意识从人体哪个部位逸出体外。佛家认为，人体共有九个孔，虽然说这九个孔都是意识飘出体外的通道，但不同的通道却决定灵魂将转世为何种身份，也就是说将转生到哪一道。修“颇瓦法”的根本目的就是让人的灵魂走头顶上的孔，（头顶有两个孔，一处是指发往后四指；一处是顶门。“颇瓦法”所言的头顶是指后者）。这样的话，人的灵魂就会往生于西方极乐世界。

二、期盼灵魂尽早轮回

按照藏族人的理解，在多数情况下，人死后，其灵魂要在人世间停留一段时间，徘徊在死者生前的场所。大密宗师兼高级藏医洛桑·伦巴①认为：“肉身一死一切机体活动就停止了，但是，精神灵魂自我完全脱离肉体束缚大约需要三天时间（另有佛教家认为是三

① 洛桑·伦巴生长于西藏，是位终生修习藏密而又达到相当境界的医生学者。他 7 岁时在拉萨的藏医最高学府察克波里寺出家，历尽种种磨难，终于大开智慧，获得天眼通、他心通、灵体飞行等特异功能。据说他在 8 岁的时候便大开天目，可以看到人的灵体的真面目，也就是说可以观测到每个人真正的内心形象。他对生和死的把握比常人准确，因此，他对死亡的描述是值得我们认真研究的。

天半或四天时间)。……"[1] 在这几天时间里，亡灵对家人，对它所熟悉的一切怀有强烈的难舍之情。当它看到亲人哭泣，会劝告他们自己还在，不要悲伤。然而，它却感到他们听不到自己的话。它去抚摩亲人，但是，他们也没有感觉到。再看看自己的床铺被拆掉了；饭桌前面自己的座位也没了；自己吃饭的碗被扣过来了；自己的东西也不知道被放到哪儿去了。此时的灵魂"觉得愤怒、受伤和挫败"[2]。白玛格桑仁波切做了进一步解释："对于家人和财物，中阴有情会产生贪恋之心，如果发现自己积攒的财物不见了，贪欲心和吝啬心会使中阴产生无比巨大的嗔怒心。"[3] 从藏族的传统认识来看，在人亡故的3—4天的时间里，死者的亡灵尚表现出对世间的流连、对家人的缠绵以及对身外之物的贪恋。在这一时刻，飘动着的灵魂似乎在梦中，它还能看到生前的一切景象，听到一切声响，它还不能十分肯定自己确实是死了。它竭尽全力与家人沟通，它要问这一切究竟是为什么。宗师洛桑·伦巴还分析到，亡者这种对人世间的执着，活着的人既能看到，也能感觉到。

在《西藏秘境》里还讲述了一件发生在西藏墨竹工卡甲玛乡结布岗天葬台的事。"一日，天葬台上并放两具尸体，一具较胖的生前是个喇嘛，70多岁；另一具生前是个农民，30多岁。行天葬的当日，来了一百多只鹰鹫，按理说，来了这么多鹰鹫是件好事，一切应该顺利完成，事实上，并不像人们所想的那么简单。百十多只鹰鹫朝那具老者的尸体一拥而上，不一会儿工夫仅剩下一副骨架，而年轻人的尸体几乎原封不动。"[4] 按照藏族人的观念，鹰鹫不吃尸体

---

① 闫振中:《西藏秘境》，西藏人民出版社，2000年，第2页。
② 索甲仁波切:《西藏生死之书》，郑振煌译，中国社会科学出版社，1999年，第327页。
③ 白玛格桑仁波切:《生死的幻觉》，西藏人民出版社，2005年，第218页。
④ 闫振中:《西藏秘境》，西藏人民出版社，2000年，第15页。

是不吉利的，一般的说法是死者生前的罪恶太多。但当时那具年轻人的尸体不吸引鹰鹫，则是另有原因。该男子死后，身后留下了一位年轻貌美的妻子，男子生前与妻子十分恩爱，死后其灵魂百般眷恋自己的爱妻，迟迟不肯离去，这种恋生的欲望会变为幽灵在这一带游荡，鹰鹫能看见他的幽灵，所以都不敢上前啄食他的尸体。一般来说，天葬师有办法让他的灵魂离去。于是，天葬师对着尸体笑骂道："你这个小气鬼，人已死了还赖在阳界不走，到底想干什么？是不是舍不得你年轻的老婆，你走你的吧！以后的事情你管不着了，你应该专心地去走你自己的路。"之后，鹰群围了上来……

在藏族人看来，人死后，其灵魂离开得越快越好，灵魂早些离去，就意味着它可以早些轮回转世。上述墨竹工卡天葬台的情况是人们所不愿意看到的，所以人们要为死去的亲人做些什么，并用自己审慎的行为替刚刚出壳的灵魂营造一个妥善的气氛。从藏族人对亡者的态度、对遗体的处置方式和丧葬习俗等方面来看，最重要的一点就是从灵魂角度出发去考虑问题，人们所做的一切都是为灵魂服务，归根结底是希望灵魂快些离去，不要在人世间停留得太久，影响轮回的进程。以下的藏族丧葬习俗就可以清楚地反映这一点。

在西藏，一个人死后，遗体被搁置在卧室的一角，其下垫几块土坯。子女和亲属们虽然心中哀恸，但只是相互抱头抽泣，并不捶胸顿足，放声大哭，甚至不高声说话，尽可能保持安静，以免悲哀的气氛使灵魂与亲人难舍难分。他们认为，家人的悲哀甚至会导致亡灵坠入恶道，只有保持安静，才可以让死者的灵魂尽早上天堂。除此之外，死者家属还要马上去寺院，请喇嘛念经，以超度死者的亡灵。在后藏，一般要请喇嘛来家中诵经。在甘、青藏区，病人刚刚咽气，子女要立即前往寺院报丧，请求寺院派出僧侣到死者灵前诵经超度，并占卜出殡的日期。寺院对于丧讯从不怠慢，无论死者家境贫富，都要立即派出喇嘛去亡者家超度。

在后藏，出殡之时，当死者被背起，背尸人后面须有一人，一手拿扫把，一手拿方篓，把糌粑白线扫进方篓，再把垫尸的土坯也放进方篓，之后，跟随送葬人群，走到十字路口处，连同方篓和扫把一齐弃置在路口。藏族人普遍认为，这样做的目的是希望亡者的灵魂随着土坯一同离开。此外，当尸体被背出门后，背尸人和送葬的人均不得回头望；送葬的亲朋好友在天葬以后两天内不能到死者家中，这样做是为了避免死者的灵魂被带回家中。据说，有些地方在停放尸体处还要摆上一副鞍鞯，鞍子上再放一把扫帚。这是说如果死者的灵魂返回家中，看见自己躯体旁有鞍子和扫帚，即会醒悟自己已经辞世，非走不可了。灵魂便骑上“坐骑”，以扫帚为鞭，直奔“善趣”。

另外，亲友要销毁死者所有的照片、遗物，再不能提亡者的名字，只能叫“死者”或“安魂的人”。在青海藏区，藏民们分得更清楚，对已故的男性长者要称其为“噶什顿博（sku-gshegs-dam-pa-）”，女性长者要称“噶什顿玛（sku-gshegs-dam-ma-）”；中年男性死者，称为“喇不桑博（bla-bsang-po-）”，中年女性被称为“喇不桑玛（bla-bsang-ma-）”；小男孩叫“额多喝吾（vngo-bo-）”，小女孩叫“额多喝玛（vngo-ma-）”。对圆寂的喇嘛，须尊称“谢合松努（gshegs-song-po-）”；对圆寂的转世喇嘛和其他受尊敬的人，尊称“星霞（zhing-gshegs）”，意为“动身前往天国的人”。[1] 在藏族民众看来，人死后讳名的习俗，是为了断绝亡者的灵魂对人世间的眷恋，避免由此而引起的灾祸。

---

① 仇宝燕：《青海藏族风情丛话》，中国旅游出版社，1987 年，第 107 页。

在西藏，“七七超度”期间，第一个“七”，除了请喇嘛诵经外，亲朋好友还要帮助死者的家人洗头，表示哀悼完毕；亲友还要向“冲达（vbrung-brtag-）”[①] 献哈达、茶酒。人们取下供死者饮食的陶罐，到河边，一边撒糌粑，一边撒陶罐里的灰，撒完，将陶罐扔掉。这河边插上“龙达（rlung-rta-）”，意为风马，即经幡，其上写有死者属相，风吹过，风马似马一样奔跑，为死者祝福。表示家里已经没有死者的饮食，死者的亡灵只能在野外就餐，从而使其产生紧迫感，加速去转世轮回。

宗教思想长期影响着藏族群众的意识和行为，灵魂观念直接关涉到人们的丧葬习俗。在漫长的生活实践中，人们对死亡这一人生自然规律的态度和对灵魂的认识，已经在丧葬习俗当中形成了一系列表现、行为和对表现、行为的解释。通过藏民在丧葬全过程的这些表现、行为和解释，我们能明显地感觉到，亲属们对亡灵的最大希望是什么，他们的一切表现和行为是与他们的这份希望相伴而生的。

三、“七七超荐”的法力

《西藏生死之书》的作者索甲仁波切认为：“中阴有四个不断而息息相关的实体：此生的自然中阴、临终的痛苦中阴、死亡的光明中阴、受生的业力中阴。”[②] “七七超荐”实际上就是为亡灵在受生中阴期间修法，时间是四十九天，目的就是通过法力去影响亡灵的未来。超荐过程要一直持续到亡灵投胎，有了新的生命为止，通常

---

① 在藏区，人死后家人请画师画一幅佛像，或者请塑匠塑一尊菩萨，意为护送死者转世投胎的神佛，藏语叫作“冲达”。

② 索甲仁波切：《西藏生死之书》第十九章“亡者超荐”，中国社会科学出版社，1999 年版。

情况下，在四十九天之内，新的生命即可诞生。

灵魂在受生的业力中阴，即人死亡后的四十九天里最需要帮助。这种“帮助”就是人们常说的“七七超度”。灵魂在受生中阴期间等待转世，进入六道轮回，而处在阳间的人则为亡灵的早日转世而紧锣密鼓地进行“七七超度”。在佛家看来，一个飘忽在寰宇中的亡灵，凭借它自己的力量是很难进入“正道”的，应该用佛教的具体内容来加以引导。佛教认为修法最有可能影响亡者的未来，让亡者有机会获得解脱，或至少往生善道。

做“七七超度”时，每次“都要请一定数量的僧人集体修各种仪轨，达到清除罪障、解脱境界和往生超度的目的”①。七日一次，共进行七次，灵魂在中阴期间，寻求生缘，即转世，以七天为一个周期，不得生缘，再续一个七天，直至“七七”（四十九天），灵魂必转世。

“一七”。佛教认为，第一个七天是喜乐部诸尊显现的中阴景况。在此阶段，也伴有七天的危险景况。所以，向亡灵介绍发生在这个阶段的各种现象：诸如不同颜色的光芒和诸位尊圣的显现，同时也有来自“三恶趣”的各色光亮。据此情况，通过经文告诫亡灵应如何面对这些中阴实相，分清善恶，以免误入歧途。比如“一七”第二天的经文诵道：“……在这第二天中，将有……白光发射而出。当此之时，深蓝色的东方妙乐佛土，将有身为蓝色、手执五股金刚杵、坐于象座之上，有玛嘛基佛母拥抱的金刚萨埵阿閦世尊，在地藏菩萨与弥勒菩萨及其眷属（持镜与持花）两位女菩萨陪伴之下出现在你的面前。……一种来自地狱的烟雾色的暗光，也跟着向你投射而来。……白光……那是金刚萨埵世尊前来接引，使你脱离中阴的怖

① 白玛格桑仁波切：《生死的幻觉》，西藏人民出版社，2005 年，第 190 页。

畏之境，你要相信它，……不要爱上那烟雾色的地狱暗光，那是一条导向地狱的道路，……千万不要受它的吸引，……"①

通过"七七超度"，阳间的人通过一连串的行为与亡者的灵魂在阴阳两界相互沟通。由此观之，"七七超度"时念诵的一段段经文，就如同发送出去的一条条指令，为灵魂指引方向，助其克服业障，引导它走向轮回之路，尽快进入胎门。

值得一提的是，在超度过程中有严格的程式，这一点，在不同藏区略有差异。如在甘、青藏区，"宁古（nying-sku）"喇嘛，即"指路活佛"坐在帐房的上席，右手高举法器"金钢"，左手摇动铜铃。普通的僧侣被称为"扎哇（graw-ba-）"，众"扎哇"在他下席的两侧盘膝，一人敲着长把皮鼓，一人击着圆钹，其他人双手合十，高诵经文。在安多地区，安多藏语称这种法事活动为"盹代（bdun-vdas-）"。在一般情况下，"盹代"要由七名僧侣进行七天，以表示在中阴的七七四十九天时间里，每天都有僧侣在为亡魂超度。

"四七"第一天要举行较为隆重的法事。因为前二十一天亡者的灵魂还和这一世有着剪不断的关联，因而能够接受人间的帮助。佛家认为在前二十一天当中，利用法力可使亡灵有机会获得解脱，从第二十一天开始到第四十九天，逐渐决定他们下一世的肉身。为使灵魂往生于净土，要由喇嘛僧人主持礼佛供神法会，诵《尊胜佛母经》，亲朋好友都来参加。当日，家人要到大寺庙供灯礼佛，举行"百供"（一百零八盏灯）或"千供"（一千盏灯）仪式。

"七七"。"死者终于出了中阴的梦幻世界，进入血肉之躯的子宫之中（入胎），再度回到人世经验的清醒状态。"② 所以说，在最

---

① 莲花生：《西藏度亡经》，徐进夫译，宗教文化出版社，2003 年，第 29 页。

② 莲花生：《西藏度亡经》，徐进夫译，宗教文化出版社，2003 年，第 50 页。

后一个“七”各类仪式举行得最为隆重。首先死者家请喇嘛举行祈祷超度仪式，亲友们为“冲达（vbrung-brtag-）”奉献哈达，膜拜佛像，请求护佑死者的灵魂顺利转生；放置“百供”“千供”，另有香、水、食等供品。这一天，还要把给死者供奉饮食的陶钵扔进河中，因为他的灵魂已经进入了母腹，无须家人再供吃喝。

“七七超度”期间，根据亡者的家庭经济情况，要修《中阴闻教得度》《深密猛静自在解脱法》《金刚萨埵法》《千罪法》《普贤菩萨行愿品》等，诵《救度佛母经》或《大宝师尊经》《千供尊胜佛母经》。

死者去世一周年时，家人要举行被称为“暖局”的周年祭。佛家认为，经过整整一年之后，死者转世的过程圆满完成，现在正在某地成为一个可爱的婴儿，重新开始人生的旅程，因此其家人不能再悲伤，而应当欢庆。此时，亲朋好友欢聚一堂，唱歌跳舞，饮酒作乐，庆祝死者的再生。

四、布施的功德

大乘佛教所说从生死此岸到达涅槃彼岸的六种方法和途径（六波罗蜜），布施度为其中之一，要求僧人具备施舍心，施予他人财物、体力和智慧，造福他人，积累功德，以求得解脱。布施方法有财施、法施、无畏施和慈施，能证法无我无分别慧，满足众生之愿，成熟三乘种性。小乘佛教布施的目的是破除个人吝啬与贪心，以免除来世的贫困，求得个人解脱；大乘佛教实行布施是要求得众人解脱，帮助众生脱离苦海，到达涅槃彼岸。布施的行为对藏族群众的影响是非常大的，对于佛教高僧而言，布施可到达涅槃彼岸，走上成功解脱之路；对于一般信教的藏族群众来说，布施可以使自己的来世有个好的回报。

在西藏，一个人死后，其亲属一定要对寺院、喇嘛僧人乃至乞丐做慷慨布施，此时的布施行为与亡者的灵魂有着紧密的联系，其宗旨还是基于灵魂转世，进入“三善趣”。一个人进入弥留状态，家人的布施活动也随之开始（当然生前也是要讲布施的）。喇嘛上师为临终者修完“颇瓦”后，牧区的藏族群众会把家里最优良的马匹配上最好的马鞍以及上好的氆氇衣布施给喇嘛上师。西藏的一些地区还把火器、吹火筒、锅碗等生活用品布施给作“颇瓦法”的喇嘛。另外，家中还要派人到死者诚信的寺院，供酥油灯，给僧人钱、茶，为寺院供灯添加酥油。到了第七个“七”，按传统必须举行最隆重的布施活动，家人去大昭寺，给门口的乞丐施舍，散一点钱，让他们帮助祈祷。

青海藏区，“盹代（bdun-vdas-）”结束以后，死者生前的衣物和各种用具都要布施给“宁古喇嘛”。人们普遍认为，这样做的目的是要通过大慈大悲的喇嘛，将死者生前的衣物、用品交给亡者的灵魂，使其在中阴的途中继续享用。另外，亡者的家庭还要按人头平均分出属于死者个人的一份牲畜，交给寺院，作为死者的最后一次布施。藏族群众认为，布施越多，功德越大，灵魂进入“三善趣”也就越顺利。前文提到了由“宁古喇嘛”率领僧人前往亡者家做“七七超度”，当超度完毕，众僧人即将返回寺院之时，喇嘛躬身合掌，对死者的家属讲这样几句话：“真亲博（对死者的尊称，意为大恩大德之人）在生前诚信佛法，乐善好施。上有千佛之护佑，下有‘盹代’之超度，通往天国的必定是一条白色的路（藏族崇尚白色，视白色为吉祥、如意、纯洁、至高无上的象征）。”①

---

① 仇宝燕：《青海藏族风情丛话》，中国旅游出版社，1987年，第99页。

《六度集经》第一章说道："布施度无极者厥则云何？慈育人物，悲愍群邪，喜贤成度，护及众生跨天逾地，润弘河海。"这几句话的大意就是说布施是十分广泛的，布施的对象不仅是人类，也包括世间一切生灵，即天上飞的、地上跑的和江河中游的。

就拿天葬来讲，有一种解释就同佛教的布施有着极为密切的关系。人死后，以自己的身躯去喂鹰鹫，这是人死后所行的最后一件善事，即布施。同样，水葬和鱼有关，土葬和虫有关。佛教讲求无贪欲，利众生。在世的一生要广积布施的功德，辞世后也应把自己的身体毫无保留地奉献给这个世界，这样做的目的就是希望来世有个好的回报。对于佛教高僧来说，即可到达西方极乐世界。

结语

本篇围绕"灵魂出窍""期盼灵魂尽早轮回""七七超荐的法力""布施的功德"四个方面，扼要地描述了藏民族的灵魂观。此外，通过揣摩和观察这四个方面，可以感觉到，藏民族对灵魂的认识是十分深刻的，这一点既基于灵魂理论的完备，也体现在围绕灵魂而付诸实践的普遍性上。总之，对于藏民族来说，灵魂的存在是不容置疑的，被西方人看作神秘至极的濒死体验（NDE），在藏民族看来是理所当然的，仿佛本该如此。

2 藏族灵魂崇拜研究

一、原始宗教中的灵魂观念与亡灵崇拜

灵魂观念是在自然崇拜和图腾崇拜的基础上发展而来的，是随着社会生产力的发展、原始社会的不断进步、原始先民的思想意识不断深入，从泛神论直到专注于祖先神灵这样一条轨迹逐步过渡形成的。原始宗教的灵魂观念及灵魂崇拜是通过亡灵崇拜而得以体现的。

（一）关于灵魂的解释

“灵魂”一词希腊文、拉丁文的意思是“呼吸”“气息”，在古梵文中是“生气”的意思。这意味着欧洲先民认为，人生命的本源和内在的主宰者是呼吸或气息，并由此推想在人身体中的灵魂的本质是气息，质地为气状，有维持生命和精神活动的作用。① 希腊哲学家毕达格拉斯（Pythagoras，约公元前 580 年—公元前 500 年）、爱非斯（希腊语：Εφεσσος）学派的代表人物赫拉克利特（Heraclites，约公元前 540—公元前 480 年）、泰勒斯（Tales，约公元前 585 年）

① 陈兵：《生与死——佛教轮回说》，内蒙古人民出版社，1994 年，第 7 页。

都认为灵魂是由水构成的，并能够引起运动。灵魂的质地为气状，也可以说是雾气，它可以像一团云雾，在地面上游动，雾气聚拢可呈现人形的轮廓，再聚拢就可清晰地显现出人形。灵魂具有思想和感觉，并且有维持生命和精神活动的功能。灵魂的核心就是永恒，逝去的人在灵魂的作用下又迎来一个新的生命体，生生不息。

发达国家研究灵魂已有很长的历史了，欧美等国都有研究灵魂的实验机构。科学家研究灵魂的存在一般是通过濒死体验的临床案例。20 世纪 60 年代，欧美科学家又提出了超弦[①]的物理学理论，力图证明灵魂的客观存在。据说，欧美科学家经过分析、实验，最终承认灵魂是一个客观存在的实体。

（二）亡灵崇拜的基本状况

灵魂不灭观念的最早形式是祖先崇拜，即亡灵崇拜。“亡灵崇拜是灵魂观念和以氏族、家族恋亲感情相结合的产物”[②]，也就是说亡灵崇拜是基于死去的祖先的灵魂仍然存在，并对后代仍能产生影响。一般情况下，灵魂观念是要借助亡灵崇拜即祖先崇拜来表达的。

进入对偶家庭阶段，子女确知自己的父亲是谁。藏族先民出于恋亲感情，相信祖先的灵魂会继续庇荫自己的后代，像生前一样呵护本家族的成员。这种恋亲情感就是亡灵崇拜即祖先崇拜的肇始，继而开始了一系列祭祀崇拜、祈求许愿等宗教行为，形成了严格意义上的亡灵崇拜。

不同藏区祖先的形象是有差别的，大致分为四种。一是中柱[③]，

---

① 现在科学家们普遍认为，物质世界是由超弦的振动产生的。超弦是宇宙具有独立生命意识的最微小的生命体，人类的灵魂其实就是其中一种超弦。

② 陆建松：《魂归何处——中国古代丧葬文化》，四川人民出版社，1999 年，第 3 页。

③ 中柱：屋子中央起承重作用的立柱。

即以藏族房屋里的中柱代表祖先，还有一种说法认为中柱是祖先亡灵的寄居之所。就整个藏区来说，以中柱作为祖先亡灵象征较为普遍，几乎包括了卫藏、安多的大片地区，康巴除西北部以外的地区，都是以中柱来象征祖先亡灵的寄居之所。藏区的中柱颇具特色，有的中柱被装饰得很漂亮，其上方的柱帽以蓝色为基调，代表天空，左侧是红日，右侧是弯月，弯月的颜色为黄色，中间上方是两朵白云；在中柱的中段绘有一把丰收的麦穗，麦穗两旁各有一支黄色的彩带向上飞扬。中柱在藏家居室中十分抢眼，同时，也显得很庄重。此外，有的藏区群众会在厨房里靠灶边的一根柱子上捆绑着一把麦穗，以此来象征祖先亡灵的寄居处。二是灵牌，在川西南的冕宁藏区一带和甘南藏区的岷县一带有为祖先亡灵设立灵牌的习俗，这种灵牌同内地使用的极为相似。三是墙壁，紧靠碗柜（也有一说是神柜）后面的墙壁是亡灵寄居的地方。如在川西北，白马藏人的家居中有一个碗柜，里面装的都是吃饭用的碗、盘、筷子等餐具。之所以也称其为神柜，就是因为在柜上会置一方形木斗，作煨桑之用。再有就是在柜子后面的墙上，贴着牛、马、羊、猪、鸡等家畜的各类剪纸，也有贴日、月、星辰之类的剪纸。总之，墙壁和紧靠墙壁的碗柜被布置得颇具宗教气息，使这里成了祭祀祖先亡灵的地方。四是把一种叫“石洗”的小木人作为祖先的形象，这是位于雅砻江河谷地带的纳木依、柏木依藏人崇拜祖先亡灵的习俗。

多数情况下，崇拜、祭祀哪尊神灵或灵魂，一定要设置偶像以代表这些神灵，从自然崇拜时期开始藏民族就为山神、水神、灶神等设置了不同的偶像，以便顶礼膜拜。

（三）亡灵崇拜的特点

藏族对亡灵崇拜非常重视，这主要体现在祭祀活动较为频繁，比如平时对祖先亡灵的供养、正式的祭拜活动、婚姻礼仪中的拜祖等。总之，祖先在后人心目中的位置十分重要。

首先讲平时对祖先亡灵的供养与祭祀。最为常见的是中柱上会固定一把青稞麦穗，另插一些经幡。在阿坝，百姓们经常向中柱浇洒鲜羊奶，在云南迪庆还会在中柱上涂抹酥油。通常情况下，多数藏区的百姓平时吃饭，在未开饭前，都要象征性地在中柱上放一点点饭食，以表对祖先的尊重和供奉。在川西南的冕宁藏区稍有不同，这个地方祖先的象征是灵牌，当地藏族群众在饭前将肉、菜、饭放置于灵牌前作为供奉。饮茶、喝酒的话，都要随手向灵牌方向淋上一点酒或茶。这种平时的祭祀活动规模不大，确切地讲只能算是一种宗教习惯。这种供养表明后人对祖先的缱绻之情始终如一，后人怀着无比崇敬的心情悉心供养自己的祖先亡灵，表示出浓厚的血亲关系。

其次是正式的祭祖活动。祭拜活动在各藏区稍有差别，活动时间一般是在藏历十二月二十日。祭祀仪式开始时，先由家中的长辈到家中神柜前献净水、供品，并点上神灯；然后在长辈的带领下全家大小向神柜叩头膜拜。礼毕，该长辈还要逐一呼唤历代祖先的名字，一直呼喊到最近一代。呼喊后，全家人跟随长辈到大门外，把事先准备好的青稞、荞麦、豌豆等粮食分九次抛撒在地上;[①] 同时还要把酒肉等供品投放在门前或村外路口上，以供祖先亡灵享用。此外在卫藏和康巴的大部分农区，每年要举行三次祭祀亡灵活动，祭祀的目的是祈求祖先保佑粮食丰收、人畜平安，三次祭祀的时间都与农业生产相关。

祖先在一个家庭中受到如此重视，并肩负着粮食丰歉之大任，

① 周锡银、望潮：《藏族原始宗教》，四川人民出版社，1999 年，第 118 页。

后人们希望祖先显灵，保佑粮食丰收。早先的藏族先民在大自然肆虐时要向神灵求助，比如向天神、山神甚至是水神祈祷，而当原始宗教发展到灵魂崇拜时，人们真正认识到了人的力量，自我意识不断增强，将以往对神灵的依赖转移到祖先亡灵上。

最后是特殊日子的祭拜活动。每逢迎亲送亲或遇其他事情，家庭成员都要祭奠祖先亡灵。在康巴藏区，藏民族的婚庆与其居所的中柱保持着非常紧密的关系。在婚礼的迎亲和送亲环节中，无论是新郎家人还是新娘家人都要在中柱下举行祭祀仪式。比如说，婚礼当天早上，送亲队伍人员到齐后，开始举行的结婚仪式的其中一项，就是主婚人手捧哈达，带领新娘（如果是入赘的就带着新郎）和送亲队伍围着房屋中柱转上三圈，最后将哈达系于中柱上，向祖先亡灵表示家里添了新人。又比如，在青海海北的婚礼上，母亲送女儿出嫁，在离别歌声中，新娘由伴娘搀扶，手捧装有五谷杂粮的福箩，跟随着母亲围着房屋的中柱绕上三圈，最后把哈达系在中柱上，以示向祖先告别。随后，女方才跟随着男方的迎亲队伍上马出发。在云南迪庆，也有在丧葬礼仪中祭拜祖先亡灵的习俗。

亡灵崇拜是在血缘观念的萌动中逐渐衍化出对祖先的敬拜心理。既然祖先的亡灵能庇佑家庭成员、赐福儿孙后代，那么祖先亡灵“参与”家庭事务的活动就会变得十分频繁。无论是平时的生活习俗还是婚礼仪式中都能明显地感觉到祖先的存在，由此使古代宗教从自然崇拜上升为人文崇拜。当然，必须承认一点，藏族对待祖先亡灵的态度，同其他民族的最大区别是藏族的祖先亡灵就供奉在家中，随时膜拜，亡灵也随时“参与”家庭活动，而其他民族则是一年一度地将祖先亡灵请回家中，经悉心招待和祭拜后再尽快将其请走。

二、藏传佛教中的灵魂观念与轮回转世

后期，灵魂观念已经被藏传佛教梳理归纳得相当完备，自成体系，并已著书立说，具有很强的说服力。藏传佛教轮回转世的观点，实际上就是以灵魂为依托，没有灵魂的存在，也就谈不上轮回转世。此外，藏传佛教还进一步表明，一个人死后的命运有善恶之分，善人死后，他的灵魂会得到好的转生，即转生为人，甚至转生为贵族；如果是恶人，那么就要转生为动物，坏事做多了，还要被打入地狱，受苦受罪。《理想国》中苏格拉底（Socrates，公元前 469 年—公元前 399 年）借复活的勇士之口描述了灵魂离开躯体后的情形，其中讲到勇士的灵魂和其他人的灵魂结伴来到了一个地方接受冥府审判，如果判决结果好，就让其从天上的洞口走；如果不好，就从地上的洞口出去，下地的说此一去就是一千年，遭遇了不少痛苦。最后的结论就是：一个人生前对别人做了坏事，死后每一件坏事都要遭受十倍的报应。后来，这些灵魂还参与了冥府举行的拈阄仪式，以决定各自未来的再生之体，勇士看到的情况是“他们的选择大部分决定于自己前生的习性”，这就是说他们来世托生什么是由生前的秉性决定的。这和藏传佛教的轮回转世观念基本上是一致的，说得直白些就是同藏传佛教的因果报应思想相一致。

（一）丧葬习俗

灵魂观念直接关涉到藏民族的丧葬习俗，在漫长的生活和实践中，人们对死亡这一人生自然规律的态度和对灵魂的认识，已经在丧葬习俗当中形成了一系列表现、行为和对表现、行为的解释。透过藏族在丧葬过程的这些表现、行为和解释，可以明显地感觉到，

人们对灵魂持一种什么样的态度。

“颇瓦”（超度灵魂仪式）。在藏区，人死后，要请活佛为亡者做“颇瓦”。诵经之后，活佛拔掉亡者头顶的一根头发，作为灵魂出窍的金门。藏传佛教是这样解释的，如果灵魂从头顶出窍，灵魂可以投生人、神、阿修罗“三善趣”；如果从腰部以下出窍，就会转生到地狱、饿鬼、畜生“三恶趣”。“颇瓦”仪式就是在天灵盖上开一个小孔，让灵魂尽快离开亡者的躯体，升入天堂，或轮回进入“善趣”，转生为人、神或阿修罗。

“颇瓦”仪式属藏传佛教的范畴，它是专为临终者修习的法门，其目的在于帮助临终者释放出自己的意识，让这一意识与佛的智慧心相结合。[①] 换句话说，就是让临终者的灵魂向佛的精神靠拢，在佛的智慧心的引导下，亡灵依照正确的轨迹投往“三善趣”。一般而言，宗教承认一种不为自然规律所制约，但能影响自然事物的“超自然体”，这种“超自然体”不具有物质躯体，但具有意志、欲望、情感和智能等。神仙、鬼怪、精灵等“超自然体”的出现，反映出各种宗教都具有不同形式的超自然体观念。藏传佛教的轮回转世观念能最集中、最具体地反映这种“超自然体”的积极活动，处在阳间的人又以超出寻常的思维和行为去迎合它的意志，并按照藏传佛教的相关理论及严格的宗教仪轨指引它去其归宿落定。

“七七超荐”。按照藏传佛教观点，“中阴有四个不断而息息相关的实体：此生的自然中阴、临终的痛苦中阴、死亡的光明中阴、受生的业力中阴”[②]。“七七超荐”实际上就是为亡灵在受生中阴期间修法，目的就是通过法力去影响亡灵的去向。超度过程要一直持续到亡灵投胎，有了新的生命为止。佛家认为，通常情况下在四十

---

① 见拙作《论藏族的灵魂观》，载《中国藏学》，2008 年第 1 期。

② 索甲仁波切：《西藏生死之书》第十九章“亡者超荐”，中国社会科学出版社，1999 年。

九天之内，新的生命即可诞生。做“七七超度”时，每次“都要请一定数量的僧人集体修各种仪轨，达到清除罪障、解脱境界和往生超度的目的”①。七日一次，不得生缘，再续一个七天，直至七七，灵魂必转世。佛家更为详尽地描述到，第一个七天是喜乐部诸尊显现的中阴景况，同时也伴有七天的危险景况，所以，向亡灵介绍发生在这个阶段的各种现象，诸如不同颜色的光和诸位尊圣的显现，同时也有来自“三恶趣”的各色光亮。“通过经文，告诫亡灵应如何面对这些中阴实相，分清善恶，以免误入歧途。”② 由此观之，“七七超度”时的一段段经文，就如同发送出去的一条条指令，为灵魂指引方向，克服业障，引导其走向轮回之路，尽快进入胎门。

（二）活佛转世

随着藏传佛教活佛转世方法的实施，在灵童寻访、认定、坐床等具体操作方法上，逐渐形成一套规范的制度。寻访达赖或班禅等活佛的转世灵童，均须按宗教仪轨，经过前世预言、自显征兆、护法神谕和观湖等几个步骤，再进行密查暗访、遗物认证等程序，最后是金瓶掣签。活佛转世制度的建立完全是以藏民族灵魂观为基础，寻访转世灵童的每一个环节都彰显出灵魂观的意义和作用，活佛转世制度的建立与付诸实施就是对灵魂观的践行。

简单介绍一下寻访转世灵童的几个环节。

分析征兆。高僧大德圆寂前往往会留下一些征兆，除了遗言外，平时还在不经意的情况下表达某种愿望，或者在灵魂的作用下，圆寂后的高僧用法体的某个部位呈现出某个姿势，以暗示他的心志，如转世的方向等。比如十世班禅圆寂时，呈睡佛状，面部朝东北。

① 白玛格桑仁波：《生死的幻觉》，西藏人民出版社，2005年，第190页。
② 见拙作《论藏族的灵魂观》。

根据班禅大师的圆寂法相，他的灵魂将转世去日喀则的东北方向。

神谕启示。“神谕”意为神告知，此处的神又称护法神。在距拉萨哲蚌寺不远处有一个乃琼寺，其中有一神汉①即为神的代言人，其最大特点就是能通灵，这个乃琼神汉就是哲蚌寺的总护法神的代言人，也是西藏头号的神巫系统。民间一致认为神汉能与神灵交流，传达神谕，还能预卜人间世事，因此在西藏备受敬重。通过神汉与护法神通灵和垂询，可以得到转世灵童的有关信息。

巡视圣湖。到湖边观显影，这是寻访达赖、班禅转世灵童过程中的重要环节。西藏有许多加持过的神湖，一般认为湖水具有一定的法力，因而受到藏族的重视，仅凭这点，在寻访达赖、班禅转世灵童过程中，人们期望神湖也发挥其神力。在西藏的许多湖泊中，具体与寻找灵童相关的神湖有两个，一个是日喀则仁布县的雍杂绿措，这是问卜班禅转世灵童和后藏各大寺庙活佛转世灵童的神湖；另一个是山南加查县境内的曲果甲拉姆拉措，这是寻找达赖转世灵童的神湖。不过，因为达赖和班禅是西藏两个最大的转世活佛，身份特殊，所以在寻找他们的转世灵童时两个湖都必须看。

根据分析征兆、神谕启示、巡视圣湖等几个重要环节得出的结果，寻访转世灵童的具体方位、灵童出生地的环境特征、灵童的出生时间以及其他一些特点，经过宗教上层的商定，基本确定寻访灵童的一个大致范围。

寻访灵童的整个过程就是对灵魂崇拜的具体实践，实际就是对具有超自然力的精神体的信奉与尊重，后期藏族的灵魂崇拜包括原始宗教的传承和人为宗教的渗透。灵魂崇拜经过了长时间的实践和发展，已经形成了信仰、仪式和象征三个密不可分的灵魂崇拜体系。

---

① 神汉的传承方式有两种：一是父子相承；二是与活佛传世相同，即当老神汉去世了，也要像寻找灵童一样去寻找下一代神汉，之后经过测试才能成为新一代神汉。

三、民间信仰中的灵魂观念与唯美倾向

藏族灵魂观念中“离体”的灵魂，是具有藏族民间特色的灵魂。上文讲的是人死后灵魂离体，这里所讲的是活人的灵魂也能离体，藏族出于对生活的热爱、对生命的珍惜，通过灵魂这一媒介为自己的健康长寿添一份保险。

（一）寄魂物的特点

藏族的灵魂观有自己的特点，比如“寄魂物”，就是藏族灵魂观念的特殊表现形式。“寄魂物”即人在活着的情况下灵魂离开人体，寄托到动物、植物或某个物体上面。如寄托到牛身上叫“寄魂牛”，寄托到树上叫“寄魂树”，寄托到石头或箭上的叫“寄魂石”或“寄魂箭”，等等，这些动植物和物体也就成了人灵魂的寄托处。一旦人的灵魂有了这些寄托之处，此人的生命就多了一层保障，假如人体受到了伤害，也会很快复原。于是就形成了人的生命、健康与“寄魂物”两者之间的依存关系，即人要通过这些“寄魂物”来达到健康长寿的目的。藏民族认为，凡是能寄托灵魂的“寄魂物”都有超自然力，这是一个重要的特点。一旦人的灵魂附着在“寄魂物”上，不仅此人的性命会受到保护，而且这种“寄魂物”会产生更大的威力，超出人们的想象。比如《格萨尔王传》主人公格萨尔有一支寄魂金羽箭，就显示了这种威力。史诗这样描述：当霍尔部落首领白帐王趁格萨尔不在国内之机，发兵进攻岭国，并掠走了王妃。远在北方的格萨尔闻讯后悲愤万分，他立即把自己的金羽寄魂箭取了出来，扣上弓弦向霍尔部落方向射去。当这支金羽寄魂箭飞抵霍尔部落首领白帐王的宫殿时，吓

得霍尔部落的君臣们惊恐万状，乱成了一团。只听得天上一声巨响，宫殿上突然冒出三团有牦牛那么大的火焰来，这些火焰就像霹雳闪电一般，火花四溅，飞向四面八方。可见，这支金羽寄魂箭在部落战争中发挥了巨大能量。当然，格萨尔非等闲之辈，他的“寄魂物”的威力非常人能比。“寄魂物”的另一个特点就是说如果“寄魂物”本身遭到损坏，寄魂于其上的人也要蒙受灾难。比如，在《尸语故事》中有一个叫“真赛”的章节就谈到了这种情况。故事里讲，某地有个国王和他属下的一个平民，两人的名字都叫“真赛”（“真赛”是聪明、机灵的意思）。一天，国王把平民叫来说：“我叫真赛，你怎么也叫真赛，你既然叫真赛，一定很机灵。那么，你来偷我颈上的灵魂玉吧。若能偷去，我分给你半壁江山，如果偷不去，你的妻子和家产就全归我了。”平民真赛答应照办，并巧施妙计，在国王的重重防护下，将他的灵魂玉搞到手。不料，国王不但不履行诺言，反倒要杀了他。平民真赛气极，将灵魂玉摔碎，国王当即毙命。

这种“寄魂物”虽然能产生超自然力，然而一旦它遭到破坏，那么其超自然力也就随之消失，受保护的人也难逃厄运。同样，它们之间维持着一种依存关系，即“寄魂物”兴，则被保护的对象兴，“寄魂物”毁，则被保护的对象衰。总之，藏民族灵魂观念中的这类“寄魂物”现象，实际上是在灵魂崇拜的基础上，又平添了一层美好的愿望和幻想。

（二）寄魂物对生活的影响

藏族先民的这种观念即使到了现在也依然存在。比如，在藏族婚俗中，男方会送给新娘一块璁玉也叫拉玉，这块玉就是寄魂玉，此玉有着深刻的含义。婚俗是这样的，迎亲人马到达之前，女方家要举行敬“切玛”、喝酒等告别仪式，再把璁玉（寄魂玉）放在新娘的头顶上，表示男方的寄魂玉交由女方保存。有些地区是新娘到了男方家后由新郎的舅父为新娘戴上这块玉。这块寄魂玉反映出藏族特有的灵魂观念，同藏民族的婚姻生活息息相关，是藏民族特有的灵魂崇拜的一种方式。这一习俗几乎遍及所有藏族地区，婚礼上的这块寄魂玉就是藏民族对先民寄魂物观念的延续和发挥，也表明了人们对“寄魂物”所寄予的厚望。

20 世纪 70 年代，丹珠昂奔先生在青海海西地区与一位老人闲聊，当问到老人为什么总是病恹恹的，老人说他的命魂不好，继续追问命魂是什么，老人说是一棵树，老人还说他去看了，那棵树即使在夏天也有一半叶子是黄的。① 在老人的观念中，他的寄魂树出了问题，他也因此而疾病缠身。

按照本教的观点，世间万物皆有灵魂，哪怕是一草一木、一山一石，藏民族“寄魂物”的观念是基于要将人的灵魂和“寄魂物”的灵魂“拧成一股绳”的愿望，这种想法的初衷就是令两个灵魂能汇聚成更大的力量。从本质上看是要借助“寄魂物”原有灵魂的潜能，来护佑人类，当然这也是要承担风险的。从总体上看，“寄魂物”的存在有点像道家养生学所说的“吸天地之灵气，收万物之精华”，只不过藏族先民只是寄托于一物（个别部落也有寄托于两物的），而道家则是寄托于万物；再则，道家的“吸”与“收”是通过气功的方式，藏族是以灵魂作为媒介来达到目的。

（三）寄魂物观念的发展

灵魂寄存体外的理念后来又从单个人扩展到一个群体，从而出

① 丹珠昂奔：《藏族神灵论》，中国社会科学出版社，1990 年，第 41 页。

现了将一个部落或整个氏族的灵魂寄托于一物的情况。在藏文典籍《常用星算宝瓶》一书中，就记载了关于藏族远古时代“五大氏族”的灵魂寄托物（处）的内容，这五种寄魂物是：“董”氏属土，灵魂托于鹿；“祝”氏属水，灵魂托于牦牛；“扎”氏属金，灵魂托于野驴；“廓”氏属火，灵魂托于山羊；“噶”氏属木，灵魂托于绵羊。在《格萨尔王传》中记述的部落和氏族的“寄魂物”有很多，如岭国的“寄魂物”是一头大象和一座山；门部落（又译门国）的“寄魂物”是一只猛虎；霍尔部落（又译霍尔国）的“寄魂物”是一块黑色的山石；紫姜部落（又译姜国）的“寄魂物”是一头红野牦牛和一只鸟等。在这种观念的影响下，后来的藏传佛教徒也积极效仿。比如，在西藏拉萨的三座山中，药王山成了密集金刚佛的化身，也是藏传佛教格鲁巴派创始人宗喀巴大师的寄魂山；磨盘山则是文殊菩萨的寄魂山；而红山（布达拉宫就在这座山上）则是观世音菩萨的寄魂山。

从上述情况看，“寄魂物”观念有一个清晰的脉络：在个人的“寄魂物”基础上，发展到氏族或部落的“寄魂物”，最终发展到藏传佛教的“寄魂物”。在藏族观念中“寄魂物”的存在价值是不容忽视的，它不仅关乎人们的性命安危和身体健康，还影响到一个群体的存亡。藏族的初衷是美好的，从人的健康长寿到群体的发展壮大，他们在不断探索中形成了“寄魂物”观念，表现出由心底迸发出的朴素而原始的唯美追求。

结语

祖先崇拜对藏族丧葬习俗的影响非常之大，同时也说明灵魂观念在不断发展。后来藏传佛教继承、发展和利用了原始宗教的灵魂观念，为民间信教百姓乃至高僧大德的轮回转世奠定了理论基础。“寄魂物”观念完全是藏民族特有的一种灵魂观念，这一观念是藏族先民在原始宗教的灵魂观念的基础上的一次创新。总之，藏族对于灵魂的崇拜已经渗透到了日常生活和精神领域的方方面面，这一点对一个民族的民族性、对他们的精神世界影响深远。

3 论藏族的山神崇拜习俗

自然崇拜的对象是直接为人们感官所觉察的自然力和自然物，这就是藏族先民对山神特别崇拜的原因，因为藏民族居住的自然环境几乎都在雪山环绕之中。即使在后来，当佛教传入藏地，全藏区成为政教合一的地区之时，山神在藏区的民间，仍是人们主要信仰的神灵。山神崇拜习俗虽然产生于远古的自然崇拜时期，可直到现在，藏族对山神的敬畏感依然非常强烈。

一、藏族山神崇拜习俗的特点

藏族先民的山神崇拜习俗与其他民族的自然崇拜相比较，既有相同之处，也有不同之处。相同之处普遍表现在最本质的方面，即对神灵都存有敬畏心理和膜拜行为，而且对敬畏的原因和膜拜的解释大致是一样的；不同之处则主要表现在膜拜的形式方面，包括某些具体环节。

（一）对山神的敬畏

在藏区，凡是经过高山雪岭、悬崖绝壁或是原始森林，人们都不敢高声喧哗，大喊大叫。藏族群众认为，如果这样做了，就会招来狂风大作、雷电交加，甚至会大雨倾盆；若是在冬天，就会风雪迷漫、雪崩岩塌。如果在高山峡谷随意吐唾沫、擤鼻涕、拉屎撒尿，更会被视为对山神的不敬，轻者会头脚疼痛，重者则会有生命危险。甚至有人曾经亲眼看见过，有人因随便吐唾沫和擤鼻涕而歪了脖颈，有人因在山口随地撒尿而致使阴茎肿大。此外，一些藏区，如青海、甘肃一带，至今尚有不准在神山周围捕猎野兽和采伐林木、摘花草的忌俗。据说，如果有谁违犯了这条禁忌，哪怕只是捕猎了一只小飞禽或走兽，或只是砍伐了一棵小树、采摘了一朵小花，都会引得灾祸来临。藏族百姓认为，这些都是神灵降下的惩罚。藏族牧人认为，神山和人一样，是有血有肉的。比如，岩石是山的骨骼、土地是山的皮肉、森林和青草是山的毛发，因而在神山上禁止打柴、挖土，也禁止牧人的牲畜登山啃食神草，违犯禁忌的都要受到严厉的处罚。当然，有些藏区神山上的植物和矿物是可以采集用以制药的，只是人们在上山采药前必须向山神祈祷、煨桑，以求得山神的谅解。

（二）对山神的顶礼膜拜

人们从对山神最初的敬畏之情继而开始向它顶礼膜拜，对山神崇拜的习俗一直延续到今天。祭祀山峰，不管山有多高、路有多陡，藏族群众都要按期到山上煨桑。此外，在山顶上有早已垒好的玛尼堆，在玛尼堆或山体一侧悬挂一条一条的彩色经幡，所有这些都是为了表达对山神的敬意。有的藏区对山的称呼也是如此，如：“赞日”（btsan ri）意思是魔山、“拉日”（lha ri）是神山、“习搭”（gzhi bdag）指山神。在甘、青一带藏区，每逢节日或喜庆之时，每家每户都会出一人，他们登上高山，在密林间供奉、祈祷山神，这种祭祀山神的活动在丰收的秋季持续的时间会更长一些。按照传统习俗，祭山者从家中带来各类精美食品，并将其连同伴有芳香的鲜花等一起供奉山神，希望山神保佑草木旺盛、牲畜兴旺。

安多藏区祭祀山神一般是在藏历新年这天早晨，祭祀方式也是煨桑，据说场面十分壮观。新年这天一大早，附近的住户都要到所有的“拉则”去煨桑。在这些“拉则”之中，又以这一地区的主要山神（或土主即土地神）所居住的那座山上的“拉则”最神圣，所以那座神山上的“桑”，必须最先被点燃。在人们的心目中，第一个到最神圣的“拉则”去点燃桑烟的人最光荣，其余后到的人，可以在桑堆上添加松柏枝叶、抛撒“桑面”（即普通之青稞面，因用于煨桑，故称“桑面”）、献洒酒浆与净水。第一位煨桑的人，在点燃桑烟后，便吹响白色的海螺。这时那些居住在稍远地区的人家，可在就近的“拉则”（这是因为一个地区的山神或土主的“拉则”只有一个，而一般的“拉则”几乎在每个村寨都有）煨桑。与此同时，或者时间稍晚一点，凡是有桑炉的人家，也都开始煨桑。一时间四面桑烟腾起，只见远近山野、高楼低屋都酣然浸没在或浓或淡的桑烟中。[①]

根据安多藏区祭祀山神的情况可以判断，远古时期，煨桑是藏族先民借以表达对山神崇拜的一种形式，他们利用煨桑时所产生的那股不断向天空升腾的烟雾，达到“达神”“迎神”和祈请神灵莅临、求福的目的。不过有一点需要说明一下，到了后期，藏区的本教徒在举行煨桑仪式的时候，并不单纯地只为了用那燃烧的松柏枝叶的滚滚浓烟和几炷香的袅袅青烟去迎神、达神，它还含有“驱除污秽之气，以求洁净平安”的目的。

藏族祭祀山神，从形式上看，不仅局限于煨桑，或者献上供品、垒玛尼堆、悬挂经幡等，这些方式只是祭祀山神的一个部分，还有一个更为感天动地的举动来表达藏族人民对山神的崇敬之情，那就

① 丹珠昂奔：《藏族神灵论》，中国社会科学出版社，1990年。

是转山。比如每年藏历七八月间，就是安多牧民转神山的日子，当地人称之为“日苏”，意为“祭山”。这一地区所崇拜的山神是冈仁波齐，它在藏北牧民心中具有重要地位。过去，安多多玛部落的牧民往往是全家一齐出动，由几个或者是十几个家庭成群结队地前往冈仁波齐转山，这一去少则几个月，多则几年。也有些人干脆就在冈仁波齐一带长期定居。后来，转山在时间上做了一些调整，即牧民一般在藏历马年转冈仁波齐。按照传统习俗，只有男子才可以去转神山。转山前有个简单的仪式，即要请僧人念经；转山的方向也是有要求的，要依顺时针方向转山；在转山的过程中要煨桑，放置刻好的玛尼石，并向山神敬献哈达、酥油、奶渣、牛毛绳或一些贵重物品。转山的方式一般有两种，一是骑马，二是步行。在步行中又分一般步行和施礼步行（或叫磕长头）两种。一些转山者往往采用磕长头的方式来表示对山神的崇高敬意。他们走上几步，把双手高举过头顶，再收回于胸前，然后全身向前缓慢扑倒，伸直双臂，两腿绷直，额头触地，起身后向前走上几步再扑倒跪拜。转山者不辞劳苦，历尽磨难，以这种“五体投地”的方式向山神表达自己最诚挚的敬意。

（三）山神崇拜观念的延伸

最初人们供奉山神，是期望山神能够保佑本地区的草木旺盛、牲畜兴旺。但是随着佛教思想的浸润，这种山神崇拜的习俗又被赋予了新的内涵，因而，崇拜者对山神的期望已不再停留在保佑牲畜兴旺方面，而是提出了一个更高层次的愿望要求。山神崇拜习俗发展到后一阶段，在藏族人看来，绕山转一圈可以清除一生的罪孽；转十圈可在五百次生死轮回中免遭堕入地狱之苦；能转上一百圈即可于今生今世成佛。同时，藏族群众还认为，如果在转山过程中突然死去，这是一种造化，因此有不少上了年纪的老人也加入了转山队伍。

二、山神崇拜习俗的成因

藏族究竟为什么要崇拜山呢？这当然和他们的居住环境有着直接的关系。藏区集中于青藏高原，那里群山环绕，绵延千里。知名的喀喇昆仑山、唐古拉山、冈底斯山、祁连山、喜马拉雅山等皆盘踞其间。藏族先民在生活、生产、出行等各方面，都不得不与山打交道。自然崇拜的对象，是直接可以为人们感官所觉察的自然物和自然力。换句话说，有什么样的生活、生产环境就有什么样的自然崇拜对象。既然久居青藏高原上的藏族先民与山峦有着密切的关系，对那些时时刻刻映入他们眼帘的高耸入云且颇具震撼力的山峰，必然会产生神秘和敬畏之感。对群山环绕的区域内所发生的自然现象，特别是那些能够危及人们生命财产安全的狂风、暴风雪、雪崩、冰雹以及地震等自然现象，更会感到恐惧和无奈。在藏族先民看来，这些怪异的、极具破坏力的灾害是根本无法抗拒的，他们很清楚，在这种巨大的破坏力面前自己是弱小的，是无能为力的。然而求知与探索似乎是人类的天性，生活在恶劣自然环境之中的藏族先民总是在不断解释、不断总结各种自然现象，他们试图找到这些不可抗力的奥妙。他们在大自然无休止的肆虐过程中，以原始的、荒诞的认识视野去看待这些极具威胁的自然力，最终他们找到了答案：在他们周围的高山上都居住着威力无比的神灵，是这些神灵在支配着这些绵延起伏、直插云霄的山峰，或者说高山本身就是神灵的化身。而那些直接干扰藏族先民生活和生产劳动的自然现象，则都是神灵显示出来的超人的“神奇力量”。在藏族先民看来，神灵的喜与怒可以左右人们的生产和生活，甚至能控制人们的命运。如果山神喜，那么藏族先民就能获得实惠，比如狩猎和采集都可获得足够的数量，以满足他们的生活之需，身体也会健康，无病无灾；如果山神怒，则会发生暴风雪、雪崩、冰雹等灾害，这些自然灾害将会殃及藏族先民，甚至可夺去他们的生命，破坏他们的家园。正是出于这种心理，藏族先民便采取了顶礼膜拜、虔心供奉的方式，以博得神灵欢心，求得其福佑，使生灵免遭涂炭。藏北羌塘的一位藏族老牧民曾这样说过："由于山神能够呼风唤雨，能降下大雪和冰雹，也能保佑我们平安健康，保佑我们牲畜兴旺，它是既能降灾也能降福的神灵，所以我们既敬重它，也恳求它，拜服于它……"① 由此可见，这就是藏族山神崇拜习俗产生的原因之所在。

三、山神崇拜习俗的几个演变过程

藏族山神崇拜习俗并不是一成不变的，同其他事物一样，它也是有发展、有变化的。随着藏族社会的发展，藏族山神崇拜习俗也发生了一些变化，这是一个十分有意思的现象。《藏族原始宗教》一书顾名思义是研究藏族原始宗教的，在这部书中，作者从原始宗教的历史发展角度归纳出三个阶段，即自然群体时期、氏族或部落时期、部落联盟时期。这对研究山神崇拜习俗的发展变化是有帮助的。

（一）早期的山神崇拜习俗

自然群体时期所反映的山神崇拜习俗具有地域性特点。青藏高原千山万壑，峰谷相连，藏族先民自然群体之间被座座群山分割开

① 田必伟：《藏族原始宗教观念演变试析》，载《西藏研究》，1989 年第 3 期。

来，环绕在这些自然群体周围的山峰成了天然的分界线，所以说自然群体时期的藏族先民对山神的崇拜具有地域性特点，每个自然群体都供奉着自己地域里的山神。由于这些自然群体的地域有限，地域以内有一两座或三四座不等的山峰，所以处在自然群体时期的藏族原始先民对山神崇拜的理念是各其特点的。通常情况下，他们认为山神常是单个存在的，每尊山神都有自己的统辖之地，各自管理着自己的地盘。通过一些藏族古老的民间传说，可以了解到藏族原始先民在山神崇拜中的这种现象，比如果洛的玛卿邦日（积石山）和年保页什则山神、羌塘的念青唐古拉山神、雅隆的雅拉香波山神、门域的麦拉嘎俊山神、松巴的息玛拉赞山神、霍尔的甲拉当巴谷直山神、达色的邦崔拉山神。

山神地域性的特点还表现在不同地域各自供奉自己的山神，决不可越境祭祀别人的山神，如果越境祭祀就会引发部落间的摩擦。在《格萨尔王传》中就记述了越界祭祀山神而引发的部落间的战争：霍尔部落为了供奉玛卿邦日雪山，在山上建立“鄂博”（蒙古语，即“山口的玛尼堆”），岭部落得知这一消息后，认为玛卿邦日是他们部落崇拜的山神，霍尔部落擅自建立“鄂博”，是对岭部落的侵犯。于是，便出兵封锁通往雪山的道路，并捣毁了霍尔建立的玛尼堆，由此引起了一场交战。

（二）山神崇拜习俗由单一向整体过渡

历史在演进，社会也在向前发展，藏族先民经历了群婚、血缘婚向外婚制发展的过程，随着这种婚姻形式的发展，自然群体逐步向氏族或部落过渡。当然，还有另外一种情况能导致此种过渡，即兼并战争。相应地，反映在原始信仰上的山神崇拜，也由单一的山神向整体的神灵体系演进，并最终形成了区域性的“神灵集团”。这些“神灵集团”包括了在这一地域内的山神、土地神、水神、树神等保护神以及其他一些精灵。

伴随藏族原始社会的进步发展，新生的氏族或部落所辖地域较之从前也有所扩大，地域扩大了势必就将原来相对分散的山神也合并起来，形成了众多山神相互杂糅于一个氏族或部落地域山神崇拜体系之中的情形。山神多了总要分出主次，或者说要分出个尊卑高下，于是在人们的观念中，山神就有了大小之分。大山神不仅能统率原先地域内的其他神灵，也可以统御新近吸收进来的小山神和其他神灵。于是，每个氏族或部落内都形成了一个神灵体系。藏族民间传统信仰认为的藏地的四大神山，就是属于这一历史时期的产物。卫藏地区的神山雅拉香波；北方羌塘的神山念青唐拉（即念青唐古拉）；南方神山库拉日杰；东方神山沃德巩甲。这四座神山是藏区神山的代表，是佛教传入以前藏族原始信仰中崇拜的山神。另据传说，这四大山神与其他五尊著名山神组成了山神体系的核心，被称为“世界形成之九神”。这个部落原来所供奉的山神，成了大山神，成了其领地新版图境内的总山神，这尊总山神既得到了原属地原始先民的敬仰，也得到了新属民的认同，所以说总山神不仅统御的地域变大了，而且向它顶礼膜拜的人也增多了。

（三）山神崇拜习俗由分散走向统一

这里要谈的是部落与部落之间的自然崇拜趋于一致的问题。原始氏族或部落时期，尽管各个地域都形成了以山神为主的神灵体系，然而，这些地域里的神灵体系之间的关系是平等的，尚无高低之分，地域与地域之间神灵的平等关系与当时各部落之间的平等关系是一样的。后来情况发生了变化，部落之间经常发生战争，相互兼并。到了公元6世纪，西藏山南雅隆河谷的雅隆悉布耶部落日益强大，逐渐成为部落联盟的首领。到了公元7世纪初，松赞干布执政后建立了吐蕃王朝，雅隆悉布耶部落在连年征战中所向披靡，在他们看来，自己之所以能够百战百胜，自然离不开部落山神的福佑。山神在福佑人们并按照人们的意志去实现他们的心愿的同时，自然也在接受本部落崇拜的过程中使自己的位置得到不断提升。于是，在人们的信仰观念中，这个部落的山神——雅拉香波便成了吐蕃四大山神之首。

雅拉香波雪山在青藏高原算不上大的山脉，在青藏高原诸山神中，它从一个自然群体的神灵一跃成为一个地域神系首领，最终又成了“一览众山小”的山神之首。雅拉香波雪山之所以能登上“霸主”的宝座，是因为在部落间的兼并战争中，它所福佑的山南雅隆河谷的雅隆悉布耶部落一直都处于横扫千军的优势地位，而且最终得到了吐蕃政权，成为藏区部落联盟的首领。所以他们所崇拜的山神——雅拉香波山神，也就自然而然地成为众部落共同崇拜的山神，进而成为藏区最高的神灵。换句话说，如果没有一个英勇善战的部落群体，那么雅拉香波山神也不会成为全藏区山神的最高统帅。

四、民俗心理中的山神特征

藏族的山神崇拜习俗颇具民族特点，这同自然条件、社会发展、人类演进等诸多因素有着直接的关系。在研究藏族山神崇拜习俗的全过程中，这些因素明显地发挥着作用，使藏族的山神崇拜习俗呈现出既有民族特点，又是历史之必然的状况。

（一）山神的形态

在藏族群众看来，山神各有各的来历，但皆非同一般。同样，它们的初始形态和发展、演变后的形态都很有特点。

早期藏族山神的形态有一个重要的代表形象，就是牦牛。在藏族流传的古老传说之中，雅拉香波、年保页什则、冈底斯、念青唐古拉等山神，都常以白牦牛形态出现。由于藏族先民们的联想，促使山神崇拜与动物崇拜相融合，山神的形态自然和生活在其四周的牦牛建立了直接关系。所以，在藏族流传的古老传说之中，雅拉香波等诸多山神的形态就是白牦牛。例如在果洛地区（今青海省果洛州）就流传着一则关于年保页什则山神的故事。有一位青年猎人，在俄错湖边救起了一条差点被黑雕叼走的小白蛇，谁知这条小白蛇就是年保页什则山神的儿子。后来这位青年猎人应山神夫人之邀到山神居住的地方做客，并接受了山神的请求，答应帮助山神消灭前来侵犯神山的妖魔。当化身为白牦牛的年保页什则山神与化身为黑牦牛的妖魔在天空中战斗时，青年猎人便发箭射死了那头黑牦牛，助年保页什则山神获得了胜利。这故事中的年保页什则山神的形态就是一头白牦牛。

后来神话随着社会的进步而发展，神话中山神的形态也就理所当然地也发生了变化。藏族人认为，当雅拉香波山神变成人时，其形象是一位身体白如海螺、穿着白色衣服的白人神，一手持一把带有五彩丝旗的短矛，另一手持一把水晶剑。雅拉香波山神力量强大，无坚不摧，它发起威来，可以崩塌山岩，亦能呼风唤雨，引发洪水。

念青唐古拉山神，又叫唐拉雅秀、唐拉耶秀或雅秀念之神，它是念青唐古拉山脉的统治神，是“十八掌雹神”的成员之一。传说中的念青唐古拉山神有三种身相。第一种是身穿白衣，头戴白巾的白人，右手持马鞭，左手持一短剑；第二种是身穿精玉做成的铠甲，缠上黑熊皮，头戴精玉做成的有白沃图案的头盔，佩带寒光闪闪的铁剑，面色威严深沉；第三种是身穿水晶盔甲，手中挥舞一支白水晶长矛。再如，藏区的另外两尊具有代表意义的库拉日杰山神和沃德巩甲山神。前者是一位全身穿白的男神，穿戴着水晶做成的铠甲和头盔，铠甲还裹有丝衣，右手执一把缚有旗帜的短矛，左手握一只狼脑壳骨；后者头戴白色丝巾，身披白色丝织斗篷，右手持一支缚有旗帜的长矛，左手拿一根藤杖。

除了藏族的四大山神以外，还有一些小的山神分散在藏区境内。比如，安多藏区的阿尼玛卿山神、年保页什则山神，藏南的扎西茨仁玛山神，等等。这些山神都是以人的形象出现，而且穿着奇特。山神形象由牦牛转变为人形，说明随着社会的发展，人们的思维更趋于现实和理智，原始先民所臆造出的山神的形象逐步有了现实基础，因而也就更加接近社会生活。

（二）山神拥有家眷与坐骑

随着藏族社会的发展，其原始宗教信仰也逐渐向人为宗教过渡。藏族先民心目中的山神形态也发生了变化，原来的动物形态消失，山神成了人形神。不仅如此，藏族先民还按照人们的生活特点，为山神组织了家庭并配以坐骑。如此一来，山神不仅具有先前的骁勇与法力，而且还有了同人类一样的需求与组合。山神妻子的来历也都非同寻常，多是以神的面貌与山神婚配。变成人形后的山神同人类一样也需要交通工具，于是乎，藏族先民再一次为山神们配上各种奇特而颇具神力的坐骑，在这些坐骑中不乏白牦牛。比如，传说对藏区具有代表意义的四尊山神是这样被描述的：雅拉香波山神的妻子名叫朗勉托吉普玉，她是天界女神之首领；常着一身淡红色，右手持闪电，左手握冰雹，乘闪电而飞行，叱咤风云；雅拉香波山神的坐骑是一头白牦牛。念青唐古拉南缘有一著名的湖泊叫纳木错，所以藏北的牧民认为纳木错里的神女就是念青唐古拉山神的妻子，坐骑有说是一头白牦牛，也有说是一匹四蹄雪白的神马或是一匹能飞翔的白马；据说，念青唐古拉山神是由沃德巩甲山神与一只玉鸟所生。库拉日杰山神的妻子叫夹姆西萨（又叫库拉日杰赛温巴），骑一头绿松石般的鹿，鹿的周身用珍宝装饰，夹姆西萨还手牵着一头白犏牛；库拉日杰的坐骑是一匹能够在天空飞翔的，眼如玛瑙的白马。沃德巩甲山神的坐骑是一匹白色的神马。

除此之外，一些属于地方的小山神在这方面也是如此。比如安多藏区的阿尼玛卿山神的坐骑是一匹如同白云般疾驰的魔马；阿尼玛卿山神的妻子叫玛日羌热，是藏地十二女神的领班，是个有莲花般容貌的妖媚掌雹女神，骑一头毛色纯白的雄鹿。安多藏区的另一位山神年保页什则的坐骑是一匹灰色的马；年保页什则山神的妻子叫“念玛玛来回”，穿一身白色裙袍，骑一头红色的母鹿。山神有了家庭和交通工具，说明人类社会的文明因素不断地渗透到了藏族自然崇拜中，自然崇拜中的合理的成分在逐渐增多，这一特点亦反映出藏族原始自然崇拜在随着社会的发展而不断变化。

（三）山神崇拜反映出的尚白习俗

屹立于青藏高原的山峰，长年被积雪覆盖，银装素裹，洁净无瑕。藏族先民长年居住在这种环境之中，对白色有着一种深厚的情感，以致后来发展到景仰白色，在他们心目中，白色是最美丽、最崇高、最神圣的颜色。毫无疑问，藏族崇尚白色与他们的居住环境有关。后来佛教也尚白，佛教徒认为，白色代表纯洁、崇高，佛教的尚白与藏族原始崇拜习俗中的尚白完全是一种巧合。在藏区，在广为流传的众多神话中，山神多为白色，或骑白色坐骑，或全身装束以白色为基调，以至连山神配偶的衣饰也是白色的，配偶坐骑也大多为白色。在藏族早期的崇拜习俗中，山神的形态多被说成是白牦牛，如上文提到过的雅拉香波、年保页什则、冈底斯、念青唐古拉等山神就都是以白色牦牛的形态出现的。稍晚一些又出现了由牦牛形转变成人形的尚白现象，例如，雅拉香波就是一个肤色白如海螺、身穿白色大氅的山神，他骑着一头白牦牛飞行，牦牛从口鼻中喷出使天地白茫茫一片的暴雪。念青唐古拉山神也披覆白色，在一份祭祀念青唐古拉山神的祈愿颂文中这样写道："……我呼唤您的隐名，多吉巴哇采，念青唐古拉神啊，您穿什么衣裳？您穿雪白的丝衣；您乘什么坐骑？您跨雪白的神驹……"此外，如库拉日杰山神也是一位全身穿白的男神，而沃德巩甲山神则是头戴白色丝巾，身披白色丝织斗篷。阿尼玛卿山神的坐骑是一匹如同白云般的魔马，他的妻子玛日羌热骑一头白鹿，另外，还说到玛日羌热的肌肤也如同滑腻的牛乳一般白皙。

从山神崇拜习俗中可以看出，藏族先民所景仰的"白"是跟山神的法力紧密相连的，山神配之以"白"，则显得更加超凡脱俗、异常英勇。把藏民族尚白和战无不胜的山神联系到一起，会使出神入化的山神得到人们更多的敬畏与推崇。

（四）诸神皆具威武之气

藏区众山神还有一个突出的特点，就是每尊山神甚至包括他们的妻子，都具有摄魂动魄的威武之气。这点可以从众神的装束、佩饰、兵器，以及他们胯下的坐骑等得到印证。众山神大都手持各类兵器，英姿飒爽，神勇威严，颇具震撼力。众山神为什么是这种打扮呢？这同青藏高原特殊的地理地貌、恶劣的气候条件、人们所遭受到的自然力的迫害、先民对自然力的解释等方面有着直接关系。人们把自然力解释为山神的操控，山神能够掌控人们的幸福与苦难，乃至于生与死。毫无疑问，人们认为山神威力无穷，法力无边，它能让山崩地裂，洪水泛滥。如此气吞山河的山神在外表上也一定是异常英武，有盖世之豪气。就好像念青唐古拉山神那三种身相所言说的，右手持马鞭，左手持短剑；身穿铠甲，缠上黑熊皮，头戴头盔，佩寒光闪闪之铁剑，面色威严深沉；穿着水晶盔甲，挥舞一支白水晶长矛。阿尼玛卿山神的妻子则是右手执一面魔镜、一根套索，左手拿一柄铁钩，腰上系一个闪亮的小铜铃。只有配备这种奇特的装束和超强的兵器，才能显示出只有山神才具有的超凡脱俗的气概，才能够彰显出山神所特有的身份，并以此来证明山神的强大。

结语

在藏区，山神在人们的心里占有十分重要的位置，从古至今，藏族对山神的景仰之情从未衰减。尽管在佛教传入西藏以后，一些山神的“职权”有了些变化，祭祀山神的仪式较先前也有所差异。但是，在人们的心目中，山神依旧是山神，它还是那样法力无边，还是那样伟岸和威严。

以上从山神崇拜习俗的特点、崇拜习俗的成因、崇拜习俗的演变过程、民俗心理中的山神特征以及藏民族心目中的著名山神等几个方面对藏族山神崇拜习俗做了较为全面的介绍与分析。本论文力图从浅到深地总结山神崇拜习俗的演变过程，梳理藏族心目中山神的一些特点。

附：《珠穆朗玛峰的传说》

珠穆朗玛峰屹立在喜马拉雅山中段，中尼边境处。它雄踞地球之巅，昂首天外，俯视群山，被称作地球的“第三极”。

早在18世纪初，由清朝政府主持编绘的《皇舆全览图》就精确地标出了珠峰的地理位置，取名为“朱姆朗马阿林”（“朱姆朗马”为藏语，意为翠妃；“阿林”系满语，意为山峰）。之后在另一部清朝的地图谱《乾隆内府舆图》中又将“朱姆朗马”改为“珠穆朗玛”并沿袭至今。由于珠峰高耸入云，常年积雪，因而充满了神秘色彩。自古以来，藏族就视其为神明，把它看作是通往天庭的道路，把白色视为神圣之色，这种独特的民族心理，对藏族文化的形成与发展具有十分重要的意义。在藏族百姓中流传着许多关于珠峰的诗歌和神话传说。

藏族神话将珠峰和其周围的另外四座山峰合称为“长寿五姊妹”。据传，在珠峰的脚下有五个冰雪湖，每个湖都有不同的颜色并有五位女神。五位女神的首领是白色女神，她生有三只眼睛，左手搁于胸前，持一盛满甘露的器皿；右手挥舞两支九尖金刚杵，并骑在一头白狮子的背上。第二位女神手持魔镜和一根系有经幡的白色木棍，她的坐骑是一头毛发是蓝宝石色的野驴。第三位女神是黄色女神，她右手端着装满粮食的器皿，左手做敬奉宝物的手印，骑一头金黄色的老虎。第四位女神是红色女神，她的左手托一个装满各类珍宝的盒子，右手持一颗宝石，骑一匹珊瑚色的母鹿。第五位女神是绿色女神，她手拿一捆草并握一根捕蛇的绳套，身骑一龙，龙呈绿松石色。这一则美丽动人的神话体现了藏族先民对珠峰的赞美和崇敬之情，也是藏族先民山神崇拜的有力证据。

在这一区域内，有4座8000米以上的高峰，7000米以上的高峰有38座，这种高峰汇聚的现象世界罕见，西藏也因此被称为“世界屋脊”。据地质学家考察研究发现，早在距今约8亿年以前的远古时期，今日的“世界屋脊”是一片波涛翻滚的汪洋大海。它属古地中海（特提斯海）的一部分，在距今约5000万年左右，爆发了一场剧烈的地壳运动，这就是著名的“喜马拉雅运动”。在以后的地质时期特别是近二三百万年中，高原强烈抬升了3500—4000米，形成了“世界屋脊”。据测量，喜马拉雅山脉连同8848.43米的珠峰仍以每年约10毫米的速度继续上升。在西藏流传着一则神话，其内容与这场剧烈的地壳运动十分吻合。相传在很久很久以前，这里是一片汪洋大海，海浪拍击着长满松柏、铁杉的海岸，发出哗哗的响声。重山之上，森林覆盖，郁郁葱葱。林间长满清香的奇花异草；杜鹃、画眉、百灵在枝头鸣唱，各种珍奇动物在林间悠闲漫步。一派祥和、恬静的景象。一天，突然从海底来了一条巨大的五头龙，它搅起万丈波涛，把山上的花草、树木搅得乱七八糟。生活在这里的飞禽走兽，东躲西藏，被狂涛恶流拍打得喘不过气来。正在此时，大海上空飘来了五朵彩云，即五位女神（即前文所提到的）的化身，她们来到海边，施展无边法力，降伏了五头巨龙。妖魔被征服了，海面也恢复了往日的平静。生活在这里的万物对五位女神顶礼膜拜，感谢她们的救命之恩。女神们要告辞回归天庭，怎奈众生苦苦哀求，要求她们留在此间为众生谋利。五女神发了慈悲心，同意留下与众生共享太平时光。女神们喝令大海退去，以免众生遭其侵扰。一时间东边变成茂密的森林，西边呈现万顷良田，南边是花草袭人的花园，北边是无垠的牧场。五位女神变成了喜马拉雅山脉的五座主峰，屹立在西南部的群山之中，守卫着这个幸福的乐园。那为首的女神化作的便是珠峰，是今天的世界最高峰，藏族百姓都把它称为“神女峰”。

4　嘉绒藏族神山崇拜习俗探析

嘉绒藏族对神山特别崇拜，即使在后来，佛教传入嘉绒藏区，人们的宗教信仰发生了质的转变后，神山在民间仍是人们主要信仰的神灵。神山崇拜习俗虽然产生于早期的自然崇拜时期，可直到现在，包括嘉绒藏族在内的所有藏族人民对神山的崇敬之情依然非常强烈。

一、嘉绒藏族神山崇拜习俗的特点

在嘉绒藏区，人们崇拜神山的习俗非常普遍，他们几乎给每一座高山都赋予了一个美好的传说，有的山峰还被说成是神灵的化身，神灵主宰着一方生灵的命运。人们敬畏神山，不敢动神山的一草一木，如果谁动了神山上的东西，轻者本人会受到神灵的惩罚，不是生病就是家中遭遇灾祸；重者这一方的百姓都会遭殃，瘟疫流行，灾害不断。所以，嘉绒藏族全村寨的男人都要经常到神山上去举行祈祷仪式，祈求山神帮助战胜敌人或保佑人畜平安。

墨尔多神山是嘉绒藏族最为仰慕和崇拜的神山。墨尔多山位于大小金川之间，南北走向，跨马尔康、金川、小金、丹巴，处于嘉绒腹地，形似一尊巨佛跨着猛狮在奔驰。从山南仰看犹如绿色的宝瓶置于地毯上。墨尔多山是嘉绒地区的名山，在墨尔多山的北面，山顶上并列着一座座山峰，人们称它们是喜玛拉雅、冈底斯山、唐古拉山等藏区八大神山的缩影。

墨尔多山主峰像一个顶天立地的巨人，高耸入云，山顶的积雪在阳光的照耀下光芒四射，四周群山皆面向墨尔多山，更神奇的是，面向墨尔多的群山皆作俯首状，形成了“千山共捧”的壮观景象。山腰下部有一块高500余米的笋状巨石，突兀挺拔。巨石顶部有一眼喷泉对天喷射。石笋峰对面是一道沟谷，状如人腹，沟谷下有一个深不可测的溶洞，洞口处低矮窄小，人侧身方可进入其中，但溶洞深处却较为宽敞，洞壁的岩纹构成变化多端、绝妙无比的图案和壁画，人们称此洞为“神仙洞”。在“神仙洞”左侧的山体悬岩绝壁下是长长的岩缝和岩洞，岩壁上有很多奇妙的图案，传说有缘者可见岩壁上有21尊不同造型的观世音佛像。顺岩脚有不少岩洞和岩窝，以前有不少喇嘛、和尚、道士到此修行，并修有许多修行场所。岩脚有一眼小泉，传说此泉的泉水可治300余种病，还可预兆祸福。如泉水充足、清澈透明，不仅可以治病，而且还预示着风调雨顺、粮食丰收、人畜兴旺；如涌出的泉水细小混浊，则预示着会有灾害出现，粮食歉收，牲畜多病，人要饮用这样的泉水就会染上麻风病。在墨尔多山的北面，有一片数十亩的高山海子，随季节和气候的变化呈现出各种奇景，海子更加绮丽神秘，人们称之为“神海”。顺着山脊北去有一个小海子，人称“灭颜措”，即毒药海，剧毒无比，蚊虫乃至小鸟飞越水面，都要被熏死，人畜若饮之也必死无疑。海水顺下游流出，往下一里之地，有一座天然形成的石头拱桥，海水在桥下流过，桥上有一块球形巨石，四季潮润，形成的露珠滴入流水中，经石拱桥下流过的海水就无毒了，人畜可以饮用。传说是墨尔多山神为救山下的生灵，在此滴入神水以解毒，这是一种极为神秘的现象。在墨尔多山的西北面有一雄峰，像向墨尔多山躬身哈腰拜服似的，人们称之为夺尔基山。在它的左背面，有一小山峰，状如一顶毡帽，被称为“染”，意为毡帽。传说它就是由墨尔多山神射落的夺尔基山神的毡帽。

山是嘉绒藏族的衣食之源，他们在山地上播种农作物，在山坡的草地上放牧家畜，山上有各种树、花、药材，有各种飞禽走兽，这一切都是山神的恩赐。嘉绒藏族不但崇拜墨尔多山，同时还崇拜黄龙、峨眉、唐古拉山等。这与嘉绒地区信奉的宗教有关，嘉绒地区早期信奉的是本教，后来传入藏传佛教，现在藏传佛教和本教已融为一体。嘉绒地区的本教和佛教把黄龙、峨眉、唐古拉作为主要的神山进行崇拜。

二、嘉绒藏族神山崇拜习俗的方式

从总的方面来看，嘉绒地区的神山崇拜形式主要有煨桑、转山、朝山、建玛尼堆等，此外也包括一些特定的节日。

煨桑是嘉绒藏族祭祀礼仪中的一种主要形式，适用于所有的祭祀活动。在山神的祭拜中也是常用的一种方式。一般来说，每座山都设有很多煨桑的地方，如山顶、山腰的隆起处和山脚的台地上等等。此外，还修有石塔，在石塔前煨桑，石塔中央插玛尼旗和树枝，树枝上拴有白鸡毛、白羊毛或彩色布条。插玛尼旗和插树枝是较为隆重的形式，一般都是在看花节时举行，有时在一些特殊情况下也举行。煨桑主要是烧桑烟祭神，烧桑烟的材料以柏树枝为最好，桦树枝和青树树枝也可代用。烧桑烟时还要撒上糌粑和五谷，借山风挥洒“龙达”。这种煨桑活动可以集体进行，也可单人进行。在山上煨桑一般有三处——山顶、山腰和山脚。在山顶只是在每年的看花节时煨一次桑；而在山腰和山脚的煨桑次数就会多一些。我们可以通过下边的这段记录了解嘉绒藏族是如何用煨桑的方式来祭祀神山的。

“每到藏历的二月二十一，草坡各寨便要举行敬山神的煨桑仪式，以祈求神灵保佑农牧业来年丰收。大家先将柏树枝和花椒树的枝叶扎成束状，下端成三叉形置于地上，在其周围堆四大捆柏树和松树的枝叶，这便成了桑堆。桑堆的两旁各置青稞面团 25 个，复以青稞面制作的大盘 25 个，盛蜂蜜，置放于面团之侧。这两种祭品都要放成五行一列。正面桑堆前则放青稞面 5 碗和用五色彩线束好的柏树枝 5 束，这些柏树枝必须放成一排。一切准备停当，巫师（后期祭祀山神也有的是由藏传佛教喇嘛主持）便开始念诵经咒，等经咒诵完后，便由巫师将桑堆上的松柏枝叶点燃。此时大家便在巫师的指挥下，将供品由上而下，从左到右，一件一件地投入正在燃烧的桑堆中。顺序是先投青稞面团，继之为小柏树枝束，再次为青稞酒，最后是蜂糖蜜炭。”① 仪式完毕，一系列庆典活动随即展开，赛马、摔跤、拔河、唱歌、跳舞等，热闹异常，一连数日人们都沉浸在欢乐、热烈的气氛中。

在黑水，到了每年农历六月十五这天，各村寨的人都聚集到祭祀场所，由本教寺院僧人念诵平安经，然后焚烧柏树枝以祭祀山神，祈求山神保佑免遭灾害。

五月是祭祀山神的主要时节，全寨子的人都会到山上去，插上玛尼旗，插供山神战胜恶魔的箭。煨桑的规模较大，已不只是焚烧柏枝了，而是使烟雾越大越好，村民们朝火堆里撒青稞、糌粑、面粉。在祭祀山神的活动中，凡是近期内家中死了人或者到过死者家中的人，是不能参加祭山神活动的，人们认为若这两种人到了祭祀

① 来自西南民族学院（今西南民族大学）的嘉绒藏区调查材料。

现场，祭祀就会不灵验，会下冰雹。

嘉绒藏族祭祀山神的形式还有转山。甘孜州丹巴县，每到农闲时节都有一些藏民从县城章谷镇出发，逆小金河而上，钻进三岔沟，翻越海拔4000多米的单干山。转山的人们风餐露宿，爬冰踏雪，到达金川县的马尔帮后，又沿大金川河而下返回章谷镇。围绕墨尔多神山徒步转一周，行程约250里，通常要用一个星期的时间。这种延续千年的转山活动，表达了嘉绒藏族对神山的无比崇敬之情。丹巴藏民将转山分为“西果”和“龙果”两种：“西果”意为外转，是围绕某一座主要神山的外围转的活动；“龙果”意为内转，是围绕几座或一座神山转的活动。在历史上，丹巴藏族百姓参加转山的人数很多，转山队伍中尤以中老年人居多。人们转山时怀着虔诚之心，带着一心一意祛除某种疾病的愿望。在转山活动中，一些中老年人久治不愈的疾病消失了，体质明显增强了，人们认为是自己虔诚的心感动了神灵的结果。

还有一种祭拜神山的方式，即朝山。朝山是指对离自己住地较近的名山的专程朝拜。被朝拜的山往往都是非常有名的神山，如墨尔多、峨眉、黄龙等山。对这些山上的景观、庙宇都要一一朝拜，捐一些香烛钱，再请一些宗教纪念品回家予以供奉，以求全家平安。比如丹巴县巴底乡千百年来一直沿袭着春季朝山的习俗。朝山前要准备经幡，这一般是老人的事，他们用自制的墨汁在五颜六色的纸上印经幡。年轻人要做的是取净水和白石头子，他们的活儿较累，要走很长的路；主要负责将运来的水和石子洒（撒）落在指定的路段，还要在沿途固定的小岩窝里插经幡。

在丹巴革什扎乡，一般在夏季举行朝山活动。届时，各家各户男女老少身着节日盛装，男人带着五谷粮食、柏枝、风马旗，还有藏香等祭祀用品；女人则带上代表吉祥的麦子，背负可供一家老少一天享用的火烧馍、香猪腿、青稞酒等。人们沿着转山路途，开始爬山，途中人们摘取路边四季常青的绿色枝叶（如柏枝、松枝、杉枝等），放在固定“拉摘”（山塔）上，口念“拉索”（祭祀神仙），以表明自己的诚挚之心，祈祷神灵在未来降福于己，扎西德勒！人们陆续到达山顶后，就依次围绕白塔或祭祀台转，一边转一边念颂：东方的墨尔多神山、本地墨尔多神山的护法神、土地神等，降福于人间，为家乡带来平安，让家乡五谷丰登，交斯切（祈求之意）！每人至少要转上三圈，多转不限。之后向墨尔多神山方向、本地的土地神等依次磕三个头。男人在山顶的祭祀台上煨桑，把家中带来的祭祀用品放进烟祭台，并不断高呼“拉加罗”（“神胜了”之意）。女人们将五谷粮食撒向烟祭台，顿时香烟缭绕，预兆着将有个好收成。在山上吃过饭后，人们开始下山，下山时男女轮番颂唱本教“八字真经”。晚上，老少都回到家中，年轻人还要举行篝火晚会，跳锅庄或唱情歌一直到次日。

此外，在嘉绒其他地区，这种朝山活动也十分盛行。有些地区的朝山时间定在农历的四月十一。届时，全村家家户户在碉楼上烧香熏烟，朝山的人们带上备好的东西，向神山进发。一路上，人们默诵玛尼经，沿路在固定的石岩旁、杉树下依次插经幡、放白石子、洒净水。当人们到了神山顶，旋即在树枝上挂上经幡。僧人念颂祝神山吉祥的经文，还要把用酥油捏塑的各类模型及煨桑用的油料、面粉等放进塔内燃着。此时，朝山的善男信女围着升腾的香烟，绕着山顶和塔群转经，高声念诵赞颂神山的玛尼经。男童们边转经边吹海螺和小铜号。念诵声此起彼伏，男唱女和，一曲高过一曲，久久回荡在神山上空。太阳偏西时，朝山人背上象征吉祥的柏桦枝叶和杜鹃花，沿着弯曲的山路，唱着玛尼经，高呼“拉加罗”（“神胜利”之意），下山回家。渐近村寨，家里人听见歌声和欢呼声，立即登上碉楼边应和边煨桑烧香。此时，香烟与欢呼声相呼应，大家齐贺朝山顺利、圆满。朝山归来的年轻人似贵客般被老人们从门外迎进家中，老人们的祝福之语滔滔不绝，晚辈们则向老人们叙述一天的经过。

另外，嘉绒藏族在每年农历五月初四还要举行一个朝山会，这个朝山会是充分展示嘉绒藏族崇拜神山的宗教活动。每到这一天，四姑娘山的朝山坪上便挂满了经幡，四面八方的藏民不约而同地到朝山坪朝拜四姑娘山，百余名喇嘛聚集于此。仪式开始时，其中一位德高望重的大喇嘛引着喇嘛们在朝圣的地方打坐、诵经。接下来，喇嘛们便吹着莽筒、敲锣打鼓，围着朝山坪走上一圈，他们的身后还跟着虔诚的藏民及满天飘洒的“龙达”，大家共同祈愿四姑娘山山神能够赐予这里的百姓祥和太平、五谷丰登。

结语

在嘉绒藏区，山神在人们的心里占有十分重要的位置。从古至今，嘉绒藏族百姓对山神的景仰之情从未衰减。从总的方面看，人们供奉山神，是期望山神能够保佑本地区无灾无害、农牧业丰收、家庭幸福、人丁兴旺。嘉绒藏族的神山崇拜作为一种文化现象，后来受到藏传佛教思想的影响，在古老的原始自然崇拜中融进了人为宗教的思想内涵，因而，其中的文化成分也就趋于丰富。以转山方式为例，在当地人看来，绕山转一圈可以清除一生的罪孽，转十圈可在五百次生死轮回中免遭堕入地狱之苦，能转上一百圈即可于今生今世成佛。《墨尔多神山志》记载：“围绕墨尔多神山转一周，相当于念经七万遍。来生不得下地狱，今生也能消灾难。”

5　论藏族水神崇拜习俗的多样性特点

青藏高原上的湖泊星罗棋布，藏北一带的大小湖泊多达千余个，湖泊总面积达 30000 平方公里。青藏高原又是我国著名的江河发源地，如雅鲁藏布江、金沙江、怒江、黄河、澜沧江等东亚著名大河，都纵横或发源于青藏高原。青藏高原上的藏族先民居住在水资源如此丰沛的环境之中，与他们的生活和生产等方面都发生着直接关系。久而久之，伴随着湖水的涟漪与河水的流淌，藏族先民的水神崇拜习俗也就悄然兴起。也正是由于水这种流动的液体不同于其他，江、河、湖、海甚至泉、井、水塘等都有水，所以藏族的水神崇拜习俗比起自然崇拜的其他方面要复杂一些，其外延更广一些。换句话讲，就是水神崇拜具有多样性特点，本章会对藏族水神崇拜习俗及该习俗的几个特点做一论述。

一、水神崇拜习俗的形式与目的

在藏区，水神崇拜习俗由来已久。由于藏族群众居住在不同藏区，所以，不同藏区的水神崇拜习俗在时间、地点、形式和目的上都是有差别的。如西藏山南扎朗县的农村，藏历初二一大早，男男女女穿上漂亮的藏装，背上装有青稞酒和各种供品的背篼，扛着挂满五颜六色经幡的柳树枝，三五成群地到郊外去祭祀神灵。他们首先要祭祀的是水神。祭祀的地方就设在雅鲁藏布江江边，各村人自由组合，一队队从不同的方向朝江边集结，他们在江边的沙土中插上挂有经幡的柳树枝，然后从背筐中拿出各种供品，并依次向煨桑神烟的火堆里投柏树枝，向火中倒青稞酒，撒糌粑，最后将供奉神灵的“卡赛”等食物堆放在煨桑火堆旁的空地上。个人祭祀水神仪式结束后，大家就排成长队，面向江河，每人手中捧一把糌粑，由一人领唱，大家齐唱藏戏中预示吉祥、圆满的扎西唱段，最后众人高举手中的糌粑，将其抛向空中，新年祭祀水神的仪式才算结束。水神祭毕，意味着新一年土地神、家神、山神等神灵祭祀活动的开始，也意味着新一年的开始。

从研究者的田野调查来看，其他一些藏族地区的水神崇拜的现象略有不同。如四川白马藏区的藏民认为河里、湖里、水塘里都有水神，因此每年的藏历年要举行祈水或供水仪式。藏历年大年初一凌晨鸡叫时，在各家各户的门前，都会点燃一堆柴火，是用来敬水神，以祈求来年农猎丰收的。然后到河边（附近如果没有河，则到井边、湖边或水塘边）取水，把取来的水洒在屋子之中，谓之洒新水，在洒新水时，还要唱《洒水歌》。川西北牧区的藏族牧民同样认为江河之中都有神灵，因此他们也举行祭祀水神仪式，把祈祷文写在布条上（有的是事先由巫师印在布条上的），然后用绳子将其系好，拉在大河、小河上，以求神灵佑护。在文县、南坪县（今九寨沟县）一带的藏区，腊月三十妇女们争先恐后地将水缸、水桶储满水，初一早晨任何人不得再去背水，意为人过节，也得让水神过节。初一早上的洗脸水只有等到初五才能泼出去。当地祭祀水神的仪式比较简单。每家一人到河边、湖边或泉边，焚纸烧香，跪祭水神，祈求水神保佑家庭成员健康平安。祭祀水神的日子并不固定，一般是在正月初一到初四。

不同藏区对水神的祭祀方式不同，祈求的目的也不同，这同藏族的山神观念和天神观念有很大区别。比如山神，从祭祀形式上看，一般都是煨桑，呈献供品、垒玛尼堆、悬挂经幡等，再就是转山。祭祀的目的都是希望山神能使草木旺盛，牲畜兴旺。相比较而言，水神崇拜习俗则显得随意一些，崇拜的目的也不尽相同。有祈求来年农猎丰收的，有希冀保佑家庭成员健康平安的，还有的是表示一种象征意义。如西藏山南扎朗县的农村祭祀水神仅仅是意味着新一年的开始，为新年增加一些喜庆色彩。

在上述引用的材料中，对水神只是泛泛而论，重点是介绍藏族群众崇拜水神的方式，没有具体谈什么是水神，水神是怎样的形象。由此可以推测，到目前为止，藏区群众这种祭祀水神的方式是一种非常古老的自然崇拜习俗的表征，是一种没有夹杂后期本教思想的、原生态的自然崇拜习俗。还有一种情况也值得注意，即使到了后期，本教把自然崇拜的各种神灵纳入了自己的体系当中，而民间的祭祀行为并没有因此而停止，而是年复一年，周而复始，一直持续至今。从祭祀水神的习俗来看，就是这样的情况。

二、水神即龙神的提法

早期藏族所祭拜的水神的形象是相当模糊的，人们把水神也视为龙神。从总的方面讲，人们认为龙神就居住在水中，所谓龙神实际上是一种可以随时附身或者变为蛇、蛙、鱼等的精灵。由此看来，蛇、蛙、鱼等水族动物，仅仅是龙神的载体，不能算是龙神的形象。然而，形象也好，载体也罢，在一些藏文典籍和古老的民间传说中，蛇、蛙、鱼等这些所谓龙神的形象是不难找到的。

初期，龙神最显著的特点在于它并不是通过某种神力去撼动自然界，以此来对人类施加危害（当然也有个别情况）。从总的方面来看，龙神是针对人类本身，直接产生威胁。在藏族先民的心目中，龙神一般被视为恶神，认为它是人间四百二十四种疾病之源，这些病被统称为“龙病”，它严重威胁着人类的正常生活和性命安危。据藏族许多经典介绍，龙病有癞子、麻风病、水疱、疱疮、痘、天花、痼疫、瘟疫、伤寒、梅毒等。如龙魔九兄弟左手持疫病口袋，能引起胆病、麻风病、水肿病、血崩、突发病、疯病、剧痛病等；大龙王引起的疾病有癌肿、肺结核、溃疡、瘙痒和剧痛病等。所以，藏族人一般不食水生动物，不往水里扔脏物，他们要始终保持水及周边的卫生。千百年来，这一意识始终如一。据藏族文献记载，瘟疫在吐蕃历史上曾出现过，每次都造成了大批人畜死亡。公元 739 年，吐蕃发生了一场天花瘟疫，金城公主则亡于这场瘟疫中。人们认为，这是触怒了龙神所致。最显著的例子就是吐蕃第二十九代赞普仲宁德如与其王妃因吃了油炸蛙，直落得夫妻双双染疾而亡。

关于龙神是人间致病之源的说法，在近代藏区民间仍流传着。何耀华先生在川西南藏区调查时，就曾发现如果谁亵渎了水中的神灵，他的身上就会起水泡、生脓疮、皮肤红肿。这一说法，完全可以将其理解为古代“龙病”传说的一种遗存。

把早期的龙神与疾病联系在一起，反映了早期藏族先民的一种朴实的思维方式。人的一生不知要经历多少次疾病缠绕，特别是在原始社会时期，在生产力极度低下的境况中，也谈不上什么医疗条件，面对疾病的侵袭，藏族先民显得十分被动。然而，如果我们仔细推敲，就会发现，在藏族原始社会中，对于龙病也有它的预防办法，这就是检点人们的行为，要善待龙神，换句话说，就是禁忌。不可吃水生动物，杜绝往水中投放脏物，保持水及其周边的清洁，以此来表示对龙神的尊重，以免龙神发威，放出龙病，威胁人们的生命，影响人们的生活。

三、水神崇拜习俗的变异

论及藏族的水神崇拜习俗，必然要联系到湖，藏族对湖的崇拜也是水崇拜的一种，但是又有别于水崇拜。可以说，它是藏族先民对水崇拜的变异，这在其他少数民族的自然崇拜中是不多见的。为什么这样说呢？因为水崇拜同藏族其他自然崇拜一样，认为在水中居住着某个具有某种形象的神灵，是该神灵在统御着水，可以说是一种神祇，人们崇拜的是水中的神祇。神湖崇拜认为湖中之水由于受到某种法力的影响而变得具有某种神奇的功能，人们所崇拜的仅仅是这种具有神奇功能的水。藏族先民把湖泊中的水（拉萨河也在其中）说成是神灵赐予人间的“甘露”，或者说是“神水”“圣水”。据说，如果人们在这些湖泊中洗澡，或者喝了湖中之水，就能恢复体力、振作精神、延年益寿、消除烦恼，藏族先民把这些盛满“神水”“圣水”的湖泊，称为“神湖”或“圣湖”。神湖的崇拜者常常怀着虔诚之心在湖边顶礼膜拜，并希望湖水永远显示其灵异的效力，为人们洗去烦恼与病痛，换来愉快与健康。长久以来，无论是国内藏族群众，还是侨居国外的藏胞，以及邻国的尼泊尔、印度等国的信徒们（包括一部分藏传佛教的信徒）都不辞劳苦，来到藏区的“神湖”边，饮用湖中的“神水”并在“神湖”中沐浴。

然而，有一种情况值得注意，就是佛教徒一般都认为，湖水变得圣洁是佛教大师加持的结果。在佛教信徒的心目中，湖是人间天堂，湖的周围长满了各种医治身心疾病的草药。来自冈底斯山冰雪融化的湖水是佛祖赐给人间的甘露。“圣水”能洗去人们心灵上的贪、嗔、痴、怠、嫉五毒，能清除人肌肤上的污秽。在此湖沐浴净身，灵魂可得到净化，使肌肤变得洁净，人可以益寿延年。十分明显，藏族的自然崇拜受到后期佛教的影响是比较深的，这同山神崇拜和天神崇拜的情况是一样的。如，后期藏区的一些山神被佛教高僧收为护法神；“冰雹喇嘛”往空中抛出小佛像以驱逐冰雹；等等。实际上，这是把自然崇拜习俗纳入佛教系统，这样一来，就对我们研究真正意义上的藏族自然宗教崇拜习俗造成了一定的干扰，但是，只要认真分析，层层剥离，还是能够找出藏族自然崇拜习俗的一些实质性内容。下面我们就对藏族的几个重要湖泊做一梳理，以便发现其中自然崇拜的因素。

首先是玛旁雍错，藏语意为“永恒不败的碧玉湖”，坐落在西藏阿里地区普兰县境内的冈底斯山峰的主峰——被誉为“神山”的冈仁波齐峰东南20公里处，海拔4588米，是世界上海拔最高的淡水湖，面积412平方公里。关于玛旁雍错和湖中之大鱼的关系，有这样一个说法：一条大鱼游到玛旁雍错，漂浮于湖面，看上去像是被母亲抱着的婴儿。

藏文古籍《冈底斯山海志》中又有这样的记叙：圣湖玛旁雍错中有一座广财龙王的龙宫，龙宫中聚集了世间众多的财宝。来到这里朝圣的人，只要绕湖一圈或者在湖边能得到湖中的一条小鱼、一块小石头、一根飞鸟的羽毛便算是得到了龙王的赏赐。因此，早期的本教徒称它为“玛垂措”（意为生命湖或命根湖）。据说“玛旁雍错”的得名是源于公元11世纪在此湖畔进行的一场宗教大战，结果是藏传佛教噶举派大胜本教，便把已经沿用了很多世纪的“玛垂措”改名为“玛旁雍错”。沿湖而建的佛寺甚多，现存8座。许多宗教典籍和传说中都曾记载描述过玛旁雍错，藏传佛教认为玛旁雍错湖水具有8种功德，玛旁雍错的湖水直接来自神山的融雪，是圣水，用它来洗浴能清除人们心灵上的“五毒”，清除人肌肤上的污秽。朝圣者如绕湖转经，可功德无量。在印度神话中，玛旁雍错是湿婆大神（Brahma）用意念形成的，因为这里是湿婆大神和他的妻子——喜马拉雅山的女儿乌玛女神沐浴的地方，所以湖水成了圣水，印度经典中则称该湖能洗涤人类一切罪孽。

玛旁雍错在不同地区、不同民族、不同宗教信仰中所代表的文化意义是不同的。然而，传说中所提及的大鱼和湖底的龙王则属于藏族原始宗教水神崇拜的神灵。来到这里朝圣的人之所以要在圣湖玛旁雍错岸边拾取一块石子、一根鸟的羽毛等，是因为他们坚信，这些乃龙王所赐，能使自己发财致富。而认为自己得到龙王赏赐这件事本身，实际上是对龙王崇拜的另一种表现形式，这就是藏族原始崇拜习俗的遗存。

其次是纳木错，纳木错在藏语中是“天湖”的意思，又称腾格里海、腾格里湖，蒙古语“腾格里”，意为“天”。它位于西藏拉萨市以北，当雄、班戈两县之间。湖的南侧是雄伟壮丽的念青唐古拉山，北侧和西北侧是起伏和缓的藏北高原。湖面狭长，东西长 70 公里，南北宽 30 公里，面积为 1940 平方公里，为我国第二大咸水湖。

在藏族先民的自然崇拜中，纳木错占据一席之地。纳木错与藏北羌塘的念青唐古拉山毗邻，从地域上看，应该属于以念青唐古拉山神为主体神的神灵体系。在《鬼神遗教》中提道：“纳木错普摩，在拉萨北，绕湖一周，快马驰十一日。湖中鬼怪甚众，常扰周邻安宁，不易调伏。”湖中那些扰得周邻不得安宁的鬼怪，后来都被本教作为神灵供奉起来，因此纳木错也曾被本教奉为第一神湖，是本教的保护神。佛教在藏区兴起后取代了本教，这些本教神灵又被佛教高僧调伏，湖中的神灵也被收为佛教的护法神。据说，“当年莲花生收伏此湖的精灵时，曾以手印示湖，迄今日出之时，当伏卧湖岸之地上，侧视水面，尚可以见到一硕大如山之掌影，显现于湖面”①。还有一种说法，如果哪位有福分，登上湖边的山崖，就可以看到湖中显现的灵异现象，可以预知未来吉凶。

纳木错的原始崇拜受佛教的影响较深，因受资料所限，它最早的情形已很难寻觅。不过《鬼神遗教》中提到的“湖中鬼怪甚众，常扰周邻安宁，不易调伏”，倒是可以帮我们推测，居住在纳木错附近的藏族先民，最早曾经历了崇拜湖中精灵怪兽的阶段。人们对湖中鬼怪的时常侵扰感到非常惧怕，由此产生了祭祀行为，希望鬼怪开恩，还黎民以太平。

第三是雍措赤宿甲摩，即青海湖，其所在省即因该湖而得名。在藏语中，雍措有“翠玉的湖”之意，赤宿甲摩，藏语意为“万户女王”。因湖水常年湛蓝，故称青海。汉文史书《汉书·地理志》则称此湖为“仙海”，雍措赤宿甲摩湖面海拔高 3196 米，湖水面积为 4583 平方公里，是我国最大的咸水湖。

关于青海湖的神话传说有很多，其中一则这样说道：相传在未形成湖前，青海草原只有一泉眼，其旁供一龙王。人们每天在这里取水，取完水后，用石头盖住泉眼，水便不再往外流。一天晚上，一女鬼去泉边饮水，饮后故意不盖石头，想以此来激怒龙王。龙王果真动怒，泉水不断外涌，形成大海，泛滥成灾，淹没万户人家。民间还传说青海湖里居住着赤雪女王九姐妹神，也有藏文文献中记载湖中住着湖曼秋姆五姐妹。

对这些传说进行分析，大体可以得知青海湖与藏族原始宗教的关系，说明它们曾作为原始水神崇拜的对象，受到藏族先民的供奉。其实，无论哪种说法，青海湖一直被人们尊为神灵加以崇拜。每逢

① 周锡银、望潮：《藏族原始宗教》，四川人民出版社，1999 年，第 59 页。

藏历羊年，会有数以万计的人来此转湖朝拜。湖中海心山最高处曾有两座小庙，是安多藏区著名的修行圣地。青海湖不仅被藏族人尊奉为保护神，而且也被历代中央王朝所重视，唐玄宗、宋仁宗、清雍正均曾加封它。至今共和县倒淌河还存有清朝修的海神庙，以祭祀海神。

第四是羊卓雍湖，传说中的羊卓雍湖是一个仙女下凡后变成的。又说，很久以前这里只是个泉眼，附近住着一家富人，家中的佣人叫达娃。一天达娃在泉边救了一条小金鱼，小金鱼变成一位美丽的姑娘并送给达娃一件宝贝。主人发现后，一定要达娃带他到泉边找宝贝和姑娘。结果目的没达到，富人将达娃推进泉眼淹死了。此时姑娘出现了，并变成无际的波涛向富人袭来。富人得了恶报，从此这里形成了湛蓝清澈、妖娆无比的湖泊。

这则传说同前边玛旁雍错中的一条大鱼漂浮于湖面，看上去像是被母亲抱着的婴儿的说法比较相似，两湖都提到了鱼，似乎是说鱼代表水神，此说较为直观，很容易理解。鱼生活在湖水中，自然成为水中之神。这同藏族把生活在山上的牦牛指为山神的情形是一样的。其实，如果真是这样的话，那么藏族的水神崇拜具体对象问题就简单多了，但情况往往不是这样。藏族的自然崇拜由于受后期本教和佛教的影响很深，所以对一些表象问题的解释都不相同。比如说，把鱼当作水神，看上去合情合理，然而，也会有不同的说法。有的学者认为，鱼代表龙母，它反映的是本教思想，有生灵崇拜的含义，这可能是本教吸收了自然崇拜的神灵后，对生活在湖中之鱼的一种新的解释。不管怎么讲，藏族先民把鱼当作水神的观点是可以采信的，这种观点至少提出了一种十分朴素的、有内在关联的依据。

至于后来对羊卓雍措的说法还是同佛教有关，说该湖形似蝎子，相传曾为九个小湖，空行母益西措杰担心湖中许多生灵会干渴而死，即把七两黄金抛向空中并祈愿、诵咒，又把所有小湖连为一体，其形似莲花生的手持铁蝎。人们崇奉羊卓雍措，更多的是将她奉为羊卓雍措达钦姆，即藏区的女护法神。因此，羊卓雍措又成了女护法神的驻锡地。这些说法受后期佛教影响的痕迹十分明显。

最后一个是当惹雍措，当惹雍措位于古象雄王国遗址附近，距尼玛县约150公里，面积1400平方公里，湖面海拔4600多米。据传，当惹雍措当初是个魔鬼湖，后来本教制伏了湖中的魔鬼，其成为本教崇拜的圣湖。达尔果山一列有七峰，峰顶终年被白雪覆盖，如七个戴了白帽的巨人并排站立，忠诚地守护着当惹雍措。它们和当惹雍措一起被人们奉为本教的神山圣湖，其地位与佛教所认为的世界中心的冈仁波齐和玛旁雍错身阶相等。

每年都有不少信徒来此转山转湖。湖边现在还保存有一座建于悬崖山洞中的寺庙——玉本寺，相传为本教最古老的寺庙，玉本寺供奉的是狼面女神，香火十分旺盛。湖的四边有四个泉池，据说在此沐浴能洗去罪孽与疾病。千百年来，香客沿湖踏出了一条环湖小道。或许是因为其地势特殊，气候相对温暖的原因，这里曾是象雄的王宫所在地，是迄今藏北象雄遗迹最集中的地区之一，是解读象雄文化之谜的一把钥匙和研究本教的重要场所。

在藏族的著名神湖中，一般都有这样的特点，先是表现自然崇拜的神灵，之后本教又降伏了该神灵，把其纳入本教系统，再往后佛教又将本教的神灵收为自己的护法神。当惹雍措的情况也大致如此。藏族社会各阶段的发展为自然崇拜习俗打上了明晰的烙印，如果我们溯其源头，就发现在早先，藏族先民都坚信湖中住有一个魔鬼，所以该湖最早时曾叫魔鬼湖，至于其他情况，皆不得而知，也无其他可供证明的资料。这一点同其他神湖是一样的，只能凭借分析研究，将其原始时期的自然崇拜习俗做一大致勾画。当惹雍措最早被称作魔鬼湖，这同上文所介绍的纳木错的情况是相似的，居住在当惹雍措周围的藏族先民曾受到湖中魔鬼的祸害，百姓们惊恐万状，于是纷纷膜拜之，供养之，求魔鬼开恩，对湖边生灵多施体恤之情，也由此开创了崇拜之先河。至于人们祭祀湖怪的时间、具体地点、祭祀方式等，暂无资料可参考，或许到以后有了新的发现能够弥补这一空白。

此外，藏族的神湖，又有“善湖”和“魔湖”之分。当惹雍措在早先一定属于魔湖。此外，在藏北羌塘的扎布曲地方，还有一个不大的“魔湖”，到了冬天不会封冻，当地牧民都说只要谁的影子投入这个湖中，谁就会被湖里的魔鬼吞掉。而玛旁雍错是能为人们带来福德的“善湖”。

四、神湖与神山的关系

在藏族的自然崇拜中，藏族群众往往习惯把神山和圣湖联系起来，这不仅仅是从神山与圣湖的距离上看，即圣湖依偎于神山之脚，神山耸立于湖之畔。从原始宗教的角度去理解，还有更为深刻的含义。由于过去藏族的自然崇拜是以山神崇拜为基础的，藏族先民习惯以山神为主体神，水神崇拜也被纳入了山神崇拜的范畴中。所以，发展到现在，藏族还是将神山与圣湖相提并论，共同加以崇拜。

本教在后期的系统化过程中，接受了外来“龙王”的某些特点，创造出了诸如玛旁雍错、羊卓雍错、纳木错、雍措赤宿嘉莫（青海湖）四大神湖的四海龙王，一个十分重要的特征是藏地的龙神大多为女性。以善良美丽、勤劳贤惠、具备人性和母性为特征，上述四个主要神湖就能说明这一点。此外，在拉萨龙王潭湖心亭的龙王殿，还供奉着龙女墨竹色青，该龙女就是以人间女性的秀美温柔为形象特征的。藏北的神山圣湖几乎都是成双成对——念青唐古拉山与纳木错、冈底斯山与玛旁雍错、达尔果山与当惹雍措、西亚尔山与俄亚尔错等。在此基础上，藏族先民还创造了丰富多彩的神灵世界，为雪山和湖泊创作了许多优美动听的传说故事，这些传说故事为神山和圣湖注入了鲜活的生命色彩。

比如，相传纳木错是帝释天的女儿，念青唐古拉的妻子。念青唐古拉和纳木错的形象分别为：念青唐古拉头戴盔甲，右手举着马鞭，骑白马；纳木错肤色深蓝，二手三眼，右手持宝幢，左手拿宝镜，头系顶髻，余发侧垂，坐骑为白龙马。念青唐古拉山在北方诸神灵中最具权威，它拥有广大无边的北方疆域和大量的财宝。在纳木错北岸约 30 公里处有一座山叫保吉山，与念青唐古拉山遥遥相望；在纳木错北岸还有一座不大的山，山上住着一位赞神。保吉山山神和这位赞神都十分喜欢纳木错，四人之间发生了一些爱情纠葛，为此，念青唐古拉还拔刀砍断了保吉山山神的双腿，使之再也无法站立。

藏族先民经历了群婚和血缘婚向外婚制发展的过程，随着婚姻形式的发展，自然群体逐步向氏族或部落过渡。当然，还有另外一种情况，即兼并战争。相应地，反映在原始信仰上的山神崇拜，也由单体的山神向整体的神灵体系演进，最终形成了区域性的“神灵集团”。这些“神灵集团”则包括了这一地域内的山神、土地神、水神、树神等保护神以及其他一些精灵。上述传说故事恰好从侧面反映了水神崇拜融入山神崇拜，而使藏族地区单体的山神逐步向整体的神灵体系演进的事实。纳木错水神并入念青唐古拉山神的体系，代表着早期藏区区域性的“神灵集团”逐步形成。

再如当惹雍措，据当地人讲，“达尔果”和“当惹”都是古象雄语，分别意为“雪山”和“湖”，它们一个是神山，一个是圣湖。有这样一个古老的传说：很久以前，达尔果山神从文布地区去堆龙找寻上好的青稞种子，触怒了当地众神，众神穷追不舍，当达尔果山神历尽千辛万苦回到文布的时候，青稞种子只剩下几十粒，他把几十粒种子小心地撒在妻子当惹雍措的身旁，当惹雍措则用自己的乳汁悉心浇灌，精心培育，嫩绿的青稞苗长出来了，夫妻俩在牧民的欢呼声中化作神山与圣湖。

神山与圣湖喜结连理的故事还有很多，在这里就不一一讲了。实质问题除上述所讲的单体的山神向整体的神灵体系演进外，还反映出另一种文化现象，即在对自然物拟人化时性别的使用，藏族先民在判定山与湖的性别时与其他民族是一致的，华夏祖先在很早就提出了阴阳论。《素问·阴阳应象大论》云：“阴阳者，天地之道也，万物之纲纪，变化之父母，生杀之本始，神明之本府也。”人们将万事万物都归于阴阳两个方面：天为阳，地为阴；日为阳，月为阴；至为阳，去为阴；动为阳，静为阴；速为阳，迟为阴；昼为阳，夜为阴；等等。几千年来，阴阳便伴随着人们的生活。藏族先民很准确地把握住了这一点，他们在为自然物的性别安排上完全符合“山为阳、水为阴”的阴阳论思想。因而，藏族先民为神山圣湖所创作的优美动听的故事是能够被广泛接受的。

结论

藏族的水神崇拜与其他自然崇拜相比较，既有相似之处，也有不同之处。不同之处主要表现在这两个方面：其一，水神崇拜的膜拜对象比较模糊，不像牦牛曾为山神那样直观。水神的形象在水神崇拜的先期似乎并没有被提到，特别是谈河水、井水之水神时，在相关的资料中根本就没有论及水神的模样。在谈到湖泊之水神时，除涉及玛旁雍错和羊卓雍措的湖神提到了鱼，论及其他的湖神时只笼统地提到了诸如龙王、魔鬼、怪物等，至于这些湖神都是些什么面孔，也并没有提及。有的学者也提出过水神即龙神，那么龙神是什么样子，说法有很多，更有早期龙神和晚期龙神之分，情况比较复杂。其二，有些神湖之所以神，是因为人们普遍坚信，由于某种魔力，湖水具有了奇异功效，人们崇拜水神，仅仅是崇拜这种神奇的水。从上述两点来看，藏族的自然崇拜之水神崇拜所涉及的内容比较广泛，所表现的含义也各有不同。但不管怎么说，水神崇拜习俗在藏族社会由来已久，直到今天，在湖边、河边、池塘边、泉水边等还可以看见人们祭祀水神的情景，人们祭祀水神的目的，也仍然是延续了千百年的人们最朴实的心愿。

6　论藏族龙神崇拜习俗的几个特点

藏族人民对龙神的崇拜和信仰由来已久，“龙”在藏语中称为“鲁”。从众多遗址、壁画和史料记载看，龙神崇拜起源于原始社会。如《吐蕃历史文书》所说：“至托托日弄赞在此王之前皆与神女和龙女婚配，自此王起才与臣民通婚。”可见在藏族的传说中，从聂赤赞普起即有了对龙神的崇信。又例如，“本教创始人辛绕米沃降生人间后，也是与一个龙女结合，并生下一个叫贤色局的女儿，还称自从生下这个名为贤色局的女儿之后，在‘拥宗宝洲’所有的龙女皆从事善行，而不再害人”①。《格萨尔王传》主人公格萨尔的母亲，也是一位龙女。这些都说明龙神的出现，是相当古老的。今天所称的龙神，实际是对藏文的一种意译，论其形象、功能及住地等，都与汉区古老传说中的龙神有很大的差别，但二者之间的内在联系还是有的。现就藏族原始先民观念中的龙神形象、原始社会赋予龙神的各项职能以及在祭祀龙神方面的几个特点做些论述。

一、龙神的形象

龙神的形态同山神形态的演进过程大体相似，同样经历了一个由自然形态向人兽合一形态的演变过程。在这一过程中，龙神的形

---

① 周锡银、望潮：《藏族原始宗教》，四川人民出版社，1999年，第60页。

象出现了很大的变化。从总体上看，是由零散归于统一，由相对渺小到相对庞大。

早期，藏族龙神的形象是相当模糊的，此时的龙神形象不能简单地说是蛇、蛙、鱼等水族动物，所谓的龙神实际上是一种可以随时附身或者变为蛇、蛙、鱼等的精灵，并且无时无处不在。由此看来，蛇、蛙、鱼等水族动物，仅仅是龙神的载体，不能算是龙神的形象。

如据史载，第二十九代赞普仲宁德如娶塔布之地（塔布系一古地名，在今山南桑日以东加查和林芝朗县一带）女子秦萨鲁杰为王妃，王妃初来时容貌姣好，后来日渐憔悴苍老。赞普问其故，王妃说她吃不到家乡的一种食物故而变丑变老。赞普让其速去备办此食物，王妃乃命心腹回到故乡，差人油炸了许多蛙并带回王宫，藏于内库，王妃取而食之，不久又容光焕发，美貌如前。赞普心想这种食物竟有如此之殊胜功效，也想取食，趁王妃不在时入府库查看，发现这些食物原来是酥油炸蛙，足足装了几袋。赞普犯了忌讳，也食用了炸蛙，因此，患了麻风病，后来，他与王妃双双而亡。

从另外一则流传于四川甘孜州的传说来看，龙神形象是蛇。传说是这样讲的：有一户人家，只有兄妹俩一起生活，这天，妹妹突然得了“龙病”，哥哥请遍了当地所有的医生，都称无法治好这种病，哥哥只好去请巫师来占卜。占卜结果说，唯一的办法就是把妹妹抬到一个偏僻的山岩下，找一个树下有泉水的地方，让她先饱食肉、糌粑等美味的食物，然后睡在树下，不管怎样口渴，都千万不能喝水。妹妹吃饱躺下后，开始时因口渴很难入睡，嚷着要喝水，但哥哥坚持没有给她水喝。不久妹妹便慢慢入睡了，当她睡熟后，只见她的鼻孔中突然钻出两条长蛇，一条为白色，一条为黑色，接着这两条蛇爬过妹妹的面孔，沿着树干爬上树梢。于是哥哥赶忙叫醒了妹妹，二人一起逃回家中，从此妹妹的龙病便好了，而泉边的那棵树却枯死了。[1]

前一则传说是说赞普食用了炸蛙，开罪于龙神，身患重病，龙神的形象是蛙。后一则传说中龙神的形象则是蛇。在藏族原始社会早期，把龙神同蛇、蛙等水族动物联系起来，这只说明了早期藏族先民对所谓龙神形象的一种最初的认同，是带有原生态的认识观念，这使人们在心里对龙神有了一个初始的、模糊的膜拜对象，满足了当时人们对龙神信仰的愿望。与藏族先民把牦牛视为早期的山神形象并加以膜拜的道理是一样的，藏族先民在意识到龙神之后，为了便于祭祀，于是又选择了蛇、蛙等水族动物作为龙神形象。先民的这种选择，同当时人们的认识能力是相符的。不过早期龙神的形态在藏族农区的宅院外墙和厨房水缸旁的墙上、灶台和灶台旁的墙上，无一例外地都被画成生活在江湖中长有一对大螯的蟹的造型。据说这种蟹（看上去又像蝎子）也是龙神的化身。我们注意到，尽管蟹与蛇、蛙等尚有一定的差别，然而，只要我们细心思考，就会发现，蟹与蛇、蛙等同属水族动物，这些动物的一个最大特点，就是都生活在低洼、潮湿的地方。在藏区，这种形似蟹的龙神又是家家户户的灶神。灶神极爱清洁，藏族人家都要小心翼翼地保持锅灶的清洁，不得随便令其玷污，以避免惹怒灶神而使之迁居他处，为自家带来不祥。

随着藏族社会的不断发展，本教在藏区逐渐兴盛，在本教思想的影响下，藏族的自然崇拜中的神灵逐渐形成神灵体系，龙神这种形态模糊的神灵，也就逐渐由泛指水族动物而衍生出新的形体，或者说连水族动物作为神灵载体的现象也不存在了。纳入本教神灵体

---

① 周锡银、望潮：《藏族原始宗教》，四川人民出版社，1999 年，第 62 页。

系的龙神改头换面，总的来说，其形象较之先前要规整得多。本教《十万龙经》中所说的这种龙神的形象不是动物的原形，而是依据原始宗教义理，经过人们想象加工后被人格化了的神祇，其造型大多是人身兽首。如本教《大品黑、白、花济龙经》就说：龙神有人身马头、人身蛇头、人身虎头、人身熊头、人身鼠头、人身羊头、人身牛头、人身豹头、人身猪头、人身鹿头、人身狼头、人身孔雀头等。这些龙神形象有一个共同的特点，就是它们都具有蛇尾或鱼尾，这说明较早时期的本教徒在塑造龙神的形象时，参照了水族动物的形象。

到了晚期，龙神的形象又掺杂了人的因素在其中。这说明随着社会的发展进步，人类逐步认识到自身的力量。在与自然力抗争的过程中，藏族先民那种百折不挠的斗争精神和人类所固有的强烈的求生欲望，使其在受到自然力破坏和疾病折磨之后，仍凭借自己的努力与抗争（有时也是出于侥幸），最终顽强地挺了过来。有了这样的经历，藏族先民逐步认识到人类的力量也是不容小觑的，在大自然面前，人类若勇于面对、抗争、搏击，最终也不一定一无所获。于是，藏族先民在对其自身的力量做了重新评估后，暗自肯定了自己的作为。在这种情况下，后期龙神的形象就融进了人的身影，这就容易理解了。

晚期龙神的形象加进了人的因素，这反映了藏族原始先民自然崇拜和动物崇拜的一个共同特点。比如早期，藏族先民把牦牛作为山神的形象，稍后，山神又幻化为人形。龙神形象的情形基本上和山神的相同，其中最大的差别在于，藏族的龙神没有完全变为人的形象，它是动物的头颅，人的身体，再加上蛇或鱼的尾巴。这种进入了神灵体系的龙神形象，自然使人们想起内地画龙理论的“九拟”之说。所谓九拟，即角似鹿、头似驼、眼如兔、项似蛇、腹如蜃、鳞如鱼、爪似鹰、掌似虎、身如牛。由此，我们或多或少地感觉到，在龙神的形象问题上，藏汉之间有些内在的联系，两个民族在龙神的形象问题上，在早些时候应该是有过交流的。

二、龙神的职能

藏族龙神的职能从时间的先后顺序来看是有很大差别的。早期龙神的职能多与疾病相关，而晚期的职能就显得更庞杂一些，涉及人们的生活、生产、精神和物质等方面。

藏族初期的龙神与自然崇拜中的山神、天神等不同，其最显著的特点表现在它并不是通过某种神力去撼动自然界，以此来对人类施加危害（当然也有个别情况）。从总的方面来看，龙神是针对人类本身直接施加威胁。在藏族先民的心目中，龙神一般被视为恶神，认为它是人间四百二十四种疾病之源，这些病被统称为“龙病”，严重威胁着人类的正常生活和性命安危。据藏族许多经典介绍，龙病有癞子、麻风病、水疱、疱疮、痘、天花、痼疫、瘟疫、伤寒、梅毒等。如龙魔九兄弟左手持疫病口袋，能引起胆病、麻风病、水肿病、血崩、突发病、疯病、剧痛病等；大龙王引起的疾病有癌肿、肺结核、溃疡、瘙痒和剧痛病等。所以，藏族人一般不食水生动物，不往水里扔脏物，他们要始终保持水及周边的卫生。千百年来，这种意识始终如一。

龙神的职能随着社会的发展在不断增加。由于早先龙神是人间疾病之源，所以最初的龙神一般被看成是威胁着人类的生命的恶神。随着社会的发展，这种观念逐步发生了变化，龙神的职责也逐渐扩展到精神、物质以及战争和自然等各个方面，而且都有专属名称。如：“噶波”“年噶”等龙神专管各种贪心与嫉妒之心；“玉可松”

“噶瓦绒波”等龙神管各种毒害；“曲日”“俄本”等龙神掌管战争、饥饿等；“恰柏”等龙神则管雷电、降雨等；“崩松”“摩东瓦”等龙神管各种龙病；“唐瓦”“瓦信”管骨伤、打伤。

龙神进入本教的神灵体系后，它的职能被进一步细化，分甲仁（嘉让）、吉尔仁（解让）、芒仁（莽让）、壮色仁（章赛让）、毒巴仁（得巴让）五大类，他们分居世界的东、南、西、北、中五个方位。在这五类龙神之中，既有善神和恶神，也有两者兼备的，这和它们的根基位置有关。如根基在神界的甲仁类的龙神，就是善神，可以给人类带来幸福和平安；而根基在人间和水界的芒仁类的龙神，则是属恶神一类的神灵，对人们的危害极大，牧区牧畜的大量死亡，农区庄稼的各种病害都与它有关；根基在非天界（非神非人界）的其余三类龙神，则是善恶兼有的神灵，他们既可能给人类带来祸乱、灾害，也可能给人类带来幸福和平安。

在这个时期，龙神还有另外一种名誉，即财富的象征。据民间传说，在龙神居住的水域下面，藏着许多诸如珊瑚、珍珠、九眼石、松耳石等藏族人喜爱的各种财宝。另据传，龙神主要生活在大海中，大海底下有500座龙王殿，龙神们过着同人类一样的生活。本教经典《十万龙经》中说，王族龙王的居处是一座巨大的蓝色龙宫，龙宫的根基由玛瑙砌成，护墙由金砖砌成，屋顶用青金石砌成，四个角楼用银铃装饰。龙王的坐骑为蓝色龙马，龙王的右手持闪光的珠宝，左手持盛满珠宝的小口袋，身着绿松石铠甲，头戴绿松石头盔。可见，龙神是财富的象征，是一切财富之源泉。所以，龙神又是财神，它守护着地下神秘的财富。据说，位于西藏阿里的圣湖玛旁雍错中有一座广财龙王的龙宫，龙宫中聚集了世间众多的财宝。来这里朝圣的人，只要拾到湖中的一条小鱼、一块小石头、一根飞鸟的羽毛便算是得到了龙王的赏赐。

晚期龙神的权限更趋于规整化、体系化，这是自然崇拜发展的结果，这种情况是受到社会进步的影响，在社会不断进步的情况下，藏族先民祭祀龙神的目的，已不再满足于以往的避免疾病，祈求身体健康的愿望，他们对精神生活和物质生活有了更高的期望。同时经历了部落频繁战争的先民，痛恨战争给人们带来的不幸，希冀太平安宁。除此以外，自然界的反复无常，也让人们惊恐万状，人们期望能风调雨顺。所有这些愿望都被寄托在了龙神的身上。于是，藏族先民对早期龙神的职能做了补充和完善，使之更为明确、系统。龙神的权限饱含着人们的厚望，而且祭祀起来也有了明确的对象，最大限度地满足了原始先民的慰藉心理。如果说早期龙神只是对冒犯者放出病魔，施以惩罚的话，那么晚期的龙神则是在此基础上，扩大了自己的权限。比如，有的龙神司职各种毒害；有的龙神管战争、饥饿等；更有的龙神负责打雷、闪电、降雨等。无论是龙神的管辖范围还是其神力较之以往都更具威力了。

伴随晚期龙神职能的不断被规整化、体系化，龙神的居住地也发生了一些变化，按照藏族古代龙神与水族的渊源，后期的龙神理当是生活在水中的，此外，从一些材料中也常可以看到龙神居于各种水域之中的记载。然而，或许是为了提高龙神的地位，扩大它的震慑力，以便能随时随地监视人们的行为，接受人们的供奉，龙神也不甘总是居住在水下，有时也会从江河、海洋、湖泊、水井、泉水、沼泽等水域出来，于是乎，大树、石崖、土堆等地也都成为它的新住所。本教经典《大品黑、白、花济龙经》中也说：“龙神有居于怪异山尖者，其状有似鸟头；有居于状如豕鼻之坟场；有居于状如卧牛之山；或居于参天之树；或居于双山、双石。”不过，从藏族民间所反映出的总体印象来看，龙神居住地主要还是在水下，因为在多数情况下人们更多的还是在湖、河、泉等区域旁，心系龙神，怵然为戒，检点自己的行为，以免冒犯。

三、对龙神的祭祀

无论是早期龙神还是纳入本教体系后的龙神，藏族对它都像对待自然崇拜中的其他神灵一样，以敬神、娱神的方式求得它的同情和宽恕。绝对不怠慢，更不敢触犯，否则会引来灾难。比如触怒了恰柏龙神，就会长期无雨，致使农作物遭受旱灾；触怒了唐瓦、瓦信等龙神，人们就会遭到意外的跌打摔伤；等等。

藏族对龙神的祭祀同样也随着时间的推移而日益复杂。早期的祭祀方法比较简单，就是把芫荽、芝麻、芥子、糌粑、牛羊肉之类抛于河、湖、泉、池水之中。其实这些东西都是鱼、蛙、蟹等水族动物喜欢吃的食物。进入本教神灵体系后，给龙神的供品种类增加了不少，而且本教徒还给它取了一个专门的名字——龙药。像蛇皮、仙人掌、海藻、甘松、大海的泡沫、竹叶、孔雀尾、红线、绿苔、肉豆蔻、藏红花等都属于龙药。祭祀龙神时用这些龙药有一定的目的。按照本教徒的解释："甘松、竹叶是供龙神长胡须和长头发的；芫荽能使龙神的眼睛更加明亮；孔雀尾能使龙神身上的颜色永不黯淡；蛇皮能使龙神不脱皮；仙人掌能使龙神肢体更加粗壮；绿苔可以补养龙神的筋脉；红线可以滋补龙神的血脉；肉豆蔻会增加龙神的力气；大海泡沫会使龙神的口水不受玷污；芝麻则可补龙神的五脏六腑。"①

"献给龙神的祭品大多不是藏区所产，而且还有如此奇特之功效，因为当时的祭祀（对龙神）仪式都是由本教巫师主持，所以他

---

① 周锡银、望潮：《藏族原始宗教》，四川人民出版社，1999 年，第 66 页。

们平时就很注意收集这些龙药，也就是说只有掌握了这种龙药的本教巫师，才能够主持这种对龙神的祭祀。”① 不过，最应该提出疑问的是大海的泡沫，青藏高原远离大海，到哪儿去弄这种东西，最有可能的是受外来文化的影响，大海的泡沫随着大海一同进入本教的视野。

由本教巫师主持的祭祀龙神仪式比早期民间的祭祀要复杂得多，已不仅仅是单纯地向水域中投掷供养物，而是要举行一个隆重的仪式，在周锡银、望潮两位学者所著的《藏族原始宗教》一书中详细介绍了本教巫师祭祀龙神求雨的仪式：

> 求雨的本教巫师，身着蓝色法衣，手拿蓝色法幢，两腿也要染成蓝色，然后献上蓝色供品，据说管理闪电、雷鸣、降雨的龙神恰柏等生活在蓝色的江河与大海中，喜欢蓝色。开始求雨时，巫师从龙居住的泉水中取出九勺水，分别放入九个蓝色的瓶中，将瓶放在泉水的四周，然后开始煨桑。当桑烟滚滚升起之时，巫师手拿龙神最喜爱的黑、白芥子，呼唤龙神的名讳。这里被呼唤降临的龙神，据称都是藏区分管雨水的龙神，所以他们的名讳都与降雨有关。如叫朱扎的龙神，有“雷鸣”之义；叫罗几的龙神，有“闪电”之义；叫曲吉之龙神，有“涨水”之义；叫恰白之龙神，有“降雨”之义。巫师呼叫完这些龙神的名讳后，便跪下分别向东、南、西、北四方叩头和吹气。叩完头，巫师立起身来，随即把白、黑二种芥子撒入泉中，并把那放于泉旁的九个瓶子所盛之水，全部泼倾于泉中。②

本教徒把龙神收归本教的体系后，在祭祀这一环节上做了很大

---

① 格勒：《论本教的神》，载《藏族学术讨论会论文集》，西藏人民出版社，1984 年。

② 周锡银、望潮：《藏族原始宗教》，四川人民出版社，1999 年，第 67 页。

调整。在民间祭祀的基础上，纳入本教后的祭龙神仪轨更为繁复而有序，夸张而隆重，充分显示出本教仪轨不同于民间祭祀，或者说本教的祭祀要高于民间的祭祀。无论从气势上看，还是从态度上看，自然崇拜的祭祀形式与本教的已不可同日而语。

不过问题远不止这么简单，并不是说，本教吸收了民间的自然神灵后，民间从此听凭本教去祭祀，民间就无所事事了。事实上，民间对龙神的祭祀从来就没有停止过。以家庭为单位祭祀龙神的活动依然存在，就形式而言，依然保持着以往的那种简单而随意的特点。祭祀的目的也不局限于求雨，更有招财进宝的意味。比如，在甘孜藏区祭祀龙神也不一定在水旁，而是在楼下放置一个大石包，当地藏民认为龙神就住在此石包中。每到夏天，必须定期向石包泼洒牛奶，并经常保持其清洁，这样便可使这户人家发财致富。当然，藏族人供奉龙神的目的是多方面的，既希望它能为家中招财进宝，也希冀它护佑农牧业取得丰收。

到了佛教在西藏盛行期间，龙神的概念出现了质的变化，多数情况下，曾经被本教制服的水中妖魔在此时又被佛教“收编”。在莲花生的传记里，有许多降龙伏魔的神奇故事。被莲花生降伏的龙，在佛教徒的眼里自然是兴风作浪、祸害众生的孽龙，这些龙大抵是本教信奉的神灵。莲花生并没有把这些孽龙斩尽除绝，而是本着佛教的好生精神，将降伏后的龙神予以“教化”，使其在佛教的精神世界中循规守矩，抑或像佛教降伏山神那样，使其成为佛教的护法神。这些现象反映了佛本斗争与相互融合的史实。佛教有八部天龙之说，其中就包括龙王兴云布雨、龙女成佛等故事。然而，或许是由于历史原因，佛教的龙神似乎不如本教的龙神在民间流传广泛，也不如本教的龙神那样生动迷人。

结论

藏民族龙神崇拜习俗较之其他崇拜习俗既有相同之处，也有不同之处。总体来说，情况有些复杂。首先从其形象上讲，早期和晚期的形象都不固定，即使后期形象有了人的因素在其中，但是这种晚期龙神的形象还是没有统一起来。从其职能上看，有从小到大的趋势，绝大部分情况都印证了藏族社会在发展、进步。在这种情况下，人们对龙神的崇拜意识也做了相应的调整，使其从较早阶段的单一功能逐步拓展为后期的更为广泛的领域。至今，藏族群众对龙神的崇拜习俗还在继续，人们依旧期望着龙神会给自己带来好运。

7　藏族天神崇拜习俗探析

青藏高原自然气候十分恶劣，给原始先民的生产、生活造成极大困难，任何气候变化都会对人的生产劳作产生巨大影响。在这种情况下，原始先民对自然便产生了强烈的依赖感，而这种状况也持续了很长时间。大自然左右着原始先民的命运，人们在畏惧大自然神奇力量的同时也对大自然产生了敬仰之情。大自然的无情肆虐被藏族原始先民认为是神的力量，并由此产生对自然的崇拜和敬畏的习俗。

藏族的自然崇拜对象包括山神、天神、水神和动植物等，本篇重点论述藏族人天神崇拜的习俗特点。天神崇拜这种藏族的民俗习惯由来已久。无论是在古代原始社会时期，还是在后一段时期出现的本教阶段，以至到后来的藏传佛教阶段，在民间，天神一直备受推崇，始终是人们信仰的自然神灵之一。天神崇拜习俗虽然产生于原始社会，可直到现在，藏族人民对天神的崇敬之情依然非常强烈。

一、藏族天神崇拜习俗发展的几个阶段

藏族天神崇拜习俗经历了漫长的发展过程，从自然崇拜到吐蕃王朝时期的天神崇拜习俗，在发展变化的整个过程中，各个时间段都有不同程度的变异现象发生。通过对材料的分析和对藏族天神崇

拜特点的梳理，并结合其他民族自然崇拜的状况，进行比对，我们可以看到藏族天神崇拜习俗的发展轨迹，这个发展轨迹可分为三个不同阶段，每个阶段都有其不同的特点。

（一）天神的形成阶段

分析表明，藏族的天神崇拜习俗稍晚于山神崇拜。为什么后来会出现天神的概念？有些学者认为，这是因为藏族先民生活、生产劳动的地域扩大了，他们的视野当然也就随之变得更加开阔，他们开始感觉到那些直插云霄的山峦虽然高不可攀，但它若同无边无际的天宇相比，就显得渺小多了，这种分析是有道理的。

在天神崇拜形成以前，藏族先民笃信和膜拜山神，对山神怀有敬畏之情。他们认为，山神能给人类和牲畜等带来祸福。藏族先民除了向山神顶礼膜拜以外，在言行方面也倍加小心，当他们走在山上，就会慎之又慎，如履薄冰，希冀山神保佑自己无灾无难。当人们对山神表现出循规守矩的谨慎后，当人们年复一年地对山神进行祈求与祭祀后，人们发现有时山神并不领情，狂风、暴风雪、雪崩、冰雹等灾害仍不期而遇，年景也未必都那么理想。在这种情况下，人们除了反省自己对山神的崇奉之心是否虔诚外，就开始寻找别的原因。或许藏族先民通过不断观察，对狂风、暴风雪、雪崩、冰雹的来历有了新的认识，他们开始把目光从山峰移向天宇，他们注意到原来风、雪、雹的频繁光顾并不是山神在逞凶而是上天在发威。藏族先民还观察到，山再高也高不过天，虽然山峰巍峨，悬岩突兀。但是山与天相比，就显得渺小多了，它只不过是无穷的天宇覆盖下的一小部分。相比之下，天宇就显得更加神秘莫测了。于是天神的概念开始在人们的心中萌动，最终形成了天神崇拜。经历这样一个过程后，以山神为主体神的原始自然崇拜观念也就随之发生了变化。

过去属于山神的权力也从概念上重新授予了天神，原始先民在祭祀山神的同时也开始祭祀天神。在人们的心目中，天神与山神的地位已趋于平等。

藏族先民最初崇拜的是整个天体，他们觉得天体是个神秘的东西，虽说天高不可及，却又和人们的生活息息相关。在原始先民的眼里，天上有光明而温暖的太阳，有皎洁而明亮的月亮，有数不尽的点点繁星。藏族先民崇拜天，是因为天能够给人类以和煦的阳光、丰沛的雨水……在这种环境下，人类才能够正常生产、生活。然而，天也给人类带来诸多灾难，如不幸的狂风、暴雨，暴虐的山洪、雷电，甚至还会带来瘟疫、疾病等。正是天对藏族先民的恩威并施，才使得人们对天产生敬畏之心，由此引发了原始人类对天体的崇拜，并认为在万事万物中天是至高无上的，这种最初对天的崇拜的最大特点是对天体本身的崇拜，并没有集中到天神上面。应该说，这一阶段对天的崇拜只停留在对天体的崇拜上，当时在人们的意识中，还没形成有人格的或有精神的天。也许是和这个时期的天体崇拜有关，早期的本教徒崇尚蓝色，他们身着蓝衣，并以蓝布包裹随身携带的物品。

（二）本教时期的天神

到后来，天在藏族先民的观念中变得有人格、有精神，简言之，就是有某种精灵在统御着天、代表着天，天神便由此产生。在藏族原始先民的心中，此时的天神具有抑恶扬善的善神属性，关键是人们要定期对天神献上虔诚的祭祀、膜拜。对某种神灵的敬畏往往会将该神灵能力的无限夸大，从心理角度分析，夸大对方的同时就会使自己变得渺小。这种行为也是对神灵表示敬畏和谦卑并取悦于神灵的一种方法。正是由于这层原因，在天神崇拜的发展过程中，天神的功能变得越来越丰富。如此看来，作为自然神的天神同时又成了其他不同类型的神灵，表现出身兼双重或多重神性的特点，比如说天神兼职能神。《格萨尔王传》的手抄本描述到，主人公格萨尔出生时，其母亲龙女梦见一朵白云降落在自己眼前；当她和格萨尔之父僧论睡觉时又梦见金刚杵的光辉、彩虹的光辉等一起进入脑门；当格萨尔快要降生时，她觉得遍体通亮，头顶涌出月亮般的白光，先是显现一个白人，长着大鹏之首，变作一道彩虹升到天空，后来生出一个约三岁大的婴儿。这是一则描写格萨尔诞生的神话，充分展现了藏族原始社会时期天神兼职能神的特点，反映出天神在生殖方面的作用。此外，即使在现在，每逢丰年、商贾得利，藏族人也会认为是天赐的福分；恶人受惩、灾难消免，就认为是老天有眼；人世纷乱、谷粟歉收，就虔诚地祈祷苍天睁眼等。

这个时期的天神崇拜经过本教的加工和细化趋于系统化，似乎藏族先民对天神有了更为深刻的认识，天神在民众心目中的地位更加牢固。本教相信万物有灵，崇拜天、地、日、月、星辰、雷霆、雪、雹、山川、陵谷、土石、草木、禽兽，乃至幽灵巫鬼等万物，以祈福禳灾为是。本教把宇宙分为三层，最高层是天神居住的地方，住着天神六兄弟及其眷属。在这个阶段，天神在人们心中已经成为至上神，它的地位超过了山神，包括山在内的世间万物都是天神创造的。这一时期天神的最大职能是造物，例如《斯巴宰牛歌》所唱。这是一首流传在安多藏族地区的藏族古歌，其中讲道：

斯巴宰小牛时，
砍下牛头扔地上，
便有了高高的山峰。

割下牛尾扔道旁，
便有了弯曲的大路。
剥下牛皮铺地上，
便有了平坦的原野。

又说：

斯巴宰小牛时，
丢下一块鲜牛肉，
公鸡偷去顶头上。
丢下一块白牛油，
喜鹊偷去贴肚上。
丢下一些红牛血，
红嘴鸭偷去粘嘴上。

“斯巴”意为“宇宙”“世界”。在《西藏宗教概览》（西藏人民出版社）一书中讲：“‘斯巴’是最大的天神，是造物主。”此外，藏族创世纪神话《万物起源》中还说：“牛的头、眼、肠、毛、蹄、心脏等均变成了日月、星辰、江河、湖泊、森林和山川等。”四川木里藏族自治县宁朗乡流传着一则创世神话《大地和庄稼的产生》，彰显了天神创世造地的丰功伟绩。神话这样讲道：以前大地漂浮在汪洋的海上，由于不能种庄稼，人类无法生存。这时天神用它的神箭射翻乌龟，用它的肚皮支撑大地，自此大地稳固。藏族先民诉说天地万物的来历，认为世间万物都是天神所造，对天神的能力给予了充分肯定，从这个意义上讲，天神在藏族先民心目中的地位远在山神之上。藏族先民凭借自己的臆想，肆意铺叙，创造出了那首极具想象力的《斯巴宰牛歌》，向人们展现了天神鬼斧神工的魔力。

早期天神的最大特点就是它本身没有一个可供人膜拜的形象。它不像藏族其他自然崇拜，人们对所崇拜的对象都能够大致地设想出一个可供顶礼膜拜的具体形象。比如山神的形象起初是生活在山上的牦牛（具体来说是白牦牛），再发展到后来，又由白牦牛演变成人形。再如动物崇拜，崇拜哪种动物其形象是现成的。至于说早期的龙神形象还有个类似于鱼、虾、蛙、蝌蚪之类的模糊概念。那么究竟为什么远古先民没有给天神设定一个形象呢？或许为天神塑造形象的难度相对大些，估计藏族原始先民也曾试图做过。山神、水神的形象可根据那些生活在其间的生命来决定，然而藏族先民并没有把飞翔在天空中的鸟作为天神的形象，他们很清楚鸟显然是不合适的，因为无论鸟飞得多高，都可视为它飞翔于天地间，距人们视线所能看到的高空还相去甚远。再者，鸟终究还是要落回地面的。在藏区，鸟一般都是落在山上，比如鹰鹫，虽然它能高高飞起，但过不了多久还是要栖息在山崖间。这样，在先民看来，鸟作为天神的形象显然是不够格的。新巴·达娃扎西先生在对藏族的天葬习俗的分析研究过程中，也仅仅把鹰鹫看作是天国派来的使者，把它看作是“天梯”“天索”“天绳”的象征，并没有把鹰鹫和天神联系到一起。在一些文章中也谈到了牦牛作为天神的形象，甚至提到，白牦牛发怒就会冲向天宫，因为有这样一层关系，所以民间认为牦牛是天神下凡，倒也不难理解了。但是，由于这方面的资料太少，缺乏足够的证据来支撑这一观点。

经本教加工后的天神，在形象上已有一个轮廓，不过本教徒所勾勒出的形象并不像其他自然崇拜的形象——具体的、在现实生活中可以见到的，这里所说的天神形象是抽象的，是极具装饰意味的复合体。据史料记载，本教绘制出的天神是一个四头八臂的蓝色神灵，其中间的头呈天蓝色，右边的头呈白色，左边的头呈红色，三头之上的第四颗头呈红色，头上的装饰品是八颗星宿，发髻上装饰有太阳和月亮。著名的天界神灵还有天界上部四方女神、天界下部四方女神、密脸四女神等。本教为天神做了如此描绘，规定了天神的具体形象，正说明了本教在吸纳自然崇拜之后，已使之系统化、规范化。不过，有一点需要说明，藏区百姓对本教的天神形象并不一定全都知晓。笔者到藏区调研期间，把天神是一个四头八臂的蓝色神灵等说给藏族群众听时，他们并不以为然。这大概是因为后期的雍仲本教（系统本教）作为一种人为宗教，其教义只作为本教徒学习的内容，并不为广大群众所了解。

（三）部落联盟与天神的联系阶段

当信奉天神形成一定的规模时，部落联盟的首领为了提高自己的地位，便于统治属下臣民，因势利导，把人们笃信的天神和他们的地位与统治等因素联系到一起，这样一来，此时的天神就同人产生了直接的关系，这当然是统治阶层别有用心的做法。当然，在本教盛行时期，部落联盟的首领是借助本教之口，来加大对自己的宣传，以达到自己为政的目的。本教把天神崇拜习俗与自己的教义融为一体，做到浑然天成，不留痕迹。比如，藏族民间流传着本教关于宇宙起源的神话，其中讲到，很早以前，赤杰劫巴法师从市喀东丹曲松的国王那里得到五种本原物质，他用法术使这五种本原物质产生了一男一女两个人，他们结合了，在他们的后代中，有一个被认为是藏王的祖先。部落联盟的首领都被本教说成是天神降生人间，本教之所以这么说，当然是为了统治阶级服务。“据说雅隆悉补野部落的聂赤赞普、木赤赞普等天赤七王和上丁二王中的止贡赞普等八位先祖，都是天神降生。”① 在敦煌藏文史料手卷中，记载了一则有关聂赤赞普的传说，其中提到吐蕃王室的第一代赞普聂赤。他本是天神的儿子，来到人间为王。当他降到人间时，须弥山向他鞠躬致敬，树木奔走相迎，泉水清澈恭候，圆石、磐石等皆滚动向他行礼。这时有十二个牧人（有的说是本教徒）看见了他，问他从哪来，他以手指天。牧人知他是从天而降，便以颈为舆把他抬回去，遂为六牦牛部之王。由于聂赤赞普向人们示意他来自天界，所以便得到人们极高的礼遇，用肩膀抬着他行走，并被拥戴为王。吐蕃王室的这种做法并不稀奇，从历史上看，各个民族都存在这种现象，远的不说，就拿内地来说，皇帝的“奉天承运”或“君权神授”的思想就已经被实践了 5000 年。

在藏族先民的天神崇拜中，天神与部落联盟首领结缘所表现出来的第一种形式，是天神降生人间为王；第二种表现形式，则是这些天降的首领，在其子嗣“略能骑射时”，他们即“登天而逝”。天神之子来自天，最后消失于天，为什么要这样做，当然是参照人类生老病死的自然规律，对赞普间的权力交接做出了基本符合自然规律的安排，在其子嗣“略能骑射时”，他们即“登天而逝”，其尸体“如虹消散”“顿灭无涂”，没有留下任何陵墓。又因为他们是天神的后裔，不同于凡人，所以也应该表现出一种超凡脱俗的谢世手段，最具特点的就是不等到死才升天，而是待其后代初步掌握了骑射后，他们就登天仙逝了。这一阶段的特点明显是受到人世间自然规律的影响，然而出于对天神的特殊考虑，留下了一些神奇的色彩。本教时期的自然崇拜夹杂了许多人为宗教的色彩，也渗透进不少阶级社会中所特有的内涵。

---

① 周锡银、望潮：《藏族原始宗教》，四川人民出版社，1999 年，第 40 页。

二、天神崇拜习俗的特点

早期祭祀天神的情况无从考证，眼下只能就当今的天神崇拜行为做一分析。

在广大藏区，至今还有天神崇拜的习俗，情况却各不相同。有的是举行专门（不含其他神灵）祭祀天神的活动，有的则表现为多神共同祭祀的特点。专门祭祀天神也有时间之分，一种是定期的，即在每年特定的时间里，举行一次（或几次）祭祀活动；另一种是不定期的，是一种临时性祭祀活动，是为了应对突发的自然灾害。下面将重点介绍对天神的专门祭祀和包括天神在内的多神共同祭祀。

（一）祭祀天神

“祭祀天神”强调的是专门祭祀天神，与后边的多神共同祭祀并列。专门祭祀天神是天神崇拜习俗的一个方面，在整个藏区普遍存在。如“川西南纳木依和柏木依的藏人部落都认为‘天神是管天下万物的大神’，所以这些藏人部落每逢藏历新年时，都要举行一种名为‘纳卡姆’的隆重仪式来祭祀天神。届时，部落中的各家各户，都要在所居住的屋檐之下，置放酒肉饭菜之类作为供品，等到祭祀仪式完成之后，大家便把这些供品一一抛向天空，以示对天神的供奉”①。

通过对这些材料的梳理，我们可以清楚地看到，至今藏族群众举行天神崇拜活动仍然是很普遍的。特别是在四川西南部藏区，对天神的祭祀习俗已经演变成一年一度的较大规模的宗教仪式。雅鲁

---

① 何耀华：《川西南纳木依人的宗教信仰略述》，载《中国少数民族宗教》，云南人民出版社，1985年。

藏布江大拐弯以西和仰桑曲河南岸藏族居民祭祀天神是在每年收获后和外出交换前。把祭天的日子选定在这两个日子，是有特殊意义的。从时间上看，是表示还愿，即在人们的期盼中，在天神的福佑下，才获得了丰收（在特定的时间里举行祭天活动，这种祭祀活动流传久远，如果赶上歉收，祭祀活动也一定要照常举行），当此之际向天神表达感激之情。

有时，祭祀天神也与自然灾害的出现发生直接关系。灾害来临，人们紧锣密鼓地举行祭天仪式，紧要关头，希冀天神能伸出援助之手。比如，甘肃文县和四川平武县、南坪县（今九寨沟县）的白马藏族共有1万多人普遍信奉天神。白马藏族先民将天神尊称为“囊恩布”（认为天空的本色为蓝色）。有学者专门对白马藏族崇拜天神的习俗做了深入的调查研究，获得了许多宝贵资料。“在自然灾害来临前或来临时，一般以村为单位，不论男女老少，都在村东头一片空地旷野上设祭坛祭拜天神。在巫师的主持下大家跪地叩头，焚香烧纸，面朝天，口里不断呼唤天神之名囊恩布和囊恩布尼启（尼启即‘睁眼’，意为‘睁眼看看我们这些灾民’，以求天神保佑）。”①此外，在白马藏族心目中，天神还能裁定民事纠纷。比如，学者进一步介绍道：“在（白马）藏区，若遇财产纠纷或偷盗事件，要向天神发誓，意为请天神主持公道，祈求天神惩恶扬善。赌咒地点一般都设在村后庙子里或村后树林神前。此外，按当事人的要求，择一村中平地，在炽热的阳光下，跪地焚香烧纸。”② 另据这位学者调查发现：“甘肃省陇南市文县铁楼藏族乡的麦贡山、中岭山、立志山、入贡山、案板地、强曲等村在1970年7月遭遇了有史以来最大的冰雹袭击。鸡蛋大的冰雹如同用桶往下倒似的，有的家畜被打死，

① 杨冬燕：《(白马) 藏族信仰习俗现状调查研究》，载《西北民族研究》，2001年第3期。
② 杨冬燕：《(白马) 藏族信仰习俗现状调查研究》，载《西北民族研究》，2001年第3期。

大树被打得枝叶破碎，庄稼就更不用说了。冰雹铺天盖地而来的同时，这些村的村民不约而同地来到各自村头，顶着竹编簸箕，口中不断呼唤‘囊恩布’和‘囊恩布尼启’，宰羊以祭天神。”①

在平时，为了祭祀方便，藏族群众在自家的楼顶上普遍竖有经幡；有些地区还在楼顶上修一座塑有日月图形的祭坛，称为“松左”，分别于早晚烧柏树丫枝于坛内，并撒上糌粑，使之浓烟升起，祭祀之人提壶斟茶，口诵佛经，以示祭天。

在讨论祭祀天神与自然灾害的关系问题上，还有一种情况值得一提，那就是“阿年”与防雹。“阿年”是早期本教巫师，安多地区的一些宁玛派僧人也有充任“阿年”的。其职责主要是敬奉天神，以免天神发威，降下冰雹，毁坏庄稼、牛羊、草场。人是很容易冒犯天神的，下雹雨意味着天神在发威，说明这块土地上有人得罪了天神，如果平时人们对天神倍加尊敬、精心供奉，天神就会给人以平安和幸福。“阿年”有时可以充当天神的代言人，“阿年”与天神的联系方式是煨桑，每当“阿年”燃起桑烟，天神便能感知到，由于“阿年”与天神的特殊关系，所以有时“阿年”也可以借助天神的力量，惩治某一个地方，他可以指挥雹子打向某一方。雹子打向哪家，说明哪家做了坏事，此时就会遭到报应。若冰雹打了整个村落，则说明这一村落的人出言不逊，作恶多端，触犯了天神。很显然，这是本教借天神的威力在扩大自己的声望，以使其在藏族社会更具控制力，同时也可以赢得更多人的信赖。此外，本教徒还告诫民众：招致天神不高兴的事情有很多，比如，祭品匮乏、祭品不洁、破坏山场、滥杀猎物、欺负弱小、为人奸诈、对天神不忠等，都可能触怒天神，遭到惩罚。可以明显看出，此时的自然崇拜已掺杂了

① 杨冬燕：《（白马）藏族信仰习俗现状调查研究》，载《西北民族研究》，2001年第3期。

诸多的人为宗教因素。从以往单纯地祭祀天神，已经扩展到了其他方面。本教凭借人们对天神的信仰，适时地规范了人们的行为，借以达到宣传本教的目的，同时也为统治阶层维护社会稳定提供了帮助。到了藏传佛教时期，防雹喇嘛有固定的天神和佛教的供奉。每当雹雨来临之前，便煨桑祭祀，用专门的仪轨和定型动作、舞棍指挥雹雨的走向；还有一种方法就是用放牛羊用的抛石绳“吾朵”裹上一种用红胶泥做的小佛像“擦擦”等法物，击向空中，以求天神保佑。佛教僧人将“擦擦”击向空中，以求天神保佑，这是后来的事，是藏传佛教吸收自然崇拜以后的民俗行为。把天神崇拜同天气的征候相联系，从动机上看，功利性略为明显，是为了保护一方水土免遭灾害。这无疑是佛教徒对早期天神崇拜的一种演绎，是以一种全新的方式来祭祀天神，以达到自己的目的。以上这些藏族对待天神的认识和由此发生的一系列行为，其性质是一样的，都属于天神崇拜习俗的范畴。

关于祭祀天神，一般而言有两种情况，一种是一年当中有专门的祭天仪式，如果遇到自然灾害发生，需要及时祈祷天神显灵，制止灾害发生，这就需要进行一次临时性的祭天仪式。然而，无论是哪种情况，以上所论及的藏族民众对天神的祭祀，重点强调的仅是对天神一尊神灵的崇拜行为，并不涉及其他神灵，而下面将要谈到的多神共同祭祀，情况就有所不同了。

（二）多神共同祭祀

多神共同祭祀是指藏族将天神与其他神灵共同祭祀，就目前掌握的材料来看，山神伴随天神的情况比较多见，往往是这两尊神灵共同接受人们的顶礼膜拜，也有些藏区在祭祀时还会有更多的神灵参与其中。藏族先民臆造出的任何神灵都是有目的的，绝不会无端造出一尊神去毫无目的地顶礼膜拜。新造出的神也不会无功受禄，总要在人们的想象中有所作为。早期的天神（或者说是天体）在人们的模糊意识中取代了山神的一些职能，或者说与山神共享这些职能，这些职能包括掌管风雨雷电、冰雹雪崩等自然现象，因此说，早期的山神和后来产生的天神并驾齐驱，在藏族人的心目中是不分上下的。笔者在藏区调研期间，曾经向当地群众调查过此事，比如风雨雷电、冰雹雪崩等现象是归山神管，还是归天神管。他们的回答不完全一致，有部分人说山神、天神都管。或许也正是由于这句含糊其词的回答，从另一个角度证明了藏族原始先民曾经坚信天神分担了山神的某些职权这一事实，导致了多神共同祭祀现象的出现。此外，不同藏区在祭祀时还会吸收其他神灵，一同祭祀。例如，分布在以松林河为界的猛总、木耳、俄足、足富、移基塔、改池、共和等山寨村落的石棉藏族，他们自称“木尼洛”。因其生活环境是以山为伴，因此在“木尼洛”的各种自然崇拜中，最突出、最隆重的莫过于对山神的崇拜，且世代相传，因袭成习，演化成一年一度的唤山节。其中的“家祭”是唤山节的一个组成部分，由各家各户选择吉日，分别祭山。祭山需要在吉日清晨，用清水搅拌敬神糌粑，搓成小圆团，要强调的就是这些小圆团，它们被分为三种：一曰各都勒，用以敬天神；一曰准曲勒，用以敬山神；一曰伦且，用以敬鬼王。贡白（祭司，平时也要参加生产劳动）边念祈祷经文，边将糌粑团向上抛撒以敬天神、山神，向下撒以敬鬼王。我们再了解一下流传于那曲地区（今那曲市）的一首名为《舞祭》的“果谐”，其中的唱词唱道：

碧空像个牦牛帐，
帐前拴着百条龙。

金鳞奶桶盛乳汁，
头道乳汁敬天神，
二道乳汁敬年神，
三道乳汁敬鲁神，
四道乳汁敬慈官。
雪峰像个牦牛帐，
帐前拴着百条狮。
绿鬃奶桶盛乳汁，
头道乳汁敬天神，
二道乳汁敬年神，
三道乳汁敬鲁神，
四道乳汁敬舞魁。
……①

藏族先民在祭祀神灵时为什么会出现多神共同祭祀的现象，对于这点我们可以从被祭祀的神灵的神性特点和职能去分析。首先是天神，天神既是自然神又是职能神和氏族神。从自然神的属性分析，它既涵盖日月星辰又涉及风雨雷电；在职能神的属性中，它可司生殖之权；到了吐蕃王朝时期，它的职能又扩展到了氏族神。山神(年神)，它同天神的职能情况基本是一样的，既有自然神的属性，即掌管风雨雷电，更兼有职能神的属性，比如战神、生殖神，以及藏族所特有的守护神、护法神等。此外，念青唐古拉山神还被看作是财宝之神。鲁神（龙神)，藏族龙神的职能从时间的先后顺序来看是有很大差别的，早期龙神的职能多与疾病相关，而晚期的职能除掌管疾病外，又增添了许多新内容，显得较为庞杂，涉及人们的生

① 《中国歌谣集成·西藏卷》，1995年，第310页。

活、生产等精神和物质方面。如："噶波""年噶"等龙神专管各种贪心与嫉妒之心；"玉可松""噶瓦绒波"等龙神管各种毒害；"曲日""俄本"等龙神管战争、饥饿等。晚期龙神的另一个职权同早期山神与天神都有关，比如，"恰柏"等龙神管雷电、降雨等；"崩松""摩东瓦"等龙神管各种龙病；"唐瓦""瓦信"等龙神管骨伤、打伤。晚期龙神还是财产守护神。

从上述诸神的属性分析来看，除了鬼王以外，其他神灵的共同点是十分明显的。比如，天神、山神都有掌管风雨雷电的"职权"，晚期的龙神也是如此；天神与山神又司掌生殖之权；山神与龙神又都是财产守护神；等等。鬼神的情况比较特殊，本教认为鬼神是专门与人类作对的恶灵，对付它的方法无非是两点，一个是镇压，另一个是献祭。又因为本教认为世间鬼魅众多，构成世间的诸物皆有相应的鬼，牵扯面广，体系庞大，在藏族原始社会时期影响巨大，统御着藏族先民的精神世界。

此外，还有大约形成于9世纪的放风马的习俗，到今天在藏区也随处可见。"风马"汉语俗称经幡，藏语称"龙达"，五颜六色，组合成阵。在西藏，风马旗随处可见，风马旗最初是由绘有魂马图像的送魄幡旗演变而来的，随着阴阳五行观念和内地的木版纸传入西藏，逐渐形成绘有五种动物的风马旗。西藏各地"风马"的应用不尽相同，然而相同的是藏族认为"风马"是天神、山神需要的骏马。放风马是向天神、山神献贡，祈求保佑，也含有盼望增加运气的意思。由此可见，对天神和山神的祭祀往往是同时展开的，从这个侧面也可以看到，天神与山神的混融现象。上文谈到，放风马的习俗大约形成于公元9世纪，再往后发展，放风马的祭天祭山习俗中掺入了不少佛教的内容，比如，有的经幡上绘有宝马驮佛、法、僧三宝的图案，有的地区则把印有佛经的布匹系在竖起的长杆上，如同旗帜一般。

通过上述的对比、分析，或许为探索多神共同崇拜的原因提供一个大概的猜测方向。天神、山神、龙神和鬼神就其属性和神力方面存在着一致性。前三尊神灵既是自然神又同时兼有职能神的特点，且有些职能是相同的。从诸神灵的神力来看，从创造万物、呼风唤雨、掌控疫情到保护后代、守护财产和执掌生殖等都是相同的。正是因为这些神灵有如此多的共同点，所以，藏民族有序地将它们组合在一起，在祭祀中，对每尊神灵都不敢怠慢，呈现出多神共同祭祀的情形。

结语

在藏区，天神在人们的心里占有十分重要的位置，从古至今，藏族对天神的景仰之情从未衰减。尽管在后期，天神崇拜被统治阶层所利用，然而，从天神崇拜习俗的源头和藏族群众对天神的认知度来看，它仍不失为藏族自然崇拜的重要组成部分。根据笔者在藏区的调查发现，藏区群众几乎一致看重的是天神的自然属性，而并不在意它在后来的历史变革中受到了什么影响。这点使人感悟到，人们所看重的是从远古流传下来的原始习俗。这也恰好说明，时至今日，藏族群众依然对天神怀有崇拜之情的真正原因。

8　论藏族猕猴崇拜的文化学价值

猕猴是我国常见的一种灵长类动物，它广泛分布于我国长江以南各省的亚热带和温带地区，青藏高原也地处这样一个区域范围内。据不完全统计，在西藏山南的桑日县和墨脱县，林芝地区（今林芝市）的波密县和工布江达县，青海省果洛藏族自治州和玉树藏族自治州，四川西部的康定、丹巴、木里和雅江，云南迪庆等处都有猕猴存在。至于历史上猕猴在藏区的分布情况，由于资料缺乏，在此不敢妄断。

一、藏族猕猴崇拜的自然条件

远古时代，原始宗教的最大特点表现在多神崇拜，自然崇拜属原始宗教范畴，自然崇拜的对象在自然万物中，其中就包括动物。远古时期，对动物的崇拜是相当普遍的。从不同地域、不同民族的动物崇拜的情形来看，大致可以分为两类：一是因直接猎杀而产生的恐惧感，因而对动物进行膜拜，以求得到宽恕，这是早期人类狩猎过程中的一种心理慰藉；二是希望借助动物的天性来协助人类生存，其实就是出于功利性目的，由此产生对动物的崇拜。藏族的猕猴崇拜习俗的起因就属于后者。

藏族先民崇拜猕猴首先应从青藏高原的自然环境谈起。青藏高原山峰高耸绵延，山路崎岖险峻，在高原的部分地区，比如山南市、林芝市、果洛州和玉树州，还有青藏高原向东延伸的一部分，即四川西部的甘孜州、阿坝州、凉山州以及云南的迪庆州等地的植被繁茂，有茂密的山林和丛生的杂草。生存在这样的自然环境中，猕猴比原始人类更有优势。当原始人类在深山觅食之时，看见猕猴在高山峡谷间轻盈攀爬，在树枝上、丛林间上下翻越，其灵巧的身姿、敏捷的动作使藏族先民对猕猴产生了仰慕之情，渴望自己也能像猕猴一样攀岩上树，如履平川，以此来扩大自己的生存空间，获取更多的食物。“于是人们把猕猴奉为神灵，并祈求猕猴神能给以佑助，希望能将其神力依附到自己的身上，使自己也能够像那些猕猴一样，可以随心所欲地攀缘于深山密林间。”① 猕猴的攀爬能力得到了人类的青睐，人类希望能掌握这种技能。因而，猕猴成了人类崇拜的对象。

二、藏族猕猴崇拜与佛教文化的交相辉映

图腾崇拜是指把某种动物或植物等视作与本氏族有亲属或其他特殊关系的崇拜行为，此种行为在原始宗教中非常盛行且遍及世界各个民族。然而，藏族的图腾崇拜佛教色彩相当浓重，特别是在探讨猕猴图腾崇拜的问题时，情况则更是如此。

记载猕猴繁衍人类的传说的藏文典籍具有两种特质：一是藏文典籍的作者或者典籍的发掘者多是佛教高僧；二是典籍论述的重点是佛教内容。比如《五部遗教》系莲花生大师所藏五部“伏藏”文献，由佛教大师邬坚领巴于 13 世纪末发掘。该典籍重点是宣扬宁玛派的教法以及强调莲花生大师的功德。《西藏王统记》于 14 世纪成

① 周锡银、望潮：《藏族原始宗教》，四川人民出版社，1999 年，第 76 页。

书，作者是萨迦大寺的座主、宗喀巴的上师索南坚赞。全书有十八章，其中有六章是宗教内容，其他内容也与宗教有关。《贤者喜宴》于 16 世纪成书，作者巴卧·祖拉陈哇是噶举派噶玛支系的第九世活佛。全书十七章，内容介绍了佛教产生和发展以及西藏各教派之兴起等情况。《西藏王臣记》于 17 世纪成书，作者更是大名鼎鼎的第五世达赖喇嘛阿旺·罗桑嘉措。此书分二十六章，以记载历史为主，但它又是一部受印度佛教文学影响很深的作品。藏文史籍《巴协》（12 世纪前后成书）在表述猕猴与藏族祖先的关系方面有过这样描述："吐蕃人全是猕猴的子孙。"

以上这几部典籍都记载了猕猴变人的情节。那么，为什么藏族佛教典籍喜欢记载猕猴变人的传说呢？可以设想，佛教著作当然是以宣扬佛教思想为主要目的。为了扩大宣传，得到雪域百姓对佛教的普遍认可与推崇，他们借助早期已深入人心、代代相传的自然崇拜中的猕猴形象，对其进行佛教化，客观上就为猕猴变人的传说增添了佛教色彩。典籍中讲的这只猕猴绝非一般的猕猴，它与观世音菩萨有关联，具有很强的宗教背景。比如，在《西藏王臣记》中记载了关于猕猴变人的过程，其中说到观世音菩萨给一只神猕猴受了戒，命它从南海来到雪域高原修行。这只猕猴来到雅砻河谷的洞中，潜修慈悲菩提心。来了一罗刹女①，对猕猴提出了婚配的请求。猕猴不答应，罗刹女恳切相求，猕猴不敢自作主张，便到普陀山请观世音菩萨拿主意，观世音菩萨认为这是天意，便应允了这门亲事。猕猴和罗刹女结为夫妻，生了六只小猕猴（有的说生了四只），老猴将它们送到结满果实的林中去生活。过了三年，老猴再去看时，六只小猴已经繁衍成五百多只猴子。因为食物不够，都饿得饥肠辘辘，

① 罗刹女：佛教词汇，指吃人的女鬼。罗刹的特点是男的凶神恶煞，女的则美若天仙。

吱吱悲啼，老猴看见这种情景，心中不忍。于是又去请示观世音，遵菩萨吩咐，猕猴又来到须弥山中，取了五谷种子①，撒向大地。无须耕作，大地便长满各种谷物。众猴子因得到充足的食物，尾巴慢慢变短了，也开始会说话，逐渐变成了人，这就是雪域上的先民。有些史料则描述得更为直接，干脆说罗刹女是度母，猕猴是观世音。比如蔡巴《红史》中就这样记载："据说在古代博这个地方，最初无人类居住，到处是鬼魅。……观世音菩萨化为猕猴，菩提勇识、度母幻化为岩罗刹人种，结为夫妻，始产生西藏人种。"可以想象，这样的宗教宣传最为彻底，也最有说服力。在今天看来，藏族百姓全民信奉藏传佛教的缘由还可以得到生物学理论的支撑。后来，有的传说还将猕猴变人的传说描述得更为佛教化，如把猕猴最初繁衍的数量同藏传佛教的某些观点联系起来，进一步阐释了藏传佛教的一些基本原理。比如《玛尼宝训》中讲到，猕猴同罗刹女生下六只小猴，这六只小猴是由六道投生而来，后来就繁衍成藏族最早的六氏族。又由于这六只小猴是由六道投生而来，所以性情不同。地狱投生的小猴面色黑，能吃苦；饿鬼处投生的小猴面目丑且贪吃；畜生处投生的小猴粗笨懒惰，性情顽劣；人间投生的小猴见多识广，细心小气；阿修罗处投生的小猴身体强壮，容易嫉妒；天神处投生的小猴深谋远虑，性情善良。这六只猕猴成了佛教六道思想的化身。

藏传佛教是这样解释六道的：一是地狱道，即地下的八寒八热之地狱；二是饿鬼道，即所谓魔鬼界也；三是畜生道，畜生即所谓指人以外的动物禽兽；四是阿修罗道，阿修罗又释作"非天"，即所谓爱好战斗的一类众生；五是人道，也译成"人类界"；六是天道，又译成"神明界"。佛教认为轮回是由业报决定的，佛教主张世俗众

① 五谷种子：说法不一，有说是青稞、玉米、荞麦、黍、豌豆；也有说是青稞、豌豆、油菜、小麦、荞麦。

生应积极行善，善得善报，恶得恶报，人一生的行为会决定他将会得到一个什么样的报应，在什么样的境界里去轮回。在六道轮回中转生，有善恶之分，行善的可转生到天道、人道、阿修罗道；行恶的只能转生到地狱、饿鬼道和畜生道。那么，六只猕猴分别代表六道中的一道，开启了藏传佛教六道轮回的首次生命之旅。对于这种六只小猴所代表藏传佛教的轮回之六道的说法当然也只是附会。可这么多附会恰恰说明佛教是想把自然崇拜中对猕猴的崇拜延续到图腾崇拜上来，借以达到宣传佛教的目的。面对人类进化的时间长且起步早，佛教形成的时间短且起步晚这一事实，硬要把佛教同藏族原始人类的形成扯到一起，难免不露出破绽。尽管猕猴被佛教附会了很多佛教的理念，打上了深深的佛教色彩烙印，但是对猕猴原始崇拜的内核仍然显而易见。

三、猕猴在祭祀中的文化角色和文化价值

在藏族许多史籍和民间神话中都一致认为猕猴是藏族的祖先，我们可在祭祀活动中探析猕猴这一形象所承载的文化价值。

宗教祭祀属于宗教行为的一部分，目的是通过这种宗教行为同其所信奉的神圣对象打交道，以求得其欢心和帮助，从而达到自己的目的。藏族本教的情况也是如此。本教祭祀的规模很大，场面也很壮观。据史料记载，本教通常是一年一小盟，三年一大盟。小盟需宰杀大量的羊、狗、猴。这就说明猕猴同其他几种动物一样，在本教祭祀活动中扮演着贡献牺牲的角色，然而，猕猴的地位较之其他动物则显得要高一些。《旧唐书·吐蕃传》记载，吐蕃人每年一次的祭祀活动，是用羊、犬和猕猴三种动物做祭祀。另外，在川西南的“祭牛王会”的祭祀活动中，据说以前是把活人作为牺牲品，后

来才改用猴子，再以后猴子也不好找了，就用猴皮来代替。猕猴在祭祀中的作用与人并列，可见其地位非同一般。

在吐蕃用作祭祀的羊、狗和猕猴三种动物中，羊、狗两种动物与人类最亲近，因为它们是人们日常的饲养动物，最容易得到。相比之下，要想捕捉到猕猴就困难得多，因为它属于野生动物，到目前为止，还没有藏族先民驯养猕猴的记载，猕猴与人们日常生活的关系不大。所以要想得到它，必须到野外林间去捕获，难度相当大。因此，对于藏族先民来说，要想得到猕猴显然要比得到羊、狗困难不知多少倍。此外，无论是当今之人还是原始先民，在看到猕猴时的第一感觉，一定会认为此种动物有着与其他动物截然不同的特质，即猕猴的外貌特征、获取食物和进食时的情形与人类有相似之处，它还可以模仿人的动作。这是其他动物（灵长目动物除外）所不具备的。本教祭祀时，猕猴显然要比羊、狗的地位高出许多，具体高多少，在史料中说得很明确，即“岁初以人祭，或用猕猴”。这就是说，猕猴的地位同人是一样的。在祭祀时，猕猴的地位超出了羊和狗，与人的地位等同。《旧唐书·吐蕃传》记载得比较笼统，只是说：吐蕃人是用羊、狗和猕猴三种动物做祭祀，但是并没有交代具体细节和时间。那么，可以猜测，用猕猴祭祀时的场面一定会比用羊和狗时更为庄重、更为扣人心弦，也很有可能不是在同一天进行，不过不难想象，在以猕猴做祭祀时的那一刻肯定是整个祭祀活动的高潮。

一般来说，对所崇拜的动物或图腾要倍加敬重，应该有敬畏感，要严加保护，绝对不可伤害。但是事实往往跟这种正常的推理相悖，上文描述了藏族本教在盟会上贡献牺牲有猴子的事实。为什么要用受尊崇的动物或者图腾去做贡献牺牲，甚至还有杀了吃肉的习俗。关于这个问题有过一些探讨并得出了结论，但是有一定的局限性，恐怕不能概括多数民族的相关习俗。比如说，用图腾作为牺牲来祭祖，目的是用图腾作为沟通人与祖先神灵的一种媒介，让图腾的灵魂捎信给祖先，让其在冥冥中保佑自己。藏族本教的解释就不是这样，在本教的祭祀仪式上，本教活佛对神灵发誓一般是这样表达：如果我们对神灵不忠诚，那么我们就会像这些被宰杀的动物一样（接受惩罚）。藏族本教祭祀时的心态同上面所言有两点不同：其一，藏族本教祭祀的对象是神灵不是祖先；其二，宰杀所崇拜的动物或图腾兽（藏族也崇拜牦牛，祭祀时牦牛牺牲的数量更大）就是证明人们对神灵的衷心，并不是让图腾的灵魂去给某某神灵捎话。对于藏族本教的这种情况最恰当的解释就是众生笃信神灵，坚信神灵能福佑众生，所以人们要向神灵表示忠诚与尊崇，宰杀图腾兽仅表示自己对神灵的赤诚之心，抑或是借杀猕猴以做祭祀来代替以人奉献的最高的祭祀行为。

四、社会生活中猕猴崇拜的强烈印记

从上面的分析来看，藏族崇拜猕猴有自然崇拜的因素，有图腾崇拜的因素，有祖先崇拜的因素，等等。究竟属于哪种崇拜，有些可以分辨出来，有些则很难说清。因为这一崇拜的对象已经在历史发展的长河中被附会上了各个阶段意识形态的需求，但无论如何，对猕猴的崇拜心理却在社会生活中表现得十分充分，深深地植根于藏民的心中。

从图案方面看，布达拉宫、罗布林卡的壁画就有关于猕猴变人的情节。此外，以猕猴为主题的动物崇拜较多地出现在藏族先民居住的洞穴崖壁上，后来，又不断发展。比如，在丹巴县巴底乡沈洛村有一处佛塔，在佛塔基脚下发现了很多清晰可见的岩画，有动物的脚印，其中就有猴子的脚印。也有人讲，这些脚印属于自然形成；而非人工雕刻。然而，不管怎样解释这些包括猴子在内的动物脚印，有一点是可以肯定的，猴子等动物在嘉绒藏族历史上曾扮演过重要角色，因而，它从古至今都受到人们的关注与崇拜。

此外，在拉萨曲贡村新石器时代遗址中，曾出土了一件附着于陶器上的猴面贴饰。据材料描述，该文物上雕刻的猴子形象逼真，造型生动。这件猴面贴饰虽然是一件艺术品，但是它所表现出的文化内涵却十分深厚，这一定同藏族的自然崇拜或祖先崇拜有关。

在藏族唐卡中有“和睦四瑞”，四瑞指四种动物，其中之一就是猴子。和睦四瑞图源于藏传佛教唐卡，这幅唐卡所表现的是《释迦牟尼本生传》的内容。在本生传中讲述了一则古印度波罗奈斯国时期四只动物和睦相处的故事。四只动物除猴子外，还有一只鹧鸪鸟，据说此鸟是世尊化身，还有一头大象和一只山兔，它们都居住在森林中。故事的主旨是介绍这四只动物和睦相处，过着安详、美满的生活。后来，就以佛经中讲述的四只动物和睦相处的故事为背景，绘制了《和睦四瑞》这幅美好的图画。大象身上坐着猴子，猴子身上卧着兔子，兔子身上站着鹧鸪鸟，表现了动物之间关系融洽、亲如一家的美妙情景。虽说“和睦四瑞”不属于藏族本土文化，来自古印度，但是进入藏区后，经过长时间的融合与发展，又以唐卡的形式表现出来，致使“和睦四瑞”从内容到形式都发生了变化。最终，被西藏化，融入了藏族文化中。

另一例是青海海东藏区的当地人们将猕猴形象刻在木头上，刷上墨色印在素纸或白布上，并贴于门上作为镇邪降魔的保护神。川西北藏区人家也保留着供奉巨幅猴像的习惯。另外，海东藏区的人们还有“门前贴猴像，神鬼不敢闯。大神（猕猴）守护家院，免遭三灾八难”的谚语。

从文学方面看，关于猕猴的内容不在少数。在甘孜州丹巴县流传着关于猴子的传说，一群桀骜不驯的顽猴，时常侵扰田园农家。农户打开酒罐盖放出香气，猴群闻到香气，个个忘乎所以，就地围圈手拉手杂乱地蹦跳。待众猴跳得筋疲力尽，猴王急中生智，伸手从罐中抓了一把速吞入肚中，群猴效仿，片刻，群猴昏头昏脑地栽倒在地。农户将昏迷的猴群关进圈里三天后放出，在回山的路上，众猴想不通，这种美妙的香液，怎么能使我们神魂颠倒、昏迷不醒，莫非是上苍赐予人间的圣水。[①] 其实，这则传说是从另一个角度描述了猕猴在嘉绒社会的历史地位，由于这一事实是以传说的形式被表现出来，因而在语言上显得有些随意。

在四川阿坝地区藏族中还流传着另外一则传说《共工和日玛依》，其中讲道：很早以前，一场大雨淹没了天地万物，不久以后，出现了一只母猴，母猴天天坐在一块石头上，一天，从石头中蹦出两个娃娃，一个叫共工，一个叫日玛依，母猴喂养她们。一天，在母猴外出给娃娃们找人参果时，魔鬼诱哄共工姐妹开门不成，就用石头和她们打斗，并将她们吹到了天上，再也没有回来。母猴盼啊盼，坐化成为一座石山，她的皮毛变成了树木、花草，身上的虱子变成了山上的野物，而她思念的泪水则化为了源源不断的山泉……这是反映自然崇拜后期原始先民对万物来历的解释，猕猴崇拜从最早祈求猕猴能给人以佑助，使藏族先民也能够像那些猕猴一样攀缘于深山密林之中，发展到接近于造物主的职能。这表现出藏族先民对猕猴崇拜的程度在不断加深，这则传说还让人嗅到了猕猴图腾崇拜的味道。

---

① 内部资料：《丹巴风情拾遗》，第 81 页。

从文学角度看，藏族猕猴崇拜的例子还有很多。比如公元 11 世纪成书的《国王遗教》（五部遗教之一）差不多全部内容都是讲述“猴子变人”的故事。另外，在前面提过的《西藏王统记》《贤者喜宴》等历史典籍在藏族文学中也占有一席之地，而在这些作品中也有大量的有关猕猴的内容。此外，在藏族民间文学中还有《公正的猴子》和《候鸟故事》等，其中猴子多被刻画为公正、善良、机智、大度的形象。

从舞蹈动作上看，藏族舞蹈有拟兽舞和傩舞。为表达对猕猴的信仰与推崇，至今在藏族舞蹈中仍保留着猴子式踢踏舞，其步伐活跃，极富弹性，节奏急促。每当跳起此舞蹈，气氛就十分活跃，猴式踢踏舞表现出猕猴动作的逼真效果。这种带有原生态味道的舞蹈是对从古至今的生物及其动作的真实写照，表明了藏族原始先民曾经与猕猴共同生活的情景，更重要的是反映了民众对猕猴的追忆和对猕猴的崇拜。此外，在川甘交界处扎茹部的白马藏人祭祀祖先时要跳傩舞，跳傩舞须戴上动物面具，其中也有猴子的形象。在古老的嘉绒藏戏中出场最多的动物形象就是猕猴，其实这些都是猕猴崇拜习俗的具体体现。

历史不断延续，文明程度逐渐提高，猕猴崇拜的方式与特点逐渐清晰起来。原始崇拜中的猕猴崇拜是从图案、文学、舞蹈动作等三个主要方面表现的，如果从艺术角度来看，它是藏族原始艺术的一个组成部分。今天看来属于艺术范畴的许多内容，如舞蹈、绘画、雕塑、文学等，在当时却是一种宗教行为。随着藏族社会的发展，人们崇拜猕猴的方式也在不断变化，到今天，猕猴的形象又成为衣物、饰品和器物上的装饰图案。在藏族的原始崇拜中，猕猴最具特点，要比别的动物复杂得多，有着十分显著的特点。

结语

本章旨在探讨藏族猕猴崇拜的文化内涵和文化价值。猕猴这一物种伴随着藏族的发展历程走到今天，给我们留下了如此多的话题，又由于年代的久远、历史的封尘和佛教原因给我们留下这么多疑问。原始宗教在藏区曾一度兴盛，自然崇拜、图腾崇拜、祖先崇拜、灵魂崇拜等都与猕猴有关，这是原始崇拜中任何其他动物所不及的，也是植根于藏民心灵深处的崇拜之一。

9　论牦牛崇拜习俗

据考古发现，世界上所有的原始部族几乎都经历过动物崇拜的阶段。动物崇拜是自然崇拜之一，是狩猎时期原始社会意识的反映。动物与人们的生活密切相关，它们是人们生存所依靠的对象，所以被神化。还因为原始人在动物面前常感到不及和软弱无力，对动物有敬畏感，从而产生动物崇拜。在藏族的动物崇拜中，有的符合以上的情况，但也有的是出于其他方面的原因。这一点，将在具体论述中加以说明。

一、牦牛的特点

牦牛是藏族先民最早驯化的牲畜之一，已有上千年的历史。《说文解字》中记载："西南夷长毛牛也。"《山海经・北山经》中则描述："潘侯之山有兽焉，其状如牛，而四节生毛，名曰旄牛。"牦牛是我国高原地区特有的物种，主要分布在青藏高原喜马拉雅山脉，在新疆帕米尔高原塔什库尔干一带也有分布。牦牛分为野牦牛和家牦牛。野牦牛又叫野牛，偶蹄目，牛科，牦牛属，野牦牛是家牦牛的野生同类。野牦牛和家牦牛都有长毛来御寒，牦牛是典型的高寒动物，性极耐寒。在海拔 3000—5000 米的高寒地区，能耐零下 -30℃—-40℃的严寒。野牦牛能爬上 6400 米高的冰川，所以说它是世界上生活在海拔最高处的哺乳动物。牦牛全身一般呈黑褐色，身体两侧和胸、腹、尾毛长而密，四肢短而粗健。野牦牛体形笨重、粗壮，体长为2.0—2.6米，尾长0.8—1.0米，肩高1.60—1.80米，体重500—600公斤，雄性个头明显大于雌性个头。

自古以来，藏族就与牦牛有着不解之缘，人们的衣食住行离不开牦牛。它在藏族的经济生活中发挥了重要作用，主要包括肉用价值、乳用价值和役用价值三个方面。在肉用价值和乳用价值方面，现以甘南牧区成年阉牦牛为例，“平均体重127.1公斤，净肉率36.74%，平均产净肉82.71公斤”①。牦牛身上有丰富的脂肪，膘情好的牦牛，其肩、背、臀部均被一层黄色脂肪覆盖。瘦肉部分的蛋白质含量达到了20.67%，脂肪为6.64%。牦牛年产奶量274公斤，奶中含“蛋白质3.3%，糖5%。脂肪呈微细的脂肪颗粒分散在奶中，容易被人体消化吸收。奶类脂肪中还含有大量不饱和脂肪酸、少量卵磷脂，含有的胆固醇不高”②。牦牛的肉、脂肪和奶等之中的各种成分都是人体中不可缺少的，也是其他食物不可取代的。牦牛的肉和奶既可果腹，又可为人体补充不同的营养成分。

游牧生活多逐水草而居，经常迁徙，不可能像农区和城镇那样，修筑固定的土石房屋。各地藏族牧区普遍用牛毛帐篷作为住房，用牛毛纺线，织成粗氆氇，缝成长方形的帐幕，当中撑木杆，外面用毛绳拉开钉在四周地上，周围用草饼或粪饼垒成墙垣，一方开门。白天将帐篷布对开分撩两边，人可出入，晚上放下，用带结紧。这种帐篷虽然简单，可因是牛毛编织，其质地粗厚，具有防风、防雪、保暖的作用。牧民世世代代过着游牧生活，帐篷便于牧民随时转场搬迁，具有耐磨、便于支拆驮运的特点，所以，帐篷是他们最为理

① 尕藏才旦、格桑本：《青藏高原游牧文化》，甘肃民族出版社，2000年，第13页。
② 尕藏才旦、格桑本：《青藏高原游牧文化》，甘肃民族出版社，2000年，第13页。

想的住所。

牦牛的役用价值以驮为主，也供骑、挽用。牦牛善走陡坡险路、雪山沼泽，能游渡江河激流，一般驮货50—100公斤，日行20—35公里，可连续行走15天以上。用作骑乘，单乘日行30—40公里。牦牛是人们生产劳动的帮手，从运输方面看，它是高原重要的运载工具，在恶劣的气候条件下，无论烈日炎炎的盛夏，还是冰雪袭人的寒冬，牦牛均以其耐寒负重的秉性，坚韧不拔地奔波在雪域高原上，担负起“雪域之舟”的重任。在今天，牦牛以其温驯、耐苦以及对人类的贡献而受到赞誉。至于野牦牛，它们至今仍栖息在藏北高原、唐古拉山麓和通天河畔。野牦牛的身躯重达数千斤，力大无比，在广袤的草原上，它是生命力的象征。

二、牦牛崇拜习俗的产生

我们要论述的牦牛崇拜，其对象是泛指的牦牛，它包括已经被驯化了的家牦牛和野生牦牛两类。

费尔巴哈在《宗教的本质》一书中描述，动物是人不可缺乏的、必要的东西。人的生命和存在所依靠的东西，对于人来说就是神。在原始社会时期，牦牛是藏族先民赖以生存的生活资料。然而要想获取牦牛，在心理上起码会出现三种状态：一是恐惧，二是感激，三是歉意。藏族先民的生活必须仰仗牦牛。当时生产力十分低下，人们要想猎取牦牛，并不是件容易的事，有时自身还得受到伤害，甚至赔上性命，于是就产生了恐惧感。当猎取到牦牛时，就认为是依赖对象的支持和赐予，于是便产生了感激的心理。把牦牛的被捕杀当作是对这些依赖对象的损害，于是又产生歉意之情。在这些复杂的心理状态下，对牦牛的崇拜情愫便开始萌动。后来，藏族先民在狩猎、驯化牦牛过程中获得了极大的收益，于是先民把牦牛奉为神，祈求它，供奉它，说它是天上的“星辰”，说它以前是住在天上的。藏族先民对牦牛的崇拜程度进一步加深，牦牛的宗教特征日益凸显。

三、牦牛崇拜习俗的具体表现

由于牦牛崇拜习俗流传久远，已深入人们生活的各个方面，下面就对此做一简单介绍。

（一）日常供奉方面

在广大藏区，牦牛崇拜习俗最显著的特点就是供奉牦牛头。比如，在嘉绒地区，当地藏族群众在石墙上面嵌上牦牛头；把刚杀的牛头割下供于房顶；在寺院里也供奉大量牛头；在经堆之上，或多或少地供有刻上经文并经过简单装饰的牦牛头或牦牛角，虔诚礼拜之。在藏区，把牦牛头骨和牦牛角作为灵物来供奉是相当普遍的，这与其说是原始牦牛崇拜的一种变异形式，不如说是以局部代整体，以牦牛身上质地坚硬的部分代替易腐烂变形的部分。这样做有两点原因：第一，人们不可能把整头牦牛供奉在屋顶上，不可能把一头或若干头牛供在经堆上，真那样做的话，则牦牛便失去了神圣感，再者，搬运起来也有一定的困难。第二，受崇拜的牦牛具有可食用的特点，它是藏族特别是牧区藏民食物的主要来源，如果将整头牦牛专门用作崇拜对象，数量是惊人的，在客观上势必会造成浪费，减少了藏族群众的生活资料。即使有把整头牦牛作为祭祀或镇邪的法物，那也是个别现象。所以说，把牦牛头和牦牛角作为灵物，供人们崇拜，其本身就代表了整头牦牛。杨光甸先生在川西南藏区的调查报告中描述了拉古萨的洋房一般为“人”字形的屋顶。在屋檐之下的四角，都安放着牦牛角，砌于房檐角棱两边，一边一个。当然，在房子上摆放牦牛角的方法各不相同。当地供奉这些牦牛角，据说是为了保佑人畜的平安。此外，笔者在西藏调查时，在拉萨市雪三村往北一公里处也看到牦牛被供奉在屋顶或墙头的情景。不同的是，这里房子都是近些年修建的新房，一幢幢楼房分上下两层，四五家住一幢楼里，每户人家的居室都有一两层，各家皆有一小院，朝南向各有一院门，这里的藏族群众往往把牦牛头供在院门的上边。供奉牦牛头、牦牛角的现象十分普遍，除上述地区外，在康巴、藏北羌塘、川西南的雅砻江一带、白马藏区等都有这种情况。

二十多年来供奉牦牛头现象有了新的变化，人们把一部分牦牛头供奉于室内，而这类牛头是经过精心加工、装饰而成的，价格不菲。重要的一点是，这类牦牛头具有艺术品特点，供奉于家居之中，还带有些许装饰的味道。

（二）宗教节日方面

在川西南的冕宁藏区，也是把牦牛直接作为神灵来供奉的。这里的“祭牛王会”每十三年举办一次，时间是在藏历的正月，一般要进行三天。“祭牛王会”从头一年的八月份就开始准备，全村寨的人在下地干活前总是要随身带上海螺和用牛角做的号，他们在田间地头，只要一有空就吹响海螺和牛角号，真可算是祭祀牦牛的前奏曲，彰显了这一节日的隆重。到了“祭牛王会”的那一天，全村寨的人不分男女老少，个个盛装打扮，前往指定场所参加祭典。祭典仪式是由法力高超的巫师主持，要举行煨桑和血祭。“据说，在老早以前，是把活人作为牺牲，后来改用猴子，再以后猴子也不好找了，就用猴皮来代替。祭典完后，就开始喝份子酒，吃份子肉，晚上跳

‘锅庄’，一直要持续三天才告结束。”①

嘉绒藏族在藏历的十一月十三日还要过祭牦牛神的节日，传说这一天是嘉绒先祖“额尔冬爷爷”的生日。据说，“额尔冬爷爷”神勇无比，与格萨尔王十分相似，由于他神通广大，能上天入地、潜入水下，战胜了各类妖魔鬼怪，嘉绒人才得以过上安稳的生活。而“额尔冬爷爷”的形象就是牛首人身，所以每逢嘉绒年时，土司、土官、守备、大头人家都要用面做一个2尺多高的牛首人身像，摆放在家中神主位上，虔诚供奉。

（三）文学方面

在藏族地区，不仅从表面上可以看到藏族群众供奉牦牛的景况，在民间文学和藏族史料上还分别传诵和记载着有关牦牛的传说故事，这些传说与史料反映了牦牛崇拜习俗的历史痕迹。从中我们发现牦牛在藏族的发展史上所处的地位、所起到的作用以及和人类的关系等等。

在甘肃省天祝藏族自治县流传着这样一个传说，其大概意思是：古时候，华锐人的祖先在阿尼玛卿的雪山下过着牧放生活，后来他们祈求山神帮助其寻找新的草场，神灵为他们示意了方向。当他们启程时，黑牦牛群传出了叫声，不愿离开故土。正当这时，从阿尼玛卿雪山深处跑出一头雪白的牦牛，吼叫着冲出峡谷，黑牦牛群见状便尾随而去。当牧人们走出峡谷时，只见那白牦牛正和一头黑色巨怪搏斗，后来，黑色巨怪斗败，逃走了。黑牦牛群也都死了，只剩下一头小母牛，白牦牛就用舌头舔小母牛，原本黑色的小母牛瞬间变得通身雪白。此时天空中传来骏马的嘶鸣，而后一座逶迤的雪

① 见杨光甸整理的《冕宁县泸宁藏族调查笔记》。

峰横亘在眼前，雪山下是广袤无垠的大草原，先人们望着眼前的一切，高兴地说，这就是我们的家乡。从此，便在此处住了下来，喝着雪山圣水的一群群白牦牛变得更白了，华锐也成了白牦牛的故乡。

这个传说故事说明了三个问题。其一，体现了逐水草而迁徙的游牧生活。从游牧发展到定点放牧，这是畜牧业生产发展的一个大转变，传说中的这一情节恰恰从一个侧面反映了西藏早期原始的生产方式。其二，传说折射出在生产力十分低下的远古年代，人们争夺草场的现实。随着畜牧业的出现与发展，牧场与水源的优劣成为影响畜牧业丰歉的重要因素，因而各部落之间常为争夺牧场和水源发生战争。传说中白牦牛和黑色巨怪争斗这一情节，从侧面反映出古代藏族先民争夺草场的一个场景。其三，生活在草原上的藏族先民为了生存，开始尝试对野生动物进行人工驯养，传说中的白牦牛用舌头舔黑色的小牛，使小牛改变了颜色这一情节，曲折地反映出藏族先民在驯化动物的过程中所付出的努力与艰辛。牦牛从当初为藏族先民提供肉食、牛奶、皮毛，到为人类的牧放选择牧场，并且扫清牧场上的威胁，这些实际上是藏族先民从当初得益于牦牛到对牦牛寄寓美好愿望的情感上的升华。而无论是早先对牦牛的依赖，还是后来对它寄寓愿望，这些都说明了牦牛与原始先民的一种密切关系，而其中也包含藏族对牦牛的崇拜心理。

在其他藏区，也流传着人与牦牛的各种各样的故事，凡此种种，既彰显了人与自然生灵抗争的勇气和力量，也表现出牦牛所特有的强悍和凶猛，正是由于牦牛的那份人力难以折服的强悍和凶猛，藏族先民才给予其正面评价，牦牛的勇猛也正是人们崇拜的一个方面。在藏族神话传说中，牦牛被认为是从天上下凡的星座，藏区的雅拉香波、年保页什则、冈底斯、念青唐古拉等山神，都是牦牛的化身。

《王统世系明鉴》记载，止贡赞普与罗阿本达孜决斗，罗阿设圈套陷害赞普，并将王妃流放到牧场放牧。王妃在牧场放牧时做了一个奇怪的梦，她梦到与一白人交合，醒后看见一头白牦牛从眼前一闪而过。后来，她生下一块血团，舍不得放弃，故将血团置于白牦牛角中，几经风雨，几经日晒，血团变成一男孩，这个孩子就是西藏历史上著名的如列吉（从角中出生的人），乃传说中第九代藏王布代贡甲的大臣。

史料中关于牦牛的描述又上了一个台阶，有了图腾崇拜的意味，不得不说，牦牛在藏族社会中的地位在不断攀升，牦牛崇拜的程度也在不断加深。

此外，在宗教舞蹈方面也反映出牦牛崇拜的意味。拉萨大昭寺等著名寺院在欢庆雪顿节时，总要跳起牦牛舞，高僧要向由人扮成的牦牛敬献哈达。无论哪个教派，在其法会上都可见到一位头戴牦牛头面具的大神率诸神起舞。

四、牦牛崇拜与山神崇拜的联系

藏族往往把牦牛崇拜与山神崇拜结合在一起，两者的结合主要是因为牦牛是山神的化身。当然，有的学者还认为，藏族先民的自然崇拜是以山神崇拜为基础，其所崇拜的神灵之上，也就以山神为其主体神。后来，当山神崇拜与动物崇拜相互影响、相互融合的时候，往往属于动物崇拜的神灵，就会依附于山神崇拜的神灵。牦牛是早期山神形态的代表形象，冈底斯、雅拉香波、年保页什则等，就是以白牦牛的形态出现的。由于藏族先民们的联想，山神的形态和生活在崇山峻岭中的牦牛建立了直接关系。藏族先民还创作了美妙的传说故事，拉近了神山与牦牛的关系。在青海省果洛州流传着一则关于年保页什则山神的故事。有一位青年猎人，在俄措湖边救起了一条差点儿被黑雕叼走的小白蛇，哪知这条小白蛇就是年保页什则山神的儿子。后来这位青年猎人应山神夫人之邀到山神居住的地方做客，并接受了山神的请求，答应帮助山神打败前来侵犯神山的妖魔。当化身为白牦牛的年保页什则与化身为黑牦牛的妖魔在天空中战斗时，青年猎人便发箭射死了那头黑牦牛，帮助年保页什则山神获得了胜利。这里的年保页什则山神的形态就是一头白牦牛。在这则传说中，进一步强调了牦牛与神山的关系，同时，传说中还出现了一白一黑两头牦牛，以黑牦牛作为衬托，就更突出了白牦牛的特点。山神年保页什则的形象是白牦牛，妖魔是黑牦牛，当一白一黑两头牦牛在天空中搏斗时，坚守正义的青年猎人抑恶扬善，发箭射死了代表邪恶的黑牦牛，助年保页什则山神获得了胜利。白牦牛战胜黑牦牛，正义压倒邪恶，表达了人们的美好愿望。

在表现牦牛与神山的关系方面还有一例，那就是卫藏地区的雅拉香波神山，这座神山具有重要意义。雅拉香波山神经常以白如海螺般的牦牛形象出现，嘴里还不断喷出白色雪暴。这头白牦牛曾代表本教，阻止莲花生大师入藏。

牦牛与神山的关系是绵延不绝的，尽管到后来，藏族先民心目中的山神形态发生了变化，人的形象逐步取代了原来的牦牛形态，山神还拥有了各自的家庭和坐骑，在坐骑中也不乏白牦牛。比如，念青唐古拉山神和雅拉香波山神的坐骑就是白牦牛。此外，念青唐古拉山神妻子的坐骑也是白牦牛。这一现象足可以说明，牦牛在藏族人心目中的地位是非常高的。牦牛这一伴随藏族成长起来的古老物种不仅在生活上，而且在精神上也同其息息相关，早已融入了藏族文化的诸多方面。所以说，即使山神的形态因社会的发展和观念的转变而发生了变化，但是，牦牛绝不会轻易淡出人们的视线，牦牛与神山的联系仍在持续。

五、牦牛崇拜习俗与本教的关系

藏族先民崇拜牦牛的习俗在原始本教形成以前就已经存在了，而且也是经过了相当长的一段时间，对牦牛的崇拜绝不是个别现象，至少在吐蕃境内是非常普遍的。在这一基础上，在吐蕃本土形成的早期本教（或者说原始本教）就把这一原始宗教习俗纳入了自己的体系当中，吸收牦牛为本教的护法神。毕竟，原始本教是经过修整后的雍仲本教的前身。被归入本教体系中的牦牛，较之先前那种流传于民间的、相对零散的崇拜方式，开始变得正统和严谨。牦牛这一曾在民间信仰中的角色，也正大光明地登上了本教护法神的宝座。至此，牦牛崇拜习俗的宗教色彩也就更为显著了。

原始本教阶段非常重视祭祀、祈福、禳解，常常举行会盟，而祭祀又是会盟当中的一个重要环节，祭祀时往往要宰杀大批的牲畜，其中不乏牦牛。据汉文史料记载，小的祈神活动须杀羊、狗、猕猴，大的祈神活动须杀马、牛、犬、驴。另据记载，吐蕃赞普和大臣们一年一小盟，三年一大盟，因为原始本教主张供奉救护人的神、消除危害人的鬼，于是每年秋天要举行“本教神祭”，将牦牛、绵羊、山羊等公畜各宰杀三千头，母畜各活体肢解一千头，以血肉献祭。在人有病痛时要施舍赎命，视各人经济情况而定，从最多杀公畜母畜各三千头到最少宰杀公畜母畜各一头以献祭神祇。在本教法师举行的一系列驱邪镇鬼仪式中，牦牛也扮演了重要的角色。在藏族原始先民的心目中，牦牛具有镇压邪恶和驱除妖魔的能力。在这一时期，本教法师为达到“镇压”恶灵的目的，在当时施行一种“厌胜”之术，而牦牛头骨和其他动物的头骨也是“厌胜”的灵物。如，掩埋牦牛头盖骨，可以镇压男鬼；在敌人驻地的边界，掩埋牦牛和其他几种指定动物的头盖骨可镇压敌鬼；而对付刀鬼是掩埋杂种牦牛的头盖骨。在西藏察秀塘祭祀遗址就发掘出了用于镇压恶鬼的牦牛和其他动物的头盖骨。

牦牛被藏族所崇拜，并与之形成了一种特殊的关系。从早期的物质生活到稍晚些时候的精神生活，人们对牦牛的崇拜有一个从物质到精神的转变，可以这样讲，在原始自然崇拜阶段，人们崇拜牦牛的原因除了它的勇猛外，更重要的是它能为人类提供衣食，甚至还能解决人类的住和行。到了原始本教阶段，崇拜牦牛的习俗已经被纳入本教仪轨的范畴，精神层面的意义显得更重要一些。

10　论狗崇拜习俗的几个特点

藏族关于狗崇拜习俗的起因比较特殊。狗是藏族先民最早驯养的动物之一，在生产力极不发达的藏族原始社会，狗曾经是他们生产和生活的得力助手。虽然，随着历史的发展，经济文化水平不断提高，藏族的农业和畜牧业也有了很大发展，狗的作用在不断削弱，但是狗在藏民族的精神世界中的地位并没有被削减，在人们的意识中，狗为了青稞而奔忙的传说已经成为事实，因这一缘由，藏族有崇拜狗的习俗，并且流传至今。

一、狗在民间所受到的礼遇

藏区狗多，这是因为藏族同狗有着特殊的关系，不同藏区以不同的方式对狗表达一种崇敬之情。显然，这是狗崇拜的遗风，那么究竟崇拜到一种什么程度？比如，西藏工布地区的藏族在过工布年时（藏历十月初一），要请狗赴宴，这一习俗已流传了很久。每逢过工布年，当地藏民要把过年的食物整齐地摆在木盘里，或放在长条木板上，食物包括糌粑团、牛羊猪肉，还有桃子、核桃、酥油、奶渣、人参果、青稞酒等。准备停当，主人便把狗唤来，很有礼貌地说："舒服的狗，快乐的狗，请进餐吧！"如此三次，狗就开始吃。据说，懂事的狗，并不急于进食，它似乎明白主人的意思，此时显得非常规矩，把所有的食物都闻一闻，然后再决定吃什么。当然，也有的狗不尽如人意，有点儿不识抬举，狂叫不止，打翻盛食物的盘子，掀倒茶酒。这种情况下，主人认为很不吉利，会把狗轰走了事。工布人认为在过年的这天，狗吃什么、不吃什么，都是神的旨意，因此全家人都十分敏感，关注着狗的每一个动作。如果狗选择了糌粑或饼子，就预示粮食丰收；吃了酥油或奶渣，就预示牧业兴旺。全家人最担心狗吃肉，因为，按照当地说法，狗吃肉，不死人也得闹瘟疫。

乍看起来，工布流传的这一习俗并没有直接说明习俗本身是与狗崇拜有关，而只是说狗是受到神的指使，在民间体恤民情并传达神的旨意。然而，究其原因，看其实质，就会发现这一习俗还是和狗崇拜有着千丝万缕的联系。上述工布地区在过年时摆放各种食物让狗选择，间接地表达了人们对狗的崇敬之情。至于请狗赴宴的食谱中的各种肉食以及奶制品等食物，特别是狗享用了这些食物的象征意义等，毫无疑问是在狗崇拜过程中被后加进去的内容。此外，在其他藏区，如林芝和安多地区，在藏历新年或收获季节都要把盛满肉食、面食的大盆端出来，首先让狗享用；再如，白马藏族每当藏历新年的正月初一凌晨鸡叫头遍，在举行“祈水”仪式时，必先喂狗，以示对狗的崇敬。至今，人们在每年秋天青稞收割以后，会把第一次磨出来的糌粑先喂狗。

笔者多次赴藏区调研，每次都能看见无数条狗，经细心观察，就会发现，藏族百姓与生活在他们身边的狗关系很融洽，同时也完全能够感觉到狗在藏族人心中具有一定的地位。在藏区，无论在草原上、街道上、寺院里，甚至机关单位的大院中，到处都有狗的身影。三五成群的狗非常悠闲，它们到处游荡，没有人会去惊扰它们。如果真有人顽皮，去驱赶或追打狗群，会遭到藏族百姓的制止。虽然狗是藏民族最早驯养的动物，但不管是过去和现在，他们是绝对不吃狗肉的，更不会随意杀狗，如遇别人杀狗，藏族群众也会出来制止的。

二、民间传说中狗的功劳

人类在自身发展过程中，不可避免地得到了其他动物的支持和帮助，这种支持与帮助是多方面的，对狗的崇拜与对牦牛的崇拜不同。牦牛崇拜主要是因为牦牛向藏族先民提供了人们赖以生存的肉、奶和皮毛，而狗则是另有原因，或者说狗是以另外一种形式帮助过藏族先民，这一点可以在许多藏族民间传说故事中得到印证。

在藏族民间流传着许多关于狗与青稞的传说故事。如流行于西藏的《阿初王子的故事》《幸福是狗的恩典》和安多地区的《青稞与狗的故事》等，都反映了狗对藏族人民的大恩大德，狗与藏族百姓是有着深厚感情的。在《四川省阿坝州藏族历史调查报告》中，为我们转述了这样一个民间传说：古时藏区的庄稼生长得很好，青稞和玉米都是多穗的。一天，一个妇女把玉米和青稞做的馍馍拿来给娃儿揩了屁股，惹怒了天神，天神要把土地上生长的所有粮食全部收回。由于狗向天神苦苦哀求，天神才答应留下一些粮食，从此，青稞就只结一个穗了。所以现在每逢年节，每家每户都得先用糌粑来喂狗，以示感恩。此外，《青稞与狗的故事》讲述了很早很早以前的青藏高原，藏族先民还没有种植粮食，人们只能靠游牧和其他方式生活，总是处于饥寒交迫之中，在此情形下，神便派狗去遥远的另一个世界寻找种子，狗千辛万苦，终于在一天，叼着青稞穗子回到了藏区。从此，人们便过上了幸福的生活。《阿初王子的故事》记述了阿初王子为了救百姓于疾苦之中，不畏艰辛终于从蛇王手中得到种子，但自己却中了蛇王的计，变成了一条狗。狗叼着种子回来了，使藏族百姓吃上了香甜的糌粑。

藏族祖祖辈辈想着狗对他们的恩赐，感激不尽，对狗有一份特别的敬仰之情。千百年来，人们赋予了狗无比神奇的力量，对狗的这种敬仰和感情，显示出人类所崇拜对象的神圣，同时，这种崇拜已经成为一种根深蒂固的习俗。狗作为一种伴随着藏族发展的动物，如此长时间地受到藏族民众的关心和崇敬，这是在历史发展的过程中逐渐形成的，它的产生有其深刻内涵。其中一点就是藏族先民对当时无法解释的事物，凭借他们自己的想象编织出一个个奇妙的神话，藏族先民正是用了狗叼青稞种子的神话故事解释了青藏高原农业发展的源头。

三、狗在藏民族生产和生活中的地位

狗是一种常见的犬科哺乳动物，是狼的近亲。自古以来，人们喜欢狗的理由可能有很多，归结起来有三点。一是因为狗对主人有一颗忠诚的心，它们通常被称为“人类最忠实的朋友”。狗对主人的忠诚，从情感基础上看，“有两个来源：一是对母亲的依恋信赖；二是对群体领袖的忠诚服从。这就是说，狗对主人的忠诚，其实是狗对母亲或群体领袖之忠诚的一种转移”①。二是狗通人性。狗具有一种能够对人类表达情感的能力，此外，狗对人类的姿态或语言也具有理解能力，狗有远胜于其他动物的天赋。三是狗能够为人类的生产生活提供帮助。狗喜欢追捕生物，如追捕和杀死小动物，追逐兔、猫、羊等，甚至追咬人类，人们利用狗的这种特性，让它驱赶羊群、

① 康拉德·劳伦兹：《狗的家世》，中国和平出版社，1998 年，第 22 页。

牛群和保护人类自己。在藏族社会发展进程中，狗扮演了重要角色。在狩猎时期，狗随猎人东奔西跑，驰骋于猎场，追逐猎物。在西藏鲁日朗卡岩画中，共有20组画面，展现了一系列狩猎场景，其中一组画就是一个头戴帽子的猎人正在拉弓追杀一只羊的情节，四周还有逃命的鹿、母羊和羊羔，其下绘有一身材高大的猎人，画面右侧有两条家犬紧追于两只羊之后。在阿里古格的壁画上也有三只猎狗追逐五只鹿的场面，这些作品正说明了在藏族原始社会时期，狗参与了人类的狩猎活动，为获取猎物，它们奔跑于山岗之上、丛林之中，为人类的生存提供了帮助。后期，藏族的生存依赖于放牧牛羊，茫茫草原，狗又为主人忠诚地保护牛羊，使牛羊免受野兽的侵袭。在藏族牧区，狗为保护牛羊而同野兽拼命搏杀的事情时有发生，狗最大限度地尽责保护了藏族牧民的牛羊。除此之外，在草原之夜，狗又看家护院，保卫主人的安全。狗不但为人们的幸福生活尽了力，也为人们的正常生活提供了一定的保障。由此可见，狗是藏族生产和生活中亲密的伙伴，长此以往，藏族对狗产生了依赖心理。据说，在以前常常有因狗而发生的部落间和家族间的残杀。现在，也时常会发生两家因狗而争吵的事情。正是因为狗在藏族原始社会时期有着特殊地位，在藏族先民生产和生活中发挥着重要作用，所以长久以来藏族对狗就有一份真挚的情感。

四、藏族史料中关于狗崇拜的线索

在上文，从藏族神话故事和藏族的实际生活、生产的角度阐述了狗崇拜的由来。下面我们再从藏族历史典籍中去发掘、探讨这一问题，或许能对藏族狗崇拜习俗有一个完整的认识。

在《敦煌本吐蕃历史文书·赞普传记》中记载了这样一则故事，

大概意思是说，止贡赞普年幼时与罗阿达孜比武，比武中止贡赞普失败被杀，罗阿达孜将其尸骸抛于江中。后来，止贡赞普的两个大臣将宇宙大神之神獒犬的皮毛涂上毒物，放到罗阿达孜近旁，达孜一见大喜，边用手抚摸犬边连声说："好犬，好犬！"狗毛上的毒液遂浸到了达孜的手上，达孜乃毙命，为赞普报仇雪恨了。

这则故事中谈到狗参与了人类的政治谋杀，较之狗叼青稞和狩猎等，其作用有了提升。在《吐蕃王统世系明鉴》和敦煌古藏文文献中还记载着在这个故事之前另一个与狗相关的故事。其中讲道：止贡赞普的心为魔鬼迷惑，要求一个名叫罗阿达孜的大臣与自己比武。罗阿达孜本不敢与赞普比武，然而，止贡赞普一再坚持，于是决定比武。比武前两日，止贡赞普派遣一只会变幻的母狗到罗阿达孜那里去侦察，被罗阿达孜发觉了，于是他将计就计，高声言道："后天国王来杀我，如果他不领侍卫，头上缠黑绸布，额头上挂面镜子，右肩上挂只狐狸的尸体，左肩上挂只狗的尸体，缠着头挥舞宝剑，并且用红牛驮着装灰的口袋前来，我就不能取胜。"母狗返回把这些话报告给止贡赞普，止贡赞普说：就按他说的去做。到了比武当日，止贡赞普果然照此行事，去杀罗阿达孜。战场上一声呐喊，红牛受惊，装灰的口袋破裂，灰尘迷住了红牛的眼睛。狐狸的尸体魇退了战神，狗的尸体魇退了阳神。止贡赞普绕着头顶挥舞宝剑，砍断了登天绳，大臣罗阿达孜对准赞普额头上的镜子射了一箭，射死了赞普。

因为狗中计，误传了假情报，致使止贡赞普命丧比武场。换个角度看，此时的狗已不再是为了人类的生计而奔忙的狗，而是参与到人类的政治谋杀和各类矛盾的纠葛之中，此时的狗更具灵性与智慧，因而狗的作用也有了很大提高。此外，藏族史料中所记载的这两则传说，对比来看，似乎还穿插着一条线索，反映出狗在人类社会的矛盾斗争中对一方的忠诚。狗因误传情报而导致自己的主人落难，此时狗还肩负起复仇的重任，那只身上涂了毒药的狗又杀死了罗阿达孜，完成了为主人报仇雪恨的使命。史料记载的这两则传说中的狗虽然不是同一只狗，但却恰好说明了在当时藏族社会中，人们对狗的普遍认知程度，是对狗参与人类各种社会实践的一种肯定，这实际上也反映了藏族先民对狗崇拜的一个侧面。

五、狗在本教仪轨中的地位

狗在藏族生活中还有镇邪驱祟的神奇作用，在藏族人心中狗具有强大的威慑力，它可以镇压邪恶，驱逐妖魔。在藏族原始社会时期，本教法师施行一种“厌胜”之术，以达到“镇压”恶灵的目的，其中最为引人注目之处在于，在施行这种巫术时，要用墨书或朱书的形式在狗（或其他动物）的头盖骨上书写咒文或者绘以厌胜的图案。据专家分析，这是西藏原始宗教中典型的以动物天灵盖作为厌胜巫术灵物的一种表现形式。奥地利著名学者沃杰科维茨在其所著的《西藏的神灵和鬼怪》一书中，在论证这种古老的习俗时，也涉及狗。他认为降服厉鬼最有效的办法是掩埋或安置装满人或兽的头盖骨，并在骨头上写上魔咒。降伏不同厉鬼在使用头盖骨和咒语的种类上有很大差别，同时，对头盖骨掩埋的地点也是有讲究的。对于不同的“色鬼”所造成的恶力要采用不同的禳解方式。如，掩埋黑母狗头盖骨可以镇压女鬼；掩埋野狗头骨可以制服忿怒鬼；将狗和猪的头骨藏在受到夭折鬼威胁的儿童床下，可以镇压夭折鬼；在居室的中央掩埋狗和其他动物的头盖骨，可以镇压誓鬼；把野狗和猴子的头盖骨置于山边小路可以击退损耗鬼。在西藏察秀塘祭祀遗址就发掘出七件犬头骨，与这七件犬头骨一起出土的还有其他动物的头骨。这同上面所谈的在藏族原始宗教中以动物天灵盖作为厌胜巫术灵物的表现形式有直接联系。

此外，在藏族社会中，以杀狗会盟和祭祀为一种崇尚，特受藏族人的重视。在原始本教盛行时期，常常在会盟和祭祀时宰杀大批的牲畜，上文介绍过吐蕃赞普和大臣们一年一小盟，三年一大盟，其间刑羊、狗、猴狲。佛教传入后，虽取消大量杀牲祭祀和会盟的习俗，但仍保留了这种遗风。如现在的安多部分地区还有在家中或门口埋死狗的习俗，由此可见，某一动物一旦被某一民族所崇拜，就会与这个民族建立起一种特殊的关系。藏族先民崇拜狗，把狗看作是家庭中的一员，还要请狗赴宴。但是，历史的祭祀活动和用狗镇邪等却又要杀狗，这也是狗崇拜的一种方式，而且也是在民间狗崇拜习俗基础上的一种升华。

11　论藏族生产祭祀节日与传统节日

按常规，岁时节日一般包括三大类，即农时祭祀节日、民族传统节日宗教节日，以下介绍前两类。

一、生产祭祀节日

由于藏族久居青藏高原，那里的生产状况适于牧放，也有部分农业区，因而生产祭祀节日由农业和牧业两大部分组成。因其牧业性节日也比较多，所以，此处的节日名称稍做一点修改，把农时祭祀节日称为生产祭祀节日更妥当。

（一）生产祭祀节日的由来

任何节日的形成都有一个漫长的历史过程，其大都源于古老的原始宗教祭祀活动。在远古时代，由于生产力水平低下，先民无法解释各种神秘的自然现象，诸如冰雹、水患、火灾、瘟疫疾病等，对天灾人祸更是无能为力，认为自然界及人类社会生产生活的一切领域都被一种超自然的神秘力量驱使，这种神秘的力量就是精灵或者鬼怪。为了氏族的生存繁衍，人们向鬼灵祈祷祈求，贡献牺牲，求得神灵的庇佑，这样就产生了各种祭祀活动。与当时的社会生产力相联系，祭祀活动只能是集体进行，且规模较小，时间也不固定。

随着社会的发展，生产力水平的不断提高，财富不断增加，为大规模的祭祀活动提供了物质保证。同时，人们经过长期的生产实践活动，逐渐熟悉了自然环境、季节变化，掌握了最早的天文、历法知识，为祭祀活动时间的相对固定提供了可能。这样，原始宗教祭祀活动便逐渐从小规模、时间不固定向大规模、时间相对固定发展，最后发展为在固定的季节和时间举行大规模的集体祭祀活动。久而久之，这成为一种习俗活动，形成了独具特色的生产祭祀节日。

生产节日毫无疑问是伴随生产劳动而发展、形成的节日，藏族生产节日的衍生是源自藏族农、牧民对丰收的企盼和收获后的喜悦。另外，有的生产性节日是在生产活动之时，有的是在闲暇之余。当然，广大藏族地区的某些生产节日还带有轻重不同的宗教色彩，如每年藏族各地的春播节、望果节等。

望果节是广大藏区庆丰收的节日。“望”即庄稼，“果”是转圈的意思，意即绕着丰收在望的庄稼转圈。这个“转庄稼的节日”流行于山南、拉萨、日喀则等农区，节日没有固定的日子，一般是在农作物成熟之际进行。藏族人以该节日活动来预祝农业丰收，所以这一节日又被称为丰收节。起初，在藏族的发源地山南雅隆地区，藏王布德贡杰的贤臣茹来吉为使农业得以发展，在积极兴修水利、改进农具的同时，每年还要请本教徒举行宗教活动，本教徒要求农民们手捧香炉、高举幡杆、手拿青稞，跟在本教徒身后绕田间地头转圈，以祈求好收成，这就是望果节的肇始。后来，随着社会的发展和生活的需求，望果节的内容不断增加，形式越来越丰富多彩，逐渐形成了现在隆重、热烈的望果节。这个节日各地一般都要庆祝1—3天，然后便开始了紧张的秋收。现在望果节的主要内容是由骑手们绕着庄稼转圈，老年人背着佛经绕庄稼地转圈，为农业丰收而祈祷祝福。此外，望果节的庆祝方式还有赛跑、赛马、赛牦牛、射击、藏戏和歌舞演出及耍坝子等。有些藏区还会在节日期间举办艺术展览活动、物资交流活动。节日上，人们穿着节日的盛装，载歌载舞，观赏各项竞技活动，痛饮青稞美酒，以此来表达自己对即将迎来丰收的喜悦之情。后来，在牧区也会举办一些类似望果节的节日庆祝活动。

（二）生产祭祀节日的庆祝方式

藏族的节日有很多，依照藏历，几乎月月都有节日，一年里，大大小小的节日总共有一百多个。因此，在不同的藏区，节日的庆祝方式也有差别；即便是在同一藏区，不同的传统节日，其庆祝方式也会有所差别。

1. 农业生产节日与庆祝方式

在庆祝农业生产节日时多表现为祈求风调雨顺、五谷丰登、阖家幸福等美好愿望。比如，在农区几乎都会庆祝春播节，即在春耕前，藏区各地都会举行规模大小不一的一种传统节日活动，人们或以村寨为单位，或三五户联合，集体举行仪式，共同祭祀掌管庄稼的土地神。因各地气候有别，举行活动的时间和礼仪习俗不尽相同。根据物候特征和择算的开播节日，村民们带着青稞酒、糌粑及各种贡品，到地里祭祀土地神。人们竖经幡、煨桑烟、献贡品、念祷词，祭祀土地神，祈求神灵保佑风调雨顺，庄稼丰收。祭祀完毕，人们开始破土耕田。这是个比较明显的农业生产节日，庆祝方式集中表现在人们举行仪式的过程中，春播节表现出浓厚的宗教习俗色彩。人们会带着经幡、桑香，并带着贡品念祷词。在这个仪式过程中，人们会把自然物神话，并对其顶礼膜拜，希望得到恩赐和佑护。

此外，还有个后藏的年，除藏历年外，后藏还要过另一个藏历年，时间为藏历的十一月一日。后藏藏历年是根据本教历算法推演出来的，也是根据农事活动形成的古老年节。生活在年楚河谷的农民看重的还是后藏的藏历年，节日的喜庆气氛也更加浓烈。因为该年和农事有关，丰收过后，农忙暂告一个段落。丰收的喜悦、农闲的轻松，使忙碌了一年的农民倍感惬意、舒畅。随着生活水平的不断提高，后藏的年也越过越隆重，节日的庆祝活动也越来越丰富。节日期间，有个传统习俗，就是让家庭主妇休息一天，这一天的家务活由男人来做。全家人要向一年来辛勤操持家务的主妇献哈达、敬青稞酒、赠送礼物，以示敬意。在庆祝期间还要进行一系列与农事有关的祭祀活动。新年一大早，人们登上屋顶，点燃牛粪火并不断往火中投放香柏、松枝、糌粑粉和酥油，并摆上油炸的面食、干果、水果等各种祭品；低声祈祷来年庄稼丰收，人畜平安。人们还要在打谷场上撒上青稞、小麦、豌豆、油菜籽和荞麦等，看飞来的鸟雀喜食哪种谷物，以预示哪种粮食可获丰收。如果鸟儿五谷并啄，人们就会认为来年将是五谷丰登。人们还在后藏年的七天前，用五个碗装上自家田地里的泥土，分别种上青稞、小麦等五种作物，并盖上碗盖，过年时才揭开碗盖，根据五谷幼苗生长情况，来判断来年的收成。当人们看到碗中茁壮的幼苗时，立即欢呼声一片，全村人奔走相告，互相通报喜讯，燃放喜庆的鞭炮，这些习俗，充分体现了农业生产节日的特点。

2. 牧业生产节日与庆祝方式

生活在羌塘草原的牧民有着属于自己的与生产活动紧密相关的节日。最负盛名的节日要属夏季在草原举行的赛马会，此外，还有一些区域性、部落性的牧业节日。比如，割草节、牧羊节、草地牧民节等，其庆祝方式都与牧事活动有关，如牧牛、牧羊、割草等。在节日庆典中，用牧民奔放真诚的方式表达对自己丰收的期盼，对生活的热爱。

青藏高原上举行过无数次赛马活动，而且这项体育运动是一代传一代的。赛马的规模在不断发展壮大，观众的数量也在不断增加，后来逐渐形成了赛马节日。发展到今天，藏族赛马节的数量有所增加。如藏北赛马节、松宗赛马节、那曲赛马节、当雄赛马节、羌塘恰青赛马节、定日赛马节、康定赛马节、理塘八一赛马节、盘坡赛马节、天祝赛马节、中甸端阳赛马会等等。如此看来，藏族赛马活动相当普遍，受到了西藏、甘肃、四川、青海和云南等五省区内居住的藏族同胞的喜爱。

此外，有的藏区用其他方式庆祝牧业方面的节日，比如割草节，此节日是西藏日喀则西部昂仁县藏族牧民的生产节日。这里的桑桑草原是一大片纯牧区，每年的割草节活动就是在这里开展的。节期一般定在每年藏历的七月。桑桑草原地势较为平坦，当中有一条清澈的溪流四季流淌，靠近溪流的两旁，牧草丰茂，大约有 100 亩。这片草场被划定为比赛用的割草区，平时，割草区是不允许放牧的，所以牧草长势良好。割草节当天，割草区会搭上数百顶帐篷，为桑桑草原平添几分生机。妇女们穿上漂亮的衣服；青年男女则利用此节日约会，谈情说爱；孩子们也兴高采烈，尽情嬉戏；男人们是割草节的主角。上午 10 点左右，主持人吹响开镰的哨子，男人们便迅速涌向草地，开始进行割草比赛，看谁割得快。他们把割下的草捆成一个个足有 20—30 斤重的草捆，运回扎营地去晾晒，再折回来继续割。割草节期间，一些商人带着丰富的商品赶来参加，因此，割草节也是贸易交流的大好时节。

牧羊节是那曲地区（今那曲市）和黑河县（今黑河市）等地的节日，在每年七月举行。它是为祈求牲畜平安、免遭灾害的节日，同时它也是牧民们尽情欢乐的一天。夏日节是四川省阿坝、若尔盖草原藏族牧民的传统生产节日。每年农历五月中旬在迁往夏季牧场前进行，节期大约一周。牧民从四面八方汇集到寺院附近的广阔草坝上，搭起美丽的帐篷，载歌载舞，还会举行摔跤和赛马比赛，牧民们在此期间还会选购自已所需的日用品和生产用具，准备携往夏季牧场使用。草地牧民节是四川阿坝藏族牧民企盼牧业丰收的传统节日，在每年农历正月初举行。

二、民族传统节日

据文字记载，公元前100多年，西藏的本教历法是以月亮的圆、缺、朔、望来计算月份的，运算很简单。那时的新年初一，相当于现在的藏历十一月一日。在山南地区（今山南市），曾发现过一部叫作《纺线老人月算》的历算书，这部古老的历算书，详尽地总结了当时藏族百姓丰富的生产经验和天文历算知识。随着藏族地区与中原文化的交流，藏族历算法不断完善和发展。从宋仁宗天五年开始，藏历与皇历（即阴历）逐步统一。到了八思巴的萨迦王朝统治全藏时，藏历已经完全成熟了，过年的仪式也固定下来，一直沿袭到现在。从元朝开始，藏历确定一年为十二个月，大月三十天，小月二十九天；每一千日左右，便有一个闰月，用来调整月份和季节的关系；也用农历的天干、地支来纪年。不过，藏历把天体分为十二宫，即白羊、双鱼、金牛、摩羯、双子、狮子、巨蟹、宝瓶、人马、室女、天蝎、天秤；用十二地支属相（子鼠、丑牛、寅虎、卯兔、辰龙、巳蛇、午马、未羊、申猴、酉鸡、戌狗、亥猪），配以五行（木、火、土、金、水）来纪年。这与农历的纪年法相似①。

① 还有一说，公元1027年，印度的时轮历被印成藏文，正式传入西藏。这对普信佛教的藏族同胞来说可是件大事，藏族同胞们便把这一年定为藏历新年的第一个年头。

（一）传统节日的来历

新年藏语称“洛萨”，即藏历新年。同汉族的春节一样，是藏族群众一年中最重要的节日，西藏、甘、青、川、滇所有藏族地区的藏族群众对藏历年的重视程度超过了其他节日。后藏的年也叫藏历年，是日喀则农村传统生产节日。除广大藏区的藏历年外，还有后藏的另一个藏历年，时间为藏历的十一月一日。后藏藏历年是根据本教历算法推演出来的，也是根据农事活动形成的古老年节。生活在年楚河谷的农民看重的还是后藏的藏历年，节日的喜庆气氛也更加浓烈。

在西藏、四川甘孜等地有个沐浴节。西藏在藏历七月六日至十二日举行，历时七天，而甘孜是在藏历八月。该节距今已有800多年的历史，每年秋天到来，西藏高原风和日丽，较之以往，河水略温，据说此时在江河中洗澡可以祛除百病，全年身体健康，精神爽朗。据藏文天文历书记载，初秋之水有八大优点：一甘、二凉、三软、四轻、五清、六不臭、七饮不损喉、八喝不伤腹。

香浪节，这类娱乐性节日在甘南藏区比较普遍。甘南的州夏河县在每年六月中下旬举行香浪节。香浪节至今已有几百年的历史了。“香浪”，藏语为游玩、转山之意，也译作“浪山”，故又被称为“浪山节”。相传，很久以前，寺院里的僧人要在每年的六月份到山里砍柴，因路途较远，加之山路难行，当日不能返回寺庙，他们在山野要待上三五天，砍柴之际观山赏景，消遣憩息，夜晚僧人们便搭帐宿营，僧人们的这一活动以后逐渐影响到民间，于是便形成了一年一度的香浪节。早期的香浪节还有祭神仪式，祈求神佛保佑人们吉祥如意，生活美满。后来，其宗教色彩慢慢淡薄，娱乐的成分逐渐增多。

“六月六”歌舞会是甘青藏区的传统节日，也被称为“六月欢乐节”。据传，吐蕃时期，吐蕃军队长期驻扎在甘肃、青海，冬季时，高原气候寒冷，无法练兵，只得利用每年夏季练兵。藏历六月是训练高潮，主要演练射箭、赛马、武术等项目，以提高战斗力。后来，这一练兵活动逐渐演变成民间的娱乐性节目，即歌舞会。每逢藏历六月，辽阔的草原充满勃勃生机，蓝天、白云、牧草、牛羊构成一幅气势如虹、景致壮美的风景画。

林卡节是西藏拉萨、日喀则、昌都等地区藏族的传统节日，时间在每年的五月一日。关于节日的起源有两种说法：一是，传说此日世界神灵都要下凡，故此，人们为其庆贺，藏语称“孜木林吉桑”，意为“世界欢乐日”。二是，传说从前在一个春暖花开的日子，日喀则城里的男人们都到郊外的一个修行洞里朝见“莲花佛尊”，以求赐福；家眷们带上食品，在近郊等候“得福”归来的亲人，他们聚集在“吉采”林卡内共餐。后来林卡节逐渐演变成人们在固定时间，聚集于林卡草地上进行活动的民间节日。

（二）传统节日的庆祝方式

为过藏历年，从上一年的十二月初，人们就开始准备年货，吃的、穿的、用的、玩的，一应俱全。人们培育青苗，以便在大年初一将其供奉于神龛前。十二月中旬，每家每户开始准备酥油、白面、大米及牛肉、羊肉等；并用酥油和面炸出许多形状各异的食品，用来供奉佛祖，还可以招待来宾。每个家庭还要准备一个叫“竹素切玛”的五彩花斗，这是一个特制的木盒，内盛糌粑，上插麦穗、人参果、酥油花和新年花等，另备一个熟羊头或用掺有染料的酥油和上糌粑塑成的羊头，摆放在供桌上，表示六畜兴旺，生活富裕。除夕前两天，室内外要进行彻底清扫，贴年画。二十九日晚饭前，在灶房墙上装饰以“八吉祥”图徽；在门上用白石灰粉画上象征永恒吉祥的“卐”，表示人寿粮丰，岁岁太平。大年初一早晨，家人团聚在一起，家中长者坐在首席位置，其余按年龄大小依次坐定，首先向长者敬茶，喝完第一道茶以后，依次敬“切玛”。用右手从“切玛”盒中捏一点糌粑先向空中抛撒三下，然后将手指送入嘴中，这是新年里举行的一个象征吉祥的仪式。在西藏，初一早晨一定要喝“冠典”粥和“卓工”粥，这两种粥是藏族人大年初一早上必不可少的。其他藏族地区大年初一的早餐略有不同，有的在举行新年仪式后，早餐的种类会比较多，除麦片吐巴和酥油炸的人参果外，还会吃羊头肉、炸果子、酸奶等。有些藏区还吃一种由奶渣、牛肉、人参果、青稞等九种食物熬成的吐巴。有的藏区大年初一，各家各户要做的第一件事是去河边背水，甘、青藏族称之为“抢新水”。背水的水桶上系一条哈达，表示吉祥。据说，喝一口新年的第一桶水，可祛除百病，健康长寿。在西藏，早餐后，人们习惯捧着“切玛”，提着酒壶走出家门，给左邻右舍拜年，相互敬“切玛”；初二开始互相走访、拜年、宴饮。在新年宴席上，向亲朋敬酒时，往往是敬酒者热情地唱上一曲悦耳的歌，恭敬地献上一杯甘美的酒，这种特殊的礼仪更增添了节日的喜庆气氛。甘、青等藏区在宴席开始之前，先由德高望重的长者端酒高诵祝酒词，席间，歌手们竞相高唱祝酒歌，内容都是对主人家的美好祝愿。藏历年的庆祝方式丰富多彩。在西藏从初三到初五的某一天还要举行一次祭神仪式，仪式完毕，人们开怀畅饮，纵情歌唱。甘南藏区，新年之际，在一些乡镇会演出藏戏、歌舞；在四川藏区，藏族群众除以歌舞、宴饮的形式表达喜悦之情外，还有一些自发的演出团体在农区走村串寨，巡回演出，颇受当地藏族群众的欢迎；牧区藏族群众也是尽情歌舞，彻夜狂欢。此外，有些地方还举行民间游艺活动。

沐浴节，藏区城镇和农村的男女老少带着帐篷、遮阳伞、卡垫、食品、衣物等来到河畔过沐浴节。老人在河边洗头擦身，孩子们在水边戏水玩耍，年轻人在河中洗澡、游泳，妇女们也尽情洗浴，姑娘们以水为镜，在河边精心地梳妆打扮。四川省德格地区藏族也有沐浴节，藏语叫“呷玛日克”，在藏历八月十六日举行。这个节日的活动内容和西藏等地的沐浴节相似，人们从四面八方赶到泉水边沐浴。

“六月六”，一年一度的歌舞会举行在即，人们从四面八方会聚到草原一隅，或择草滩，或选林间，搭建帐篷，修灶架锅。怀着兴奋的心情，为“六月六”忙碌不停。歌舞会正式开始这天，男女老少身着节日盛装，喜气洋洋，一早就赶往会场。歌舞会以歌为主，极具唱歌天赋的藏族群众在歌舞会上挨个展开歌喉，唱起美妙悠扬的民歌。歌声沁人心脾，气氛热烈感人，优美的旋律在耳畔萦绕，听众仿佛置身歌的海洋。歌舞会上，青年男女竞相高歌，六旬老媪也不甘寂寞，欲与年轻人一比高低。歌舞会期间，商品交流会也随之展开，远道来的客商搭起帐篷作为临时商店、饭馆。素日寂静的山林、草原一时间歌声如潮，人声鼎沸，一派热闹景象。

林卡节期间，藏族群众举家而动。他们在草坪上支起帐篷，铺上卡垫，尽情娱乐，享受美好时光，草地上洋溢着欢快、热烈的气氛。到了五月十五，林卡节进入高潮，还会举行赛马、拔河等文体活动，当然也少不了一些宗教仪式活动。西藏那曲地区（今那曲市）和黑河县（今黑河市）一带和四川阿坝、木里等草原牧民也有类似于林卡节的民间节日，只是名称有别，牧民称其为“耍坝子”，时间大约是在藏历五月十五日。届时，身着盛装的藏族群众纷纷赶往草原，在草坪上搭起帐篷，支起锅灶，熬茶煮肉，忙个不停。牧民们纵情歌舞嬉戏，高谈阔论。牧区的“耍坝子”少则一日，多则数日不等，在许多地方已经形成了有组织的较大规模的群众游艺活动。

其间，会演出丰富多彩的歌舞和藏族群众喜闻乐见的藏戏，也有赛马、射击等娱乐活动。

（三）传统节日的特点

藏族的传统节日表现出许多民俗事象，展示了藏民族浓厚而多彩的文化积淀，具有鲜明的文化特点。首先，人神共乐，祈求神灵保佑。比如在藏历年，人们培育青苗，以便在大年初一将其供奉于神龛前，这样做的目的是希望神能保佑新的一年风调雨顺、五谷丰登。从初三到初五的某一天在西藏还要举行一次祭神仪式，藏语里称作“托绥”，旨在祈求神佛在新的一年里赐福于人——五谷丰登、牧业兴旺、邻里和睦。后藏的年也是一样，在新年一大早，人们登上屋顶，点燃牛粪火并不断往火中投放香柏、松枝、糌粑粉和酥油，并摆上油炸的面食、干果、水果等各种祭品。低声祈祷神灵保佑庄稼丰收、人畜平安。其次，气氛热烈，持续时间较长。新年期间，藏族群众载歌载舞，纵情宴饮，还有一些演出团体在农区巡回演出，他们把节日的快乐带到了农区的村村寨寨，为节日平添了几分热烈的气氛，颇受藏族群众的欢迎。牧区藏族群众也是尽情歌舞，彻夜狂欢。此外，有些地方还举行赛马、射击、拔河、投掷等民间游艺活动。像这类的传统节日一般庆祝的时间较长，要持续十多天，这同汉族的春节是一样的。最后，在户外活动中，与邻里多互动。这与青藏高原的环境特点有关，同宗教环境有关，当然也同藏民族的豪爽性格有关。比如沐浴节、“六月六”和林卡节这三个节日本身就是带有强烈参与意识的节日。节日期间，人们兴高采烈，举家而动，带上帐篷、卡垫、吃的、喝的，以及各种娱乐用具和乐器，来到草地上欢聚、野炊。他们在草坪上支起帐篷，或在几棵树之间围上床单，铺上卡垫，一同感受节日的快乐，享受美好时光。

附：生产性节日

草地牧民节

四川阿坝藏族牧民还有一系列生产节日，比如草地牧民节。这是阿坝藏族牧民祈盼牧业丰收的传统节日，在每年农历正月初举行，节期一般为一周。节前，家家户户打扫室内外卫生，在太阳将落山时，将污水、垃圾倒往村子西边，旨在让太阳的赤红火焰将一切不吉祥物烧净。然后各家酿青稞酒，做香油，准备酸奶、牛羊肉及肉肠等节日食品。节日的第一天，各家主妇争背吉祥净水，然后用加奶的吉祥净水洗脸洗手，随后放龙灯、烧柏香，祈祷草原水清草丰、家畜兴旺、太平吉祥。接着合家欢宴，庆贺节日。宴前，每人必须先吃一点糌粑，以示不忘祖宗，永远记住自己是吃糌粑的人。节日的前三天，全村寨人跳舞唱歌、比赛摔跤和进行各种娱乐活动，不出村外。三天后，人们才可走村串寨，访亲会友，相互祝贺节日愉快。节期内，姑娘和青年妇女成群结伴抢男人的东西吃，男人们以此感到自豪和荣耀。夜晚，青年男女聚集于村外，燃起篝火，围成圆圈，载歌载舞，尽情欢跳。

夏日节

在阿坝和若尔盖草原藏族牧民还有一个生产节日，即夏日节，于每年农历五月中旬迁往夏季牧场前进行，节期大约一周。届时，方圆几十里的牧民们身着盛装，妇女佩戴贵重的装饰品；竞相媲美，从四面八方汇集到寺院附近的广阔草坝上，搭起美丽的帐篷，准备好各种食品饮料，大家弹唱歌舞，举行各种娱乐活动。寺院僧人也会连日诵经，为牧民们祈祷人畜平安。节日头一天，一般会举行摔跤和赛马比赛，第二、第三天举行拔河比赛。妇女拔河尤为热烈，也最引人注目，获胜时能得到比男队更多的奖品。举行的文娱活动还有藏戏和不同风格的歌舞表演等。

煮干节

这是阿坝藏族牧民庆丰收的活动，至今已有数百年历史，在每年农历的十一月举行。初冬时节，粮食入仓，羊肥牛壮，人们怀着喜悦的心情举办这一庆丰收的节日活动。届时，藏族群众身穿美丽的节日盛装，在选好的地点支起一口大锅，锅内煮满了各家各户带来的青稞、胡豆、豌豆、人参果以及牛、羊腔骨等。大家在香气四溢的大锅四周围坐一圈，互道吉祥。待食物煮熟后，请德高望重者先盛第一碗，随即大家一道用餐，共享劳动果实，同庆农牧业喜获丰收，祈盼来年五谷丰登、牧业兴旺、人人和睦、家家安康。如遇异乡人经过，也会被热情地邀请就座，一起分享这美味佳肴。

12　藏族本教节日探析

在藏族诸多宗教节日中，其中有一部分是属于本教的节日，这类节日形成的时间相对较早，反映了本教的主导思想。本教节日流传至今，已成为藏族群众生活中的一部分，尽管在长期流传过程中，又融入了丰富多彩的文化内容，增加了节日的娱乐性因素。如果追本溯源，完全可以看出本教节日的初衷和早期的历史风貌。

在藏族吐蕃王朝期间，少数上层本教徒参与了当时统治阶层的政治活动，有很大影响力，所以藏族历史著述中有“以本制理”的记载。藏族原始本教的一个特点是认为万物皆有神灵，本教原本企图与变幻无穷的大自然进行沟通，于是就设计出众多神灵，这些神灵其实就是大自然各种变幻形象的代表。神灵有好的也有坏的，一般来说，人们习惯上把好的称为神灵，把坏的称为鬼魂（当然具体情况还要具体分析）。本教的另一个特点是祭祀神灵和用巫术制服鬼魂。这样来说，本教节日理当凸显两方面内容：一是和本教祭祀神灵有关，正如上边谈到的本教注重万物皆有灵的观点，因为反映这方面的节日占一定的比重；另一个是与巫术或传说相关的节日，即以巫术战胜敌人，其中含有驱除凶神、镇压恶魔、制服妖孽等内容。

以上就是本教节日形成的大背景。此外，在本教节日中，也有小部分是与反映本教神话和传说故事有关的。

一、祭祀神灵的节日

原始本教认为万物皆有灵，天地、日月、星辰、雷电、山川、河谷、土石、草木等一切自然物质都有神灵寄托其间，人们需顶礼膜拜之。藏族原始先民对神灵的祭祀活动在长时间的流传过程中，参与的人数与日俱增，祭祀活动的时间也越来越集中，而且，在祭祀过程中，不断地增添了一些新的、带有喜庆色彩的内容。于是，祭祀神灵的活动逐渐演变成一种带有宗教色彩的民间节日，并年复一年地传承了下来。

（一）祭祀山神的节日

祭山节几乎是整个藏族地区最重大的祭祀活动，也是一年一度的宗教节日。格萨尔王年满15岁时，在临去魔国征战的前一天，于芒古热琼则举行了焚香祭山的活动，随后，藏北各部落也纷纷兴起了祭山活动。于是，原始本教祭祀神山的宗教习俗渐渐形成了祭祀神山的节日。

首先介绍几个不同藏族地区祭山节的特点。有甘肃南部文县博峪的祭山节、四川庙顶藏区的祭山节、大小金川藏族的祭山节、嘉绒藏族祭山节、尼汝祭山节等，还有一些相关的节日，只是节日名称稍有不同，将在后面加以论述。

这些祭山节的时间不尽相同，大多分散在一年时间里，也有的节日几年甚至十几年才会举办一次活动。祭山节的祭祀对象皆为山神；祭祀方式主要有四个环节：一是巫师诵经；二是献祭牺牲；三是敬奉供品；四是煨桑。此外，在祭山节期间还有一些禁忌。由于地区不同，祭祀习俗也略有差异，但是从总体上看，不外乎上述的几个环节。比如，四川大小金川藏族的祭山节，是在每年的三四月间，当地百姓会到山上祭祀山神。在举行活动之前，先由各寨各户拿出一些粮食，敬献山神，人们将粮食撒在山间沟谷，同时用柏树枝煨桑。待到封山之日，山间桑烟缭绕，家家户户杀鸡宰羊敬拜山神，本教喇嘛也开始念诵经文，并点上酥油灯。此后则不许进山砍柴、伐木、采集果实，本教喇嘛会在山界插上旗子做标记，还用木头刻上咒文。要到秋收后才能“开山”，届时每家仍然要拿出些粮食，以敬山神。再如，甘肃南部文县博峪的祭山节，时间是在八月十五日，每三年举行一次。节日当天，各村寨都会杀牛祭山神（祭天也是在这一天）。节日前，巫师用面粉塑制一个高2尺，有长牛角的神，再为其穿上纸做的衣服。另将用纸剪出的羊和鸡，摆放于神的四角。节日期间，巫师诵经完毕，一个人捧着这尊神和纸剪的鸡、羊绕着屋转上三圈。最后，由巫师在前面念诵咒语，众人在后边吼叫着，将神恭送到山上。在山上，杀牛祭祀，一切宗教仪式完毕后，全村寨人分食牛肉以示祈福。云南香格里拉尼汝祭山节的祭祀方式比较特别，也很简单，就是举行赛马活动，用赛马的方式祭祀神山。赛马实际上就是跑马绕转神山，在每年农历九月十五日举行。节日当天，全村的骏马都集合在扎拉胜嘎神山脚下一个指定的场所，准备比赛。赛马前还要举行一个隆重的仪式，伴有浓重的宗教色彩。因为是本教的节日，所以，整个赛马活动由本教巫师主持。

祭山节的名称在不同地区有不同的叫法，比如在安多藏区就叫插箭节。安多各个地区过插箭节的日期基本差不多，都是在每年的六七月间的某一天。节日一早，人们纷纷上马，奔赴神山山顶，本教僧人和长者会在事先挖好的坑里放上一些粮食、茶叶、柏香、绸缎等物，之后大家合力将第一支长十几米，上端挂满了哈达和各色彩带的箭竖立起来，围绕此箭再插上另外几十支用各种彩带和羊毛绳捆绑在一起的箭，此后，每人把自己从家里带来的那支箭插在周围，再往山顶拉上几条经幡。仪式完毕，人们下山回到自己的宿营地后，一系列庆典活动随即展开。赛马、摔跤、拔河、唱歌、跳舞等，热闹异常，一连数日人们都沉浸在欢乐、热烈的气氛中。安多群众对插箭节十分重视，准备工作从藏历五月初就开始了，藏族群众制作祭山神用的各类物品，这些物品主要包括献给山神的刀、矛、弓、箭等武器；人们还用红、黄、蓝、白、绿五种色布制成经幡，在上面印制经文、咒语、神灵佛像和吉祥图案；人们还要采集香草和香树叶、香树枝，并准备节日期间的各类食物。节日前一天的早晨，各村寨的男人们身着节日盛装，跨上骏马，带上帐篷和食品，云集在神山脚下，安营扎寨，准备迎接第二天的节日。

原始本教万物有灵的观点同藏族的原始信仰习俗有着直接的联系。藏民族祭山的习俗同他们的居住环境有关，青藏高原群山环绕，绵延千里，藏族先民对那些时刻映入眼帘的高耸入云的山峰怀有神秘和敬畏之感。对群山环绕的区域内所发生的自然现象，特别是那些能够危及人们生命财产的风雪、冰雹、地震等自然现象，更感到恐惧和无奈。藏族先民在大自然无休止的肆虐过程中，以荒诞的认知去看待这种极具威胁的自然力。他们认为，是神灵在支配着这些直插云霄的山峰，或者说山峰本身就是神灵的化身，那些直接影响他们生活和生产劳动的自然现象，都是神灵所表现出来的超自然的“神奇力量”。在藏族先民看来，神灵的喜与怒可以左右人们的生产和生活，甚至能控制人们的命运。正是出于这种原因，藏族先民便采取了顶礼膜拜、虔心供奉的方式，以博得神灵欢心，求其福佑，免遭涂炭。

综上所述，祭祀神山的习俗最早始于藏族先民的自然崇拜，后来被本教吸收，成为本教祭祀活动的一个重要内容。本教建立了山神、水神、地方神、祖先神等神灵群体，出现了最早的最有权威的四大神山，东面是雅拉香波神山，西面是诺金岗桑神山，北面是念青唐拉神山，南面是孤拉噶日神山。后来在不同藏区又出现了更多的神山，比如在青海省黄河源头的阿尼玛卿神山，就肩负着震慑群魔、守卫四方的重任。每逢“羊年”，阿尼玛卿神山周围及其他藏区的信徒就会前来朝拜，祈求山神消灾避凶，以保平安。

插箭节还夹杂着本教其他神灵崇拜的内涵，比如有天神崇拜和英雄崇拜的因素。在上文的论述中提到了插箭的内容，插箭节是属于祭祀神灵的，这是肯定的，然而，究竟是祭祀哪尊神灵，这里面还有别的说法。比如天神，插箭节是源于天神崇拜，这一点可以从庆典中人们的欢呼声中得到印证。插箭之日清晨，壮年男子们骑马聚到山头的箭垛前，他们同时同声高呼“拉加罗”，意为“天神战胜了”。据说，三十三天之主帝释①的部下天神和非天主金曜的部下为争夺如意树上的果实而连年征战，若是非天得逞，就会有毁灭世界乃至宇宙的危险，所以人们高呼此口号以声援天神。

虽然插箭节的来历说法不同，但是通过上文的论述，可以看到，无论是哪种说法，都与原始本教万物有灵论相关联。

（二）祭祀祖先神灵的节日

自古至今，藏族对祖先或部落神灵是十分敬重的，因而，对祖先的祭祀习俗源远流长。祭祀祖先的形式多样，具体到节日中，

① 帝释是佛教“二十诸天”中的第二位天王，信奉佛教，在佛教中是忉利天之主，曾经率领诸天神以牛头旃檀树为佛陀及诸罗汉建造重阁讲堂，而且还奉献床榻卧具及各种饮食供养佛及弟子，帝释天常常和诸天在他的居所须弥山善渐城相聚，共同商讨天下善恶诸事。

这类习俗通常情况下都与祭祀山神相互融合。在这里要重点介绍一下甘肃南部白龙江流域的节日——跳“墨都”。在白龙江流域的藏区，每年正月初三都要举行“墨都”节。“墨都”是甘肃南部白龙江流域的藏族方言，是“军阵、军列、出征”之意，实际上是跳出征舞。

跳“墨都”是藏族群众祭祀祖先神灵①的一种宗教仪式。以往，参加者仅限于特定的氏族。到了每年的正月初三，在山上选择一个固定地点举行祭祀活动。本教巫师煨桑和诵经，当地的村民纷纷上山杀鸡宰羊。以前，祭祀仪式所用祭品，诸如牛和青稞等，要在氏族成员中轮流摊派，每年都会宰一头牛作为牺牲，现在已改为宰羊和鸡（宰鸡的数量多少不限，也可以用蛋代替鸡）。在祭祀活动中，要把所用的器具都先背上山，水要由本氏族的妇女背到祭祀地点。当一切准备就绪后，由本教巫师诵经，在诵经声中，把牛或羊当场宰杀，给每个氏族成员各分一份，仪式结束后立即下山回寨。本教巫师在寨子口诵经，与此同时，男人们不论长幼都开始跳起“墨都”，大家边跳边向村里靠近，慢慢地集中到较为平坦的场地上，在这里再由本教巫师领头开始进行正式表演。此外，在本教节日中还有一个“牛王会”，这个节日的范围不大，仅限于四川冕宁拉乌堡王姓藏族，过去是每隔十年举行一次。节日期间要宰杀牦牛和猴子，以祭祀祖先灵魂。

在本教祭祀神灵方面的节日中，专门祭祀祖先神灵的节日并不多见，一般情况下类似的祭祀节日同祭祀其他神灵节日结合在一起。所以说在藏区，有些祭祀山神的节日，其祭祀的对象不完全是山神，其中也包含了对祖先神灵的祭祀。比如，上文谈到的祭

① 也有人认为跳“墨都”与祭祀部落神灵有关。

山节（插箭节），其中就有一种说法，认为插箭节是源于祭祀祖先。据说在很久以前，当地百姓为了纪念一位战死疆场的英勇将领的功绩，便就地立他为山神，而且还把他曾经使用过的箭插在山顶来祭奠他，盼望他的亡灵能保佑百姓的平安。以后每年前去祭奠山神的人，都必须准备守护神山的兵器——箭，来“保护山神”，也希望山神能用它去和妖魔鬼怪作战，保护当地的百姓。时间长了，人们便把五彩神箭作为供奉的象征，还产生了“插箭节”这一名称。我们可以了解到，在本教祭祀神灵一类的节日中，具有混融性特点。虽然叫祭山节，但实际上参加节日的群众要祭祀的不仅仅是山神，也包括其他神灵，这种现象也是本教祭祀神灵的一个特点。当然，形成这一特点是有其深层原因的，在牧区牧民视山神为部落集体的保护神，把它当作祖先来崇拜，部落的一切重大事情都要事先请示山神。比如位于大渡河、雅砻江、金沙江上游地带的色达草原，其最大的珠日山神，就是色达瓦述部落的祖先神。这里的牧民会在每年秋季都举行一次大型集会，届时不论男女老幼，都要集中在祖先神山——紫金野牛山周围，举行各种宗教仪式，祭祀祖先山神。

把祖先神灵与山神等同起来，这既说明了二者之间的关系，又强调了二者的重要性。关于部落祖先的说法很多，其中有这样一种解释。远古时代，藏族社会由采集、捕猎阶段进入农牧业经济之后，人的创造力逐步得以体现，他们凭借自身的坚强与勇敢，战胜了困难，创造了奇迹。人类逐步完善对自身力量的认知，表现出人类思维模式的一种进步。在后期，藏族把山神与祖先等同起来，这说明在藏族人民的心目中，山神依然是神圣的、无所不能的，是主宰人们生活与生命的神灵。而祖先或部落神灵通常情况下是眷顾和福佑自己后代的，人们幻想着自己的祖先神灵具有像山神那样的超常法力和震撼力，成为藏族的“保护神”。有了这尊“保护神”人们从此就多了一层保护，期望能最大限度地减少自然界给人们带来的灾难。

（三）祭祀动物的节日

在原始本教的神灵祭祀方面，一部分是与动物有关的。如热贡六月血祭就是其中的一个，这个节日与大鹏鸟有关。六月血祭又称“血祭娱神节”，血祭是藏族先民原始宗教祭祀活动的一个重要组成部分，是在“六月会”期间贯穿于舞蹈中的一项仪式。在藏汉史籍中对血祭的记载最早的是成书于公元6世纪左右的《隋书》，在此卷的八十四（上）记载有：“三年一聚会，杀牛羊以祭天。”“祀阿修罗神……岁初以人祭，或用猕猴。”关于热贡六月会的来源也有不同的说法，虽然说法不同，但却都与祭祀神灵相关。其中之一是这样说的，在很久以前，同仁地区有许多猛兽危害人类，之后有大鹏鸟从印度飞来，它们降伏了这些毒蛇猛兽，藏语中把大鹏鸟叫作“夏琼”，当地百姓为了供奉夏琼神，也为了风调雨顺、五谷丰登，便由法师带领供奉夏琼神的神轿，进村做法事，大家载歌载舞，场面非常壮观。与大鹏鸟相关的节日，还折射出本教更深层的文化观念问题，这同早期本教卵生信仰的思维模式有着千丝万缕的联系。早期藏族的卵生神话实际上反映了本教宇宙观、人类起源观念的思维模式。至于大鹏鸟来自印度的传说，不过是后期佛教对本教文化吸收的一种表现形式。在这里顺便提上一笔，在安多藏区的隆务河谷，血祭节有三种形式：第一种叫“勒尔茹”，是娱悦“地龙王”的；第二种叫“拉尔采”，是娱悦虚空神灵的；第三种叫“墨尔采”，是娱悦“军神”的。这三种都是用自身鲜血祭奠神灵的，以表达自己虔诚的信仰，求得神灵保佑，期盼庄稼丰收。

关于大鹏的传说，在早期的藏族神话《创始歌》中也曾经提到过，说是在世界形成以前，天地混合在一起，是大鹏把天地分开的。人们把对大鹏的崇拜也转向了对鸟的崇拜，当然这跟原始本教的泛神论并不矛盾。迎鸟节是本教遗留下来的宗教节日。在本教的占卜术中，鸟兆是其中一种，称为鸟卜，鸟卜与迎鸟节有着一定的联系，所以藏族百姓把鸟看作是吉祥物。有些藏区将鸟卜自然而然地发展成一种带有宗教色彩的节日。比如，在山南乃东县（今乃东区）还专门修建了一座鸟地庙，每年春季都要举行迎鸟仪式，要摆上供盘，盘里放上各类粮食，以恭候鸟的光临。直到听见了鸟的叫声，仪式方告结束。另外，热振寺每年也有迎鸟节。此节日在热振寺叫杜鹃供奉日，参加迎鸟仪式的僧侣达百余人，敬献供品若干，并且还要举行隆重的宗教跳神活动，以求赐福。昌都地区（今昌都市）也有此节，叫“听咕咕节”，“咕咕”即为布谷鸟，当地藏族群众把“咕咕”看作是春的使者，专为人类报送春的喜讯，送来春的温暖，使大地复苏，万物生长，使人振奋精神，充满活力。因此人们把“咕咕”看作吉祥神鸟。每年初春人们纷纷走出家门，或翘首于山野林间，或静候于林卡幔帐。当地人认为如能在酒足饭饱之时听见“咕咕”的叫声，那么这一年都不会挨饿，而且还能事事如意；如果空腹听见“咕咕”的叫声，不吉，一年之内会经常挨饿，办事也不顺利；要是没有听到“咕咕”的叫声，那么此人在这一年里会身体欠佳。

本教还有一个与动物有关的节日，就是拜鹰节。在西藏林芝县附近，有一座闻名全藏的本日山。山腰上有座本教寺庙，叫色迦更钦寺，“色迦更钦”意为大神鹰寺，简称为“色迦寺”。相传这座寺已经有1200多年的历史，是本教古老的寺庙之一。据说有一本教喇嘛来到色迦更钦寺，看到该寺香火不旺，十分凄凉，他决心拯救该寺，但是活佛的想法还未实现就染病去世了。临终前，活佛对其周围的僧人们说，他死后的一年时间里会变成100只鹰回来看看这里的僧人和寺庙，这天是藏历四月三十日。一年后，100只鹰如约而至，而且，年年都是如此。于是色迦寺在每年藏历四月三十日都要过一个传统的节日——拜鹰节。居住在周围的村民们穿上节日盛装，从四面八方来到寺庙，跳起欢快的工布舞，迎接百鹰到来，祈祷五谷丰登，人畜兴旺。

本教喇嘛死后为什么要变为鹰？在本教观念中，鹰具有很高的地位。人们把鹰当作“天国”派下来的使者，把它看作是“天梯”或者说“天绳”，人的灵魂只有通过鹰才能通往天国。在藏族天葬习俗中，人们认为通过鹰的飞翔，人的灵魂才可飘然上天，因此说鹰是一种非常理想的通往天国的工具。有关拜鹰节的传说中提到的本教喇嘛死后变化为鹰，实际上与这里所讲的鹰是一回事，只不过是变换了一种方式，从另一个角度拉近了本教与鹰的关系，并借此宣传本教的灵魂观念。

原始本教的神灵祭祀的另一个对象就是牦牛，因此也就产生了调牛节，这也是本教遗留下来的节日。调牛节在每年农历二月二日举行，是甘南博峪藏族的本教节日。节日前一天，先由巫师喊山，祈求山神保佑全寨人畜庄稼兴旺平安。节日当天早晨，全寨的牛都被赶到田地里，寨子里的人要调教耕牛架犁耕地，然后巫师念经，以牛角所朝的方向卜问全寨吉凶。在整个调牛期间，孩子们上山点起火把，由山上唱跳而下，称为“摇灯”，这也是山神祭祀的一项活动。同时，大家唱着颂赞山神、地神的歌，跳舞娱神，预祝当年丰收。

原始本教还有一个祭龙节（权且把这个节日放在祭祀动物的

节日里进行论述)。关于此节日的来历，至今仍流传着一个家喻户晓的传说。很早以前，拉萨是一个大湖，当时，在每年的藏历四月十五日，都会把一个属虎的小孩扔到湖中央（今天的拉萨龙王潭)，作为龙王的祭品。后来一个名叫果卡的国王统治了拉萨，禁止了这种做法，改用上等食物制作祭品代替小孩祭祀龙王。

原始本教崇拜龙神，在民间也流传着一些与祭祀龙神有关的传说故事。虽然传说的内容不同，但都有一个共同点，即都体现了本教对龙神的信仰与崇拜。龙在藏语中称为“鲁”，在藏族先民的心目中，龙神一般被视为恶神，是人间四百二十四种疾病之源，这些病统称为“龙病”，严重威胁着人类的正常生活和性命安危。对于龙病也有预防办法，那就是善待龙神，崇拜龙神。祭龙节的传说正好解释了当时藏族原始先民祭祀龙神的某些情形，用活人祭祀也不是什么新鲜事（其他民族在早期也有类似情况)，后来新国王废除了这一习俗，改用食物制作祭品，这很可能是受到佛教忌杀生主张的影响所致。

根据考古发现，世界上所有的原始部族几乎都经历了动物崇拜阶段。动物崇拜是自然崇拜之一，是狩猎时期原始社会意识的反映。动物与人们生活密切相关，是人们生存所依靠的对象，所以被神化；还因为原始人在动物面前常感到不及和软弱无力，对动物有敬畏感，从而产生动物崇拜。在藏族的动物崇拜中，基本上符合上述情况，只是在有些方面，则表现出其他方面的思想内涵，比如大鹏崇拜，就是同世界起源相关，等等。另外，藏族本教后来全盘接受了自然崇拜的内容，并使自然崇拜的含义有所发展和创新。从藏族本教的角度去看待动物崇拜，这种现象同本教泛神论有着直接的关系，动物崇拜是本教信仰的组成部分。

二、厌胜[1]习俗的节日

本教的另一个特点是以巫术战胜敌人，制服妖孽。本教一般分为三个阶段。第一个阶段是笃本。在聂赤赞普后六代的打赤赞普时，卫（前藏）翁雪纹地方，有一个叫汝辛的人，是一个本教大巫师。他宣称自己能通鬼神，知道在什么地方有什么鬼怪精灵，并且精通祭祀、禳祓、遗送、役使鬼神的法术，能上祀天神，下镇鬼怪，中兴人宅。他把过去本教的种种巫术加以总结，并设法把各地的本教徒联系起来，形成了一个派别，叫笃本，又称黑本或因本派，他们之中有人参与过王朝政事。第二个阶段是洽本，这是由来自外地的本教徒所开创的一个派别，有的学者认为洽本也称为黑本。这两个阶段的本教属于原始本教。据载，当时吐蕃地区凶煞肆虐，祸及生灵，而原有的本教法力有限，难以控制，于是从克什米尔、勃律和象雄请来三位法力高超的本教徒。其中一人擅做除灾法术，修火神法，能坐于鼓上在空中飘游，开取秘藏，用鸟的羽毛斩断铁器，威力无比；另一人则擅长用色线、神言和鲜血占卜吉凶；第三位精通各种超荐亡灵之术，可为死者驱除凶神，镇压恶魔。这三位外来的本教巫师，还带来了一套本教的教义，结束了原来藏地本教只重巫术没有宗教理论的历史。第三个阶段是觉本，是系统化了的本教，它吸收了印度佛教的内容，丰富了自己的内涵，又称白本或雍仲本教。笃本、洽本和觉本都涉及鬼神，都具有镇压鬼神的法力。系统教教义《九乘经论》中有“恰辛乘”涉及驱鬼治病的内容，举行仪式一般分以下四个步骤，其中就包括驱鬼治病。

---

① 厌胜：古代方士常施用的一种巫术，意为制伏人或物。“厌”读 yā，通“压”，有倾覆、抑制、掩藏、压制的意思。

（一）藏区的驱鬼节

本教认为世界是由神、人、鬼三界组成的。天上住着天神，中间是人类居住的地方，地下和地表这一层住着各种各样的精灵和魔怪。因此驱鬼就成了本教祭祀中的一项重要内容。在举行宗教仪轨的过程中，参与的人很多，最终形成了本教特有的宗教节日。在藏区多数地区都有驱鬼节，该节日的一个显著特点是在藏族民间和寺院都有与节日相关的宗教活动。节日最重要的一项内容就是表现人类镇压妖魔的宗教仪轨。按照藏族群众的观念，新的一年即将来到，应该消灾，而这个灾是由形形色色的鬼带来的，所以人们普遍认为把鬼怪赶走，一切灾难也就消失了。

所有的驱鬼节都要举行宗教仪式，仪式的内容大致相同。比如在西藏拉萨，每年在布达拉宫和木如扎仓都要举行一次盛大的跳神驱鬼活动，在广场上还要举行施食送鬼的仪式。在拉萨的其他寺院还要举行跳神活动。在民间，节日傍晚，家家户户团聚吃“古吐”(类似内地的疙瘩汤)，“古吐”是用九种食品做的，其寓意是二十九（腊月二十九）驱鬼。晚饭后，用糌粑捏塑一个鬼的造型，每个人再拿一坨糌粑，象征性地在身上擦拭，意为擦去一年的烦恼与晦气，准备迎接新的一年。人们点燃青稞杆做的火把，把糌粑做成的鬼和糌粑坨送到大路的岔路口，大声呼叫，以示驱鬼。此外还要把剩下的“古吐”倒在大门外，以此来作为送鬼上路的口粮，希望鬼怪尽早离开。此外，每家每户都要打扫居室，清除一年来堆积的垃圾污秽，并将房屋布置一新。人们认为新年将到，一些妖魔赃物必须清除，以求风调雨顺，人寿年丰。在驱鬼的仪式上也有一定的差异，比如，有些藏族群众在自家院子里垒起小石堆，代表鬼的座位。在石堆旁边放着一只破盆，这个盆子被看作是鬼的饭碗，“盆子里装了一些糌粑团，这些糌粑团事先在人的身体上揉擦过，沾满了汗渍和污垢，表示人的疾病和晦气已经被抹去”①。

在云南迪庆州也有类似的驱鬼节日，叫作格东节，这个节日的意义同拉萨驱鬼节的意义是完全一样的。此外节日的规模、各寺院的宗教仪式等都大同小异，从节日持续的时间来看，迪庆的更长一些。比如迪庆各大寺院举行驱鬼的时间是从腊月二十六日一直到二十九日。格东节即跳神节，是迪庆藏传佛教寺院专门组织的一种跳神驱鬼的宗教活动。各寺院格东节的时间不一，香格里拉松赞林寺在藏历腊月二十六日开始到二十九日结束。二十六日在寺院内进行跳神预演；二十七、二十八日要举行诵经法会；二十九日为节日的高潮，举办跳神驱鬼仪式。

在西藏昌都地区（今昌都市）也有类似的驱鬼节，昌都地区（今昌都市）的驱鬼节叫古庆节。古庆即跳护法神舞的活动，时间是在藏历十二月二十七日至二十九日。这一天，昌都地区（今昌都市）的各个寺院都要举行隆重的祭祀活动。人们认为通过这个仪式，妖魔会被驱逐，来年一定风调雨顺、人畜兴旺。

新年驱鬼源于原始本教的传统理念，驱鬼的宗教行为在广大藏族群众中的影响是根深蒂固的，反映了本教对世界的认识，强调了组成世界的三界之一的鬼。本教认为世间诸物都有相应的鬼，包括人死后的灵魂也属于鬼类，人们的疾病和灾难都是因鬼怪所致。这种重鬼右巫的思想贯穿于本教发展的各个阶段，乃至在雍仲本教（系统本教）中，更是把驱鬼的内容与仪式作为重要部分写入本教教义《九乘经论》中。因此，在日常的生产和生活中，几乎事事都要驱鬼禳灾，以求平安。这些驱鬼的节日，集中反映出本教思想在民

① 廖东凡：《雪域西藏风情录》，西藏人民出版社，1998 年。

间的影响力是十分深远的，同时本教驱鬼节的文化内涵又在人们的认知上打上了深深的印记。

（二）“驱鬼”在其他本教节日中的表现

或许是由于在本教的观念中，形形色色的鬼实在太多，因此在其他节日中，比如在前文讲的祭祀神灵的节日中有时也伴有驱鬼内容。特别是与祭山相关的节日中多含有驱除鬼怪的内容，这一点十分明显。比如在四川石棉藏族当中，有一个唤山节，一般以村寨为单位，或由几个村寨联合起来共同举行。仪式由当地的祭司主持，大体可分为寨祭和家祭两个阶段。唤山节的主要目的是表现当地百姓对山神崇拜的祭祀活动，以及与之相关的驱鬼活动。寨祭即为全寨举行的请神敬神仪式，此仪式从农历十一月十三日开始，在巫师主持下，举行一系列敬山神活动。十三日当晚，巫师熏烟净身，吹号击鼓开始念经，为全寨解秽驱鬼，禳灾求福。第二、第三天继续敬山神。第三天，在敬奉山神后开始再次举行驱鬼仪式，从寨内奔出一个脸上涂满红黑颜色的“厉鬼”，惊慌逃窜，巫师则手持利剑边舞边追，直追到神案跟前，巫师一剑劈下，“厉鬼”蜷缩于案下，寓意鬼怪已从案内驱走，被降伏，全寨即可清吉平安，此时群众雀跃响应。巫师复至案前诵念祭山经，颂扬山神威德。家祭是唤山节的第二个内容。这时由各家各户选择吉日，延请巫师，分别祭山。家祭中的驱鬼活动变换了一种方式，从驱鬼改为敬鬼。虽然方式不同，然而目的却是一样的，即防止鬼神兴风作浪，以确保家庭幸福安宁。具体做法是，在家祭中，人们把作为贡品的糌粑团分为三种：一曰各都勒，用以敬天神；一曰准曲勒，用以敬山神；一曰伦且，用以敬鬼王。当地藏族群众认为，鬼王向人类施以灾祸，诸如坠岩、溺水、疾病等都是鬼王在作祟。人们对鬼王是既恨又怕，不敢得罪，只得俯首帖耳，细心伺候。人们对鬼王的这种心理同对山神的敬畏心理是一样的，因为山神也有发威作恶的一面。在祭司念祈祷经文之时，人们把糌粑团向上抛撒以敬山神之后，还要向下撒以敬鬼王。

在藏区还有一个煨桑节，这也是集祭祀神灵和驱鬼于一体的综合性节日，时间是在藏历的五月份。在西藏，该节日一般也是以祭祀山神为主，节日期间，人们涌向各个寺院，也有一部分人来到山头、水边、田间地头等处，他们煨桑、焚香，以祭祀神灵。在青海果洛，煨桑节要持续三天。节日的前两天，本教师集会诵经，向山神献祭祈祷，并将一个象征魔鬼和敌人的草人绑缚在一个特制的木架上，并向其施咒语。节日的第三天，远近群众聚集在一起，举行盛大的煨桑仪式，还要为“拉则”敬奉新的箭、矛和经幡，祈请山神降临来收纳武器。然后将草人送往事先选定的地点，并再次施咒语，之后，在呐喊助威声中，人们纷纷向草人射箭、放枪，最后付之一炬。这些宗教仪式结束后，人们便开始一系列娱乐活动，狂欢宴饮，欢娱之后，节日方告结束。还有前面提到的跳“墨都”，其尾声部分是在跳舞结束后，舞队来到有灾有难的百姓家中，为他们摆起阵势镇邪驱魔，并且围绕该户人家的火塘转上几圈，最后把“墨都”的阵式摆到寨子的另一头，表示已经把邪祟逐出了寨子。

同时表现出敬神与驱鬼两方面的内容，这种具有双重目的的本教节日，可能是产生于相对较晚的历史时期，它反映了人们对生活的总结与提炼，表达了人们抑恶扬善、扶正压邪的善恶观。人们在祈求神灵保佑的同时，不忘镇压鬼怪，以求生活的幸福、安康。

当然以上所述，仅仅是节日中原始本教在镇压鬼怪仪式的一个表现方面，在原始时期，厌胜的内容则更为丰富。比如，掩埋某种动物的某块骨头可起到压制魑魅魍魉的作用。镇压女鬼则掩埋黑母狗头盖骨；掩埋牦牛头盖骨，可以镇压男鬼；掩埋野狗头骨可制服忿怒鬼；掩埋牦牛的头盖骨镇压敌鬼。原始本教的这些宗教习俗由于年代久远，资料缺乏，因而还不能肯定在举行这类宗教仪轨过程中是否形成了一定的规模，是否形成了一个节日的雏形，这些都有待我们今后去进一步发掘。

结语

神灵和鬼魂的特性就是超人间性，这种超人间性是人幻想的产物。在生产力极不发达的远古时期，当人们还无法解释大自然的奥秘，不能掌握自己命运的时候，本教不失时机地创造了许多神灵，这些神灵按照人们的设想，分工司责，掌控大自然，这就为人类与大自然的交际提供了便利。同样，本教也设计出一系列制造灾难的鬼魂，随后再以自己的强大法力去挫败鬼魂。上面所论述的本教祭祀神灵和厌胜习俗的两大类节日就可以说明这一点。

13　论藏族的婚礼与招福

藏族人非常看重福气，藏语称“央”。人们通常认为，每个家庭都有自己的福气，人们谨小慎微，总是担心会失去自家的福气，同时人们也希望别人家的福气能够到自家来。这种心理在藏族人的婚礼上表现得尤为突出。比如，藏族婚礼有一个简单的招福仪式，这个仪式是在洞房前举行，招福的目的就是希望新娘将“央”带入新郎家。藏族人把“央”看得很重要，都希望它能够长久地留在自己家中，更希望能够增加新的“央”，这就出现了一系列民俗现象，而且颇具喜剧性。比如，当送亲的娘家人要离开男方家时，新郎和他的父母以及刚刚加入这个家庭的新娘，都不能起身送客。他们要坐在垫子上压住福气，以免被女方家带走。送亲者出门了，男方家派“香钦”和客人们跟在后面送别，敬酒、献哈达、唱送别歌，与客人们互道吉祥珍重。但客人们走不多远，新郎的妈妈便出现在屋顶平台，摇晃着手中的羊腿，口中不停地喊：“回来吧！回来吧！”客人们又折转回来，酒女、歌手又迎上去，敬酒欢迎。这样反复三次，意思是让送亲者把在男家沾上的福运统统留下，然后才能离去。当新郎的妈妈叫第三次时，只有“香钦”一人返回，接过酒碗，仰脖喝光，然后率领送亲队伍，头也不回，径直朝家的方向走去。人们还认为，如果“香钦”回头了，还会丢了女方家的福运！无独有偶，女方家送新娘出嫁时，情况也是如此，当新娘出门时，女方家人也是一手拿彩箭，一手拿羊腿，站在房顶上高喊：“不要把我家的福气带走呀!”反复多次，直到新娘走远。双方家庭都在为“央”不被带走而用尽浑身解数，可见，藏族群众对“央”是何等重视。

藏族婚礼上的这些招福行为都属于宗教民俗现象，然而，这些是属于本教习俗呢，还是更早些的习俗呢，目前还不好说。上边提到了挥动羊腿，为什么要手持羊腿？在这里顺便解释一下，据专家常霞青所著《麝香之路上的西藏宗教文化》一书讲，本教把羊看作是“央”的标志。据说，第一只羊——神羊鲁拉哇泊钦是根据什巴叶曼杰波的意愿造出来的，他希望羊能满足人类生活的基本需要。《新唐书·吐蕃记》记载：古代藏族“重鬼右巫，事羝为大神”。看来婚礼上男女双方家人在招福时挥动羊腿的习俗，是同藏族原始先民“事羝为大神”的观念有关。

在云南香格里拉县（今香格里拉市）尼汝村，婚礼上的招福仪式较其他藏区显得更隆重一些。在婚礼的过程中，招福仪式必须由“仓巴”（即巫师）主持。“尼汝藏式民居正房火塘右侧楹，谓之‘仓巴’楹，专供‘仓巴’在此楹设福座，举行各种法事活动。成家婚礼的排座也设在此楹内。在此楹正面设福座及‘仓巴’座位，左右两边再设两排长座，头座是送亲队的‘拔本’（即喜官）来坐，接下来设新娘、伴娘的座位，其余送亲队的成员，按年龄大小依次就座。婚礼上，迎亲、送亲双方都要互致颂词，祝词中首先要赞颂‘三宝’，其次赞颂山神，接着依次赞颂田地、牲畜、房舍、长辈、福座等。”① “仓巴”向跪在面前的新郎、新娘诵经求福，与此同时，将两根红线分别系在新郎和新娘的脖颈上，作为消灾求福的灵异之物（护身符之类）。在这之后，一位长者站立于人群中，左手捧着一

① 鲁永明：《魅力尼汝》，民族出版社，2005年，第107页。

碗酒，右手无名指尖轻轻蘸一下酒，弹散几下，诵起迎福赞词：

今日天上照吉星，
今日地上逢良辰；
新郎新娘结良缘，
婚礼喜筵暖人心；
香茶美酒汇成海，
奶酪糖果堆成峰；
龙纹彩缎穿在身，
亲朋好友聚一堂。
吉祥如意的日子，
福禄汇聚的今天；
小伙似虎崽彪悍，
姑娘如莲花鲜艳；
绫罗绸缎穿在身，
洁白哈达挂颈间；
祝福新郎和新娘，
相亲相爱比蜜甜！
携来甘露与琼浆，
斟满金边的龙碗；
祝福上坐的长辈，
多福多寿活百年；
祝福中席的同辈，
战神助你解危难；
祝福末席的女宾，
灶神为你保平安；

上敬佛法僧三宝，
幸福日子长又长！①

招福仪式接近尾声时，大家起身跳起“央卓”，边跳边唱，歌词大意是：

福来自蔚蓝的天空，
金色的财路宽阔平坦；
福来自白色的岩石，
矫健的体魄比石坚；
福来自绿色的江水，
福寿安康似水长。
用优美动听的赞词迎福，
用震撼人心的钹声迎福，
用缥缈弥漫的香烟迎福；
……②

歌声中，新郎手捧香炉，新娘抱着福箩，家人端着供品，绕中柱转三圈之后，将福箩送入库房。青海海北的刚察县在举行婚礼时也有类似的招福习俗，“赘本”（男方的喜官）将手中一根系有哈达的木棍放到新娘带来的福箩内，又将一盘酥油花交到新郎手中。然后，新郎的母亲手捧香炉，带着儿子和儿媳以及伴郎伴娘，绕着家里客厅的中柱转完三圈之后，将福箩、香炉以及供品一齐放入库房，表示已将福分迎至家中。

在许多藏区，招福是十分普遍的习俗。例如，卖羊时，藏族群众就习惯从羊身上揪下一撮羊毛，存放在羊圈一角，象征着羊虽然

① 鲁永明：《魅力尼汝》，民族出版社，2005年，第108页。
② 鲁永明：《魅力尼汝》，民族出版社，2005年，第109页。

被卖出去了，但是“福气”（藏语叫“央”）却依然留在家中。婚俗中也有类似现象，无论是女子出嫁还是男子入赘，出门前都要把身上穿的一件衣服脱下，留给家里，表示把“央”留下。

在招福仪式中，要数新郎家人在自家门口迎亲时的场面最为精彩。在迪庆州的婚礼上，下马前要举行类似的招福仪式，当地也称之为迎福仪式。迎亲队伍派一名骑手，手持箭旗去离家门口较远的地方迎候，视为迎福；送亲队伍则唱着福歌而来，表明将福分带来了，呼唤迎福者迎接；迎福者听到歌后骑马绕送亲队伍转一圈，道一声辛苦，然后高喊：“福分来了！”飞驰返回村中迎亲的一方家，以示福分已经被迎来。

招福是藏族婚礼仪式的重要组成部分，包括送亲和迎亲的整个婚礼过程，我们看到，迎亲和送亲的对“央”都是非常重视的。送亲者渴望女儿把“央”留下，迎亲者期盼把“央”带走。双方大有争夺之意，各不相让。然而“央”这种无形的东西，似乎在各自主持的仪式中，顺遂了迎、娶双方的心愿。迎婚的认为带走了“央”，送亲的认为留下了“央”，双方皆大欢喜，各自守着身边的“央”，兴奋不已。因为“央”能带来财富、运气，能使家庭幸福、生活美满。这种招福习俗从形式到内容都弥漫着浓郁的宗教气息，形式庄重，气氛活跃，表达了藏族民众对美好生活的追求和向往。

14 论嘉绒藏族历史上的狩猎文化

嘉绒藏族聚居或散居在大渡河上游各分支流域，在这些地方生存着种类繁多的野生动物。历史上，嘉绒藏族曾有过以狩猎为生的经历，所以他们普遍有猎神崇拜习俗。在长时间的历史过程中，猎神崇拜习俗发生了很大变化。狩猎文化作为经济文化和宗教文化的交汇点，很值得我们去发掘和探讨。

一、嘉绒藏区的猎神现象

猎神属职能神范畴，职能神的出现同人们对自然界万物所具有的一些共同属性或功能的认识以及社会分工的发展有关，在世界许多民族的古代宗教和神话中，就有包括狩猎神在内的许许多多职能神。

（一）猎神的种类

因嘉绒的地域不同，猎神的形象也有很大差别。猎神有娃娃猎神、五猖猎神、梅山猎神和单纯的猎神。娃娃猎神的膜拜对象是木头雕刻的四个小孩（木制雕像），其中两个穿红衣，两个穿绿衣，雕像造型舒展、匀称，神态活泼、顽皮。关于娃娃猎神还有一个动人的传说，传说这四个孩子本是孤儿，穷苦无依，一年冬天，在他们快要冻死、饿死时，天神收养了他们，还教会了他们狩猎技艺。四个小孩凭着精湛的狩猎技艺声名远扬，为此，天神还给他们加封了神位。或许因为这尊猎神的形象是娃娃，所以嘉绒猎户对待他们就像对待生活中的小孩一样，常以挑逗、戏弄的口吻与他们交流。比如，某一个猎户要上山打猎，他会对着娃娃猎神的牌位说：“嗨！娃娃们，今天跟我一块儿上山打猎去，你们要保佑我打到猎物，我吃肉，请你们吃动物睾丸。”在献祭时，献给娃娃猎神的都是荤祭，这是符合规矩的，常见的祭品有盘羊角、野鸡头、獐下颌骨和獐子牙等，猎人把这些祭品置于神龛上。嘉绒猎户认为动物的这些部位有如下几个特点，一是耐存放，二是好看，三是好玩，能讨娃娃猎神的喜欢。在狩猎过程中，猎人若能捕获獐子，获取麝香，这是比较大的收获，就必须杀一只大红鸡来拜祭猎神。一般做法是拔下几根鸡毛，蘸上鸡血后贴于猎神牌位的一侧。

崇拜梅山山神的嘉绒猎户多分布在与汉族杂居的区域，比如甘孜泸定、康定鱼通、雅安天全、宝兴等地。因为这些地方曾盛行过梅山教，受此影响，才衍生出猎神信仰，并大致形成了一个猎神体系。据说，当地百姓信奉梅山黄三幢，而黄三幢分为上幢梅山、中幢梅山和下幢梅山，每幢梅山各由不同山神掌管。如上幢梅山的山神被称为胡大山王，这位山神掌管设绳套机关、捕杀猎物的吊鹿子(嘉绒对猎人的一种称呼)；中幢梅山的山神被称为李大山王，掌管放犬追逐猎物，也掌管猎人；下幢梅山的山神被称作赵大山王，专管下河捕鱼捞虾的渔民。信仰梅山山神的嘉绒藏家，逢年过节，必宰羊宰鸡，祭拜梅山山神，以求猎获丰厚。

在康定金汤和泸定的岚安有一些嘉绒人家信仰“五猖”。对“五猖”有不同的解释，其中较为普遍的一个版本是这样的：“五猖”起源于明朝，传说明太祖定都金陵后，开始对各位功臣封官许愿，但却忘记了那些在南征北战中已经捐躯的官兵，结果就有阴魂来向他诉苦邀功，明太祖一时想不出安抚这些阴魂的办法，索性封他们为猖神，以东南西北中五路囊括之，让百姓定期举行活动对其进行祭拜，后来就形成了“跳五猖”的习俗，并延续至今。在嘉绒藏族与汉族杂居之处，遂形成了信仰“五猖”的宗教习俗，曾经以狩猎为生的少部分嘉绒藏族又进一步将“五猖”崇拜与狩猎活动联系起来，形成了一种物质生活层面的文化习俗。嘉绒猎户供奉的“五猖”形象为木制雕像，高约5寸，人像，双手倒立撑地，肩下还有一条凶猛的狗。

还有一尊猎神，我们姑且叫它单纯的猎神。虽然这尊猎神没什么来历，但是祭祀这尊猎神的习俗却非常古老。在当地嘉绒藏族观念中，这尊猎神是把野牛头、盘羊角等作为载体的。逢年过节，或捕获到猎物后，猎人都得恭敬膜拜之。

（二）祭祀猎神

嘉绒藏族信仰猎神，形成了各种各样的习俗，这对充实和丰富嘉绒藏族的崇拜习俗起到了积极作用。嘉绒猎户每三年有一次小规模的祭祀猎神仪式，每五年有一次大的。小祭时，猎户人家会准备很多五颜六色的经幡，设猎神牌位，由巫师念诵经文，同时要杀鸡宰羊，大摆宴席，款待巫师。据说，通过这个祭拜仪式，猎人家的牌位便可招募到更多的神兵勇将，猎神牌位也会更加灵验。五年一次的大祭相对要隆重得多，邻里村民都集中在某一家，有帮忙的，有凑热闹的。祭拜仪式比较壮观，主办仪式的这户人家先请巫师打卦决定祭拜猎神的位置（一般是在自家附近的草地上），之后便烧上锅庄火堆，仪式大都在傍晚开始，主人家或前来帮忙的村民用绳各牵一公一母两只鸡往草地深处跑，与此同时巫师念诵经文，并施展法术让猎神附于自己的身体上，紧追牵鸡之人。按照仪式规定，牵鸡人必须快跑，绝不能回头看，否则背后的棍棒石头会砸得他头破血流。牵鸡人跑到草塘后要赶紧丢掉手中牵鸡的绳子，迅速离开，随后赶上的巫师披头散发，面目狰狞，吼叫着抓住鸡，一阵疯狂撕咬，生吞活剥。吃完鸡肉，巫师脱掉衣裤，赤身在锅庄火堆里蹦来蹦去，嘉绒藏族称之为“洗火澡”。洗完火澡，巫师接过主人家递过的火枪，冲入丛林。据经历者称枪响过后不一会儿，巫师就带回一只猎物，供于猎神牌位之前。

关于信仰猎神的习俗还有许多，在平时，嘉绒地区供奉猎神都有一个规矩，绝不能将猎神供奉于家中，也不能置于自家房屋附近。这是由于人们担心离猎神太近，稍有不慎会冒犯它，猎神就会发威，伤害家畜。当地藏族群众习惯在附近的山洞中，或是离开房屋一定距离的地方搭个简易的小棚子，将猎神供奉于其中。每当上山狩猎时，猎人们常常带上獐子的一块下颌骨，人们会把这块骨头视为猎神的附着物（载体），挂在帐篷内，膜拜祭祀，如帐篷拆迁，则必须将獐子牙腭骨取下，置于火中烧掉。

凡是供奉了猎神的就必须去狩猎，如果长时间不去狩猎，猎神就会被气走，这时所供猎神牌位便失去了其灵性。如果要重新迎请猎神，那就麻烦了，首先要同时请四五个巫师；还需迎请亲朋好友；杀牛宰羊，如此规格的操办需四五日。这些日子里念经、待客的消耗相当于办一次婚事的开支。

二、狩猎方式与祭祀

嘉绒藏族的传统狩猎方式主要分为两种：一种叫“打山子”，另一种叫“吊鹿子”。由于是不同的狩猎方式，因而在采取不同的狩猎方式之前，所举行的祭祀活动、祭祀对象也不同，且各具特色。

（一）“打山子”

“打山子”这种狩猎主要用猎狗搜寻，经过追逐，开弓放箭，捕得猎物。采用“打山子”的方式捕猎，为了预知当日收获，通常情况下要打卦问卜。打卦方法有佛珠卦、绳卦、纸钱卦和木卦等。珠卦是在狩猎现场，面向东方，掐捻佛珠数圈，然后随机截取一段，数佛珠个数。如截取数为单数，则当日会捕得猎物；如截取数为双数，则当日狩猎一无所获。绳卦，即取一段绳子或掐取一截柔韧的草茎，先挥绳或草并念咒，求神灵到来，显身施展法力，然后用绳子或草茎打活结，再拉脱。如果拉不脱，就是说打成死结，则表示当日狩猎不会顺利；打三次活结，拉脱次数越多，打猎收获的可能性越大。纸钱卦，即从黏合在一叠的纸钱上撕下七张纸钱，如果最后一张（第七张）纸钱撕烂，则当日猎狗必有凶险，然后狩猎者必须焚烧纸钱，口中念咒，意即通报山神野鬼开路放行。观察纸钱燃烧纹路，如果火焰燃烧的纹路呈白色，则当日狩猎大吉；如火焰燃烧的纹路为黑色，则凶多吉少。再有观察纸钱是否安静燃烧，如果纸钱安静燃烧，则吉；如果纸钱乱飞舞，则凶。还有一种牛角卜，猎户跪于堂屋中央猎神牌位前，手执两片牛角，诵经祈神，之后将手中的牛角抛向空中，等牛角落地后，观测其位置的变化，来看占卜结果。牛角卜有时在狩猎的山上也可以做，不过占卜的目的不一样，主要是为了猎犬的安全而占。因为猎人非常珍爱自家的猎狗，为了避免猎狗在追赶猎物时受伤，猎人们在狩猎前对猎狗举行一套仪式。如在狩猎的当天早晨，猎人一早起床，便跪于神牌位前，祈求猎神告诉自己当日的吉凶，并邀请猎神一同上山，以驱除噩运，保佑人狗平安顺利。到了猎场，猎人解开猎狗的绳索，在让猎狗去搜寻猎物前，先用两腿夹住狗的腹部，然后往掌心吐口水并抹在狗背上，如此需反复三次。接下来，猎户需面向东方，单腿跪地，一手持野牛角占卜，急念咒语，之后，把牛角抛向空中，落地后以卦辨吉凶，如出现凶卦，则烧纸钱，通报猎神保佑，化凶为吉；如出现吉卦，那么猎人便会马上向猎神许愿，诸如捕获猎物后会以厚礼供奉谢恩；等等。

（二）“吊鹿子”

“吊鹿子”，即在猎物出没的山道上铺设绳套机关以捕获猎物。采用“吊鹿子”方法捕猎者，一般供奉的猎神被称为赵大山王。凡供奉了猎神的世家都有一套口传咒语。在山道上设下几处绳套绊索机关，在离最后一道机关最近的平坦处，将用酥油或猪油炒过的长约 20 公分、一端锋利的竹筒若干根，根根按照圆圈状钉入地下；然后猎人光脚在竹筒上绕三圈，将长发散开，同时脱掉皮外套，光着身子在竹筒上又滚又跳，口中念词也变得急促响亮。据说施此法，平静的山谷会瞬时变得天摇地动，阴风阵阵，山上的獐、鹿、麂、兔子等动物会自动地陷入机关。

嘉绒地区的猎户在狩猎过程中，还有一些鲜为人知的民俗心理和相应的宗教习俗，这些都属于嘉绒藏族的文化范畴。比如说“打山子”和“吊鹿子”不能被视为两种简单的狩猎方法，事情远没有那么简单，在它们之间还有一些非常有意思的冲突，围绕冲突又衍生出一系列民俗现象。比如说“打山子”和“吊鹿子”两者之间互相憎恨，“吊鹿子”骂“打山子”是“夹棒”（抢东西的人），“打山子”称“吊鹿子”为“革斯么”（小偷）。“打山子”的猎人上山放狗狩猎时经常遇到猎狗围着树桩或石包咬吠，或者猎狗追撵的猎物突然消失，“打山子”的猎人们称此时是中了“吊鹿子”的邪法，因为“吊鹿子”憎恨“打山子”惊扰了猎物而使猎物不上自己的套索，“打山子”的猎人也有报复方法。另外，还有一种情形比较麻烦，就是“打山子”的猎狗被“吊鹿子”的绳索勒死，所以“打山子”的猎人一旦在山上遇见“吊鹿子”的绳套，不是拆下扔掉，就是撒上一泡尿。如果遇见绳套上绑有猎物，则把猎物的尾巴砍下，分别埋在三个绳套机关的地面下，据说若如此做了，该“吊鹿子”的猎人一年当中鲜有猎获。

三、狩猎禁忌

在长期的狩猎生活中，嘉绒藏族猎户还形成了一套禁忌习俗，这种禁忌是培养嘉绒猎户们的认同感，维持猎户们狩猎秩序的手段和方法。

比如，上山狩猎时需搭建帐篷作为营地，难免有诸如山老鼠、松鼠、土猪子、小熊猫之类的动物钻入帐篷，偷食狩猎者的干粮，狩猎者认为，有这些小动物光顾是好兆头，会给自己带来好运气。所以说，狩猎者不会惊吓它们。

在山中过夜必须脱鞋，而且鞋尖要指向帐篷内。嘉绒藏族猎人认为，脱了鞋睡觉是为了使山神爷知道，今晚你留宿山上，不再打算行走，这样山神爷好心里有数，保佑猎人和猎狗平安无事。

猎狗追撵野物，旁人不能直接用手指。嘉绒猎人认为“一指千里”，猎物便很难追到猎物，即便要指必须将手指弯曲。

猎狗追撵到猎物，无论它幻化成什么怪相，猎手都不要害怕或产生怜悯之心，要狠下心来，用枪将猎物击毙，否则后患无穷，因为山中精怪野兽经常变幻成美女、老头或怪物形象捉弄、迷惑猎手。

猎手捕获的猎物必须“还山”，即用小刀割角、唇、蹄、尾，并将这些包在纸钱内，然后用刀在树上砍一个小口，并将纸钱团放进去，意思是猎手捕得猎物又还给大山。

在山中过夜时要将腰刀在火中烧热发烫，之后将其砍在帐篷门外的木杆上，可避山精鬼怪捣乱。

早上狩猎出门，最忌讳看见孕妇。

结语

嘉绒藏族狩猎文化主要表现在两个方面：一是猎神现象即职能神存在，二是祭祀猎神。职能神是自然物所具有的某种属性或功能的代表，是社会中人的某种特性或职业、行业的象征；它同时也成了这些特定的性质和职能的保护神。嘉绒藏族的猎神正是作为狩猎功能的代表，是狩猎这一行业的象征，嘉绒的猎神就是有狩猎职能的保护神。另外，猎神作为超人间力量，必然要引起人们相应的心理反应，在情感方面产生出敬畏感和依赖感。这类情感构成了一种特殊的内驱力，必定激发出屈服于超人间力量的言辞和行为，这就是崇拜祭祀。过去，嘉绒藏族的猎户希望能够打到猎物或者多打到猎物，他们依靠猎神保佑来实现这一愿望。因为有依赖就有祈求，于是，一系列祭祀活动便悄然兴起。

15　弘扬民族文化　拓展旅游开发

——论藏族的民俗活动与旅游业的结合

藏族文化博大精深，其中含有非常浓重的宗教色彩。藏区地处青藏高原，位于祖国的西南边陲。这里曾经交通不便，且海拔高，进出藏区非常不易。故此，人们才对这片土地产生了神秘感。如今，在交通方面较之以往便利了许多。青藏高原通了火车，再加上许多家庭购置了私家车，更重要的是在包括一些藏区在内的全国各地旅行社的精心运作下，一时间赴藏区旅游的观光热潮持续高涨。笔者周围的一些亲朋基本上都有去过西藏旅游的经历，甚至有人还去过多次。藏区旅游业如此兴旺无疑是件大好事，那么如何保持和发展这种势头是值得思考的问题。

一、加强藏区旅游资源中人文活动的开发利用

国内外旅游方式基本相同，主要是沿袭传统，常采用的旅游方式有八种，也可以说旅游业有八个主类。第一个主类是“地文景观”；第二个主类是“水域风光”；第三个主类是“生物景观”；第四个主类是“天象与气候景观”；第五个主类是“遗址遗迹”；第六个主类是“建筑与设施”；第七个主类是“旅游商品”；第八个主类是“人文活动”。旅游还可以从其他不同的角度去划分，比

如当前比较流行的提法有生态旅游、乡村旅游、会展旅游、民俗旅游和文化旅游。上边提到的第八个主类旅游“人文活动”中便包括了民俗旅游和文化旅游。本文的重点就是要谈这个问题，即从习俗文化方面做深入细致的思考，拓宽思路，进一步发掘此类资源，为当今日益火爆的旅游业增加正能量，使民族经济的振兴得以长足发展；同时发掘和研究祖国的文化遗产，使我国的旅游业今后能够在经济利益和文化传播两方面齐头并进，共同发展。

民俗旅游在藏区旅游资源中占有非常重要的位置。藏族文化中民俗底蕴非常深厚，要发掘整理的内容很多。首先我们可以优先考虑藏族的婚庆仪式和成人仪式，使之成为旅游观光的新项目。从旅游业的角度来看传统的藏族婚礼仪式，属于一种人文旅游资源。由于游客的文化层次有别，从事的职业不同，兴趣爱好也不同，因而，他们对旅游的目的、要求也不相同，有些游客最感兴趣的就是藏区的文化习俗。他们要知其然，也要知其所以然。旅游者通过亲身参加藏区的民俗旅游，可从中了解更多的藏族文化，为以后的理性认识积累素材，进而可从理论层面揭开这层神秘的面纱。海外游客来我国旅游的目的也是如此，一次抽样调查表明，在来华旅游的美国人中以观光名胜古迹为目的者占 26%，而对中国人的生活方式、风土人情感兴趣的占 56.7%……①从这个统计数字可以看出，随着一部分人求知欲的不断增强，大部分人已经不能满足那些“遗址遗迹”“地文景观”“水域风光”和高山大川等旅游景点。当今海内外旅游者的兴趣点正在转移，人们逐步把自己的视线从以往某个地区的旅游景点向生活在这一地区的人群或民族方面转移。旅游者的文化水平在不断提升，他们逐渐懂得要

---

① 喻学才主编：《中国旅游文化》，中国林业出版社，2001 年。

想了解一个群体或民族，那么该群体或民族的习俗文化是一个非常重要的切入点，应该去接近、去观察。

（一）藏族婚庆典礼

首先要说明的是，本文所讨论藏族婚庆典礼作为旅游者参与藏区人文活动的主题，以及下边要提到的成人礼，并不是让游客真的到藏区参加一次藏族婚礼或成人礼，这里所谈的婚礼、成人礼仅仅是具有表演性质的民俗文化活动，是为游客专门组织的婚庆活动的表演，其中的新郎、新娘，以及双方父母、兄弟姐妹等人是由当地藏族百姓扮演。

藏族各地区至今仍保留着藏族古老的婚礼习俗，而藏族婚庆的最大特点就是热情奔放、多姿多彩，具有浓郁的民族特色。藏族婚礼是在优雅的歌声和曼妙的舞蹈中进行的，当然也离不开青稞酒和具有藏族特点的各种美味，再加上藏族特有的诙谐、幽默的性格特点，整个婚礼过程中，除了悠扬的歌声，还有不绝于耳的笑语，整个婚庆从始至终都处在热烈与激昂的气氛中，引人入胜。同是藏族，地区不同，婚礼形式也有一定的差别。比如卫藏地区的婚俗，迎亲之日，男方家要请一位有地位的人，带上一队迎亲人马，还要带上一匹供新娘骑乘的怀胎的母马，这匹马被装点得十分漂亮，同时，还得带上彩箭，箭上有明镜、璁玉、珠饰等。马队到达之前，新娘家要举行敬“切玛”、喝酒等告别仪式。新郎家的迎亲队伍进门之后，先把彩箭插在新娘背上，表示她已经是男方家的人了，再把璁玉放在新娘的头顶上。男方家还为新娘下马准备垫子，垫子是装着青稞、麦子的口袋，铺上五彩锦缎，面上用麦粒撒上万字符。男方家人手捧“切玛”和青稞酒在门口迎候。传统的进门仪式是十分烦琐的，从下马、进门、上楼到入厅，每次都得唱一次颂歌，献一条哈达。

青海玉树地区则举行交接新人马缰仪式，路旁横拉彩带，双方歌手以歌竞赛，若迎亲者唱不过对方，则敬酒致意。直到最后说服送亲者队伍，这才剪彩，新娘下马。当新娘行至新郎家门前时，新郎将新白毡铺在新娘马前并撒上青稞粒、羊毛等物；还要给媒人、送亲者献哈达，敬酒。妇女们则扶新人下马，用奶汁为新娘洗脸、打醋坛，以帮其洁身清垢，除灾避邪。

云南迪庆的新郎家，两家宾客要互相敬酒，重新唱起婚礼仪式歌，此时婚歌的歌词多为夸赞新郎、新娘。随后，新郎、新娘互相对歌，以表达他们对对方的爱慕之情和缠绵之意。中甸一些地方的婚礼还有一个仪式，主人为客人献上青稞酒，然后从司仪开始，依次说上几句令人发笑的幽默话，或者互相取笑，使婚礼气氛更加活跃。婚礼当晚，还要跳锅庄，兴奋的人们欢乐通宵，甚至数日不歇。

四川阿坝地区藏族婚礼的基本情况是新娘进门后从上楼到入房，每次都要在领路人的指点下，唱上一曲颂歌，献上一条哈达。迎亲当晚，参加婚礼的人们都带着雪白的哈达和礼物，人们喝酒，跳锅庄，高诵祝愿祷词，唱祝酒吉祥歌、婚礼歌。有的人家办喜事，还要请僧人在经堂里念经以祝愿幸福吉祥。

甘南藏族婚俗大致情况是这样的，在家门口，娘家代表要诵庆贺词，新郎家开门迎接，唱出一支又一支欢歌。婚庆之日，客人越多，主人越高兴，人多象征兴旺，代表吉祥。

总之，藏区这方面的旅游资源非常丰富，游客可在不同藏区感受不同风格的藏族婚礼，这是民俗文化给旅游者带来的快乐，也是民俗文化为旅游者提供的一次近距离了解和学习藏族传统民俗文化的机会。此外，藏族婚礼仪式可以说是展现藏族文化的平台，在藏族文化中绝大部分内容同宗教有关，这也是了解藏民族的一次机会。通过婚礼仪式，游客可以了解藏族百姓所信奉的藏传佛教和原始宗教本教。而这两种宗教在藏族百姓的生活中具有广泛影响，藏族百姓在婚礼上可充分表达自己的宗教信仰。比如，当送亲队伍来到新郎家中时，新娘的舅舅一边念诵吉祥的祝词与经文，一边用柏枝沾水祭祀天地神灵，这属于原始本教的信仰范畴。接下来是在新郎家从大门开始用石灰在地上画一条通往新房的双线道，双线中间画有八宝图，这又是佛教的符号。新娘到楼上各房间抛撒麦粒，表示进了家门，要给菩萨敬奉供品，还要向家神表示有新人添进等。如果去四川藏区旅游，能够参与嘉绒藏族的婚庆仪式，游客能够欣赏到“卡白”，对于游客来说，这是了解嘉绒藏族宗教文化的一次难得机会。“卡白”实际上就是一种婚礼赞辞，不过婚礼的赞辞涉及的内容非常广。一般情况下，“卡白”的内容包括历史、宗教、民俗、神话和传说等。四川阿坝州金川县嘉绒藏区的婚礼颂词所涉及的内容是雪域藏地的起源与发展，内容涉及猕猴与岩魔女结合产生了远古藏人的祖先，以及历代王朝的兴衰，等等。此外还有本教的内容，突出表现了人类始祖和动物崇拜等方面的内容，其中提到了大鹏留后孙的说法，具有明显的图腾崇拜的痕迹，反映了嘉绒藏族在早期对自己民族来源的种种解释。游客通过了解婚礼赞辞的内容可以更直接地了解藏族的历史文化知识和藏族宗教信仰的基本情况，能够了解到这些，对于旅客来说旅游的意义或许更大。

（二）藏族成人仪式

成年礼可以说是对成年人婚姻资格或接触异性的一种道德审查，也可以说是对婚姻年龄或接触异性的严格把关，所以说古代的成年礼的本意是为了禁止与未成年异性结婚。汉族成年礼延续数千年，于清初终止，致使后来人只能在“不知不觉”中进入成年，而婚配年龄的标准也由法律去负责界定，现在部分地区正在逐渐恢复。成人礼在清入关的1644年之后即被禁止，至今已经370多年了，这就是说，当今之人已完全找不到关于成人仪式的第一手资料，即使能找到它的蛛丝马迹，也只能从资料中去查寻。然而，目前在藏区的部分农区和牧区这种成人礼还存在着，特别是女孩子，在到了一定的年龄后，家庭中的主要成员仍要为其举行成人礼。

在西藏、青海、甘肃、四川等藏区，姑娘长到十四五岁，家人便要为她举行隆重的“戴天头”仪式，这个仪式就是成年礼。这个礼仪和其他许多民族的成年礼的意义一样，标志着一个人从少年走向成年。姑娘从此有了社交的权利，可以自由恋爱，也可以把心爱的男子带回家中共宿。这一点就可以表明，成年礼是一种为社会提供合格的生产劳动者和婚育生活参与者的见证仪式。当然，藏族的成人礼也经历了长时期的发展和演变，加之，藏族社会经历了本教和藏传佛教两个时期，这就使藏族的成年礼更具特点。

倘若要近距离接触成人礼，可以去藏区亲身体验，这是一个非常有意义的文化旅程，相信旅游者会大开眼界。首先，接触藏族的成人礼，了解它的深层意义；进而借助藏族的成人礼，去推测汉族成人礼的基本情况。旅游者通过近距离参与藏族的成人礼，可以了解到藏族成人礼与汉族成人礼的内在联系。在汉地，女子在15岁时要行笄礼，主要是由女性家长为行笄礼者改变发式，即用一笄（古代的一种簪子）将头发挽成一发髻，表示该女子从此结束少女时代，可以嫁人。藏族女子的成年仪式也有一种叫绾髻礼。按传统风俗，绾髻礼是十分隆重的。贵族人家姑娘一般在

14—15岁时择吉日进行。届时，将发辫梳到头顶，绾成一个发髻，藏语称“巴久”。绾髻后表示女子已经成年，可以参加社交活动。在西藏地区的某些藏族女子的订婚仪式中，有一个专门的程序，即“媒持婿家金镶绿松石一枚，往加于女之筚”，此处的筚应该就是指通行于古代中国汉族地区的簪子，由此亦可知藏族人中有与女子成年有关的笄礼。在这里要强调说明的一点是藏族女孩子在成人礼上，对头发的梳理是非常讲究的，比如在西藏一般是头顶“巴珠”。拉萨一带的巴珠为三枝状或三角状，平系于发顶，两枝向前，将分梳的两条发辫分别盘在两枝上；日喀则、江孜一带的巴珠为弓形，佩戴时弓背向上，梳成多条的细发辫分挂在弓的两端。巴珠的骨架多用红色的氆氇或布扎成，上面镶缀有珍珠、玛瑙、珊瑚等，全用珍珠嵌缀的叫“珍珠巴珠”，最为名贵，珊瑚巴珠次之。过去，佩戴巴珠是分等级的，珍珠巴珠只有世袭贵夫人才能佩戴，一般贵夫人只能佩戴珊瑚巴珠。第一次戴巴珠，表示姑娘已经长大成人了，按照传统习俗，父母还要为她举行一次贺礼，以示祝福。现在的巴珠上面也有镶嵌松耳石的，西藏牧区妇女发辫缀以银币。在贵德、尖扎等地，姑娘的母亲或其他女性长辈则是将姑娘的发辫解开，梳成若干条辫子，用辫套套住，再戴上达合尼（一种镶有海螺等物的长条刺绣物，共三条，中间一条较长且宽，上端接脑后发辫，垂于腰背，两边的短条悬于胸前）。在四川甘孜，要给姑娘辫上几十根小辫子，再把这些小辫子裹到一根一尺二寸长的木棒上，形成十字形花样。总体而言，藏族地区和内地在举行成人仪式过程中，在姑娘的发式和头饰上都下了很大功夫，这也是汉藏两个民族在成人仪礼方面的一个共同特点。有学者将内地成人礼划分为标志型、教导型、考验型、象征型、装饰型等，藏族成人礼与其中的标志型有关联，标志型是成年礼中最古老的一种，其主要形式包括染齿、文身、更换服饰与头饰等。通过实地参与藏族成人礼仪式，游客可以感受到藏族姑娘在成人礼上要在装束上、发式上和佩饰上所发生的最具特点的变化。很显然，藏族成人礼非常具有标志性。

其次，开辟这类民俗旅游，旅游者还可感受到藏族成人礼中各环节所包含的浓厚的宗教色彩。比如在青海的某些藏区，成人礼一般由僧人主持，仪式上姑娘要用柏叶水或奶汁洗脸，用花翎蘸净水洒在姑娘的头上、身上。此外，屋内各个角落也要洒上一些净水。再把一块烧红的大石头放入桶中，加入柏叶、茶叶等，倒上些陈醋，利用桶里冒出的蒸气熏洗姑娘的全身，按照宗教解释，这样做可以洁身清垢，洗去邪念。在举行成人仪式前，一般要由宁玛派（红教）僧侣根据姑娘的生辰等选定吉日。吉日前一两天，在宁玛派僧侣的主持下，进行梳头分发仪式，姑娘被簇拥着来到主房厅堂或帐篷中心，跪拜天地敬神佛，这就是拜天地的环节。在甘南等藏区，一般在正月初二到初三为姑娘们举行成年礼。仪式当天女孩要坐在一块白毡子上聆听喇嘛们为自己念诵的祈福经。之后，女孩要把自己前面放着的几个土块一一踢开，并跳过一个火堆（此火堆是由一根根木条架起来的）步入家门。踢土块表示女孩在人生路上每当遇到坎坷时就如同踢开土块一样能够克服困难，排除阻碍。跳火堆则代表趋邪避魔。藏区百姓信奉藏传佛教，一些地区也推崇本教。这两种宗教的历史都比较长，对藏族文化产生了巨大影响，由于宗教在藏族社会长期流传与发展，本教和藏传佛教的思想已经渗透藏族社会的各个方面。

婚姻仪式和成人仪式有如此丰富的文化内涵、鲜明的民族特点，再加上藏族特有的奔放与豪爽的性格和能歌善舞的天赋，成人礼仪式和婚礼庆典的场面又是丰富多彩而振奋人心的，这些都是海内外游客未曾见过的，甚至是无法想象的。目前这类民俗旅游资源并没有得到很好的开发利用，应该在这一方面集思广益，深入开发，有效地利用藏族民俗文化资源，完成对旅游资源的有效整合，形成独特的旅游模式，以提升旅游业的竞争力，确保藏区旅游能够向多样化、合理化方面平衡发展，形成区域旅游特色。

二、民俗旅游的必备条件

无论哪类旅游都应该具备相应的客观条件，这是一个前提条件，本文所涉及的民俗旅游必备条件分为两个方面：一个是藏族居室，一个就是扮演家庭成员的藏族演员。

（一）藏式居室

上边举出人文活动旅游的两种方式：一个是成人礼，另一个是婚礼，这两种旅游方式的最大特点是以家庭为单位向人们展示藏族民俗文化的一个侧面。成人礼和婚礼等生活片段都是发生在具有浓郁藏族文化的藏族家里，所以说这种民俗旅游的开发首先需要一处典型的藏式居室。

笔者前几年去阿坝州调研，在九寨沟附近见过这类用于旅游服务的藏式居室。当时笔者也是以一个旅游者的身份对该地的旅游景点进行考察。旅游团组织的人文活动就是进藏族家中做客、吃藏餐、参加联欢活动和欣赏藏族歌舞表演。当然，在开展这些活动之前也少不了听取当地人介绍藏族风情。虽说旅游部门组织的这类民俗旅游的质量还很差，有些方面甚至近乎闹剧，但是这种以藏族家居为核心向游客展现藏族民俗文化的旅游方式倒是给了我们一些启发。

在这里所说的进藏族家中做客、吃藏餐、参加联欢活动（学跳藏族舞蹈）等，经打听，这些房子本来就是当地藏族百姓的住房，后来因各种原因，房子腾出来以供旅游业之用。房间的样式完全是藏式。当接待旅客时，室内一个较大的房间就作为做客和吃藏餐的场所，室外的院坝就是联欢活动的场地，欣赏藏族歌舞表演则是安排在另一处小剧场内举行。为了旅游的需要，类似这样的藏式居室有很多。笔者要讲的是，这种以藏家为中心作为民俗旅游的思路值得肯定，这种旅游的模式是值得借鉴的。如果在此基础上继续发掘，结合藏族自身的习俗特点，向游客展现藏族成人礼和婚礼的盛大场面，那么这种旅游的收获将是多方面的。不过，专门用作旅游的藏族民居要考虑建造得稍大些为宜（这是从旅行团的人数来考虑的）。以四川甘孜藏族民居为例，厢房、锅庄室、居室、经堂及角楼（家碉），此外还有二三层的露天阳台等，这些空间和平台都应该稍微大些，以方便接纳更多的游客。

关于室内装饰、家具、摆设、日常用品等也一定要考虑周到，要精心布置，各类家什物件要货真价实，不可敷衍。上面提到的类似“进藏家做客”“吃藏餐”的条件就很说不过去。室内的装饰非常粗糙，应付了事；在居室内的墙壁上还绘制了象征性的壁画，不伦不类；家具方面更是无从谈起，实际上只是为了应付游客的一顿藏餐，而在房间内临时搭建了一圈简易的矮桌而已，另有一个锅台（锅庄），除此之外，其他的家具、物件什么都没有。如果要搞民俗旅游须切记一个问题，这里必须像个家，是家就必须一应俱全，应有尽有，能够真正体现藏族家庭的细小环节，只有这样才能贴近真实的藏族文化，让游客感觉到真的是进了藏家，给游客一种新鲜感、惊异感，让游客大开眼界，终生难忘。

（二）家庭成员的扮演者

开发民俗旅游的另一个必备条件就是扮演者，这个环节也是非常关键的。如果缺失了这一环节，那么此类旅游就无从谈起。笔者所经历的“做客藏家”等组织者安排的系列活动，其实这里所说的家不是真正意义上的家，只是藏式房子和院落，因为在这些藏式房子里没有家庭成员，也没有人居住（当然，由于缺的东西太多也根本无法居住）。所以从严格意义上讲，以上的民俗旅游有很大缺陷，或者说它仅仅算是个雏形。当笔者和其他游客进入藏家后，感到十分冷清，大家围着所谓的藏式桌坐一圈，两个穿藏式服装的女孩子为游客提供服务（完全感觉不到她俩是这个家的成员，就是服务员，其中一个还不是藏族），她俩为大家端茶上菜，什么话都不说，等菜上齐了，人也不见了，屋子里只剩下品尝藏餐的游客，根本就算不上什么进藏家做客活动。在院坝中跳藏族舞的情况也差不多，有两三个藏族青年人带着一群游客跳藏族舞蹈，之后，这几个藏族青年又去“赶场子”，跑到下一个院坝，继续带领另一群游客跳舞。这种状况，游客哪里能找到进藏家的感觉？笔者认为，这种民俗旅游充其量就是个表面文章，并没有让游客深入藏家去做一次真正的体验。不过类似这样的旅游倒也算开了个头，可以考虑在此基础上继续完善，让民俗旅游能够提升一个档次。

搞民俗旅游就如同在舞台上表演，需要演员，这些演员要扮作家庭中的各个角色，在举行成人礼和婚礼的过程中，所涉及的还不止是一个家庭成员，既然是成人礼或婚礼就一定要牵扯到家庭的其他亲戚。因此要做这类旅游活动，就要相应地配备一个类似于演员阵容的班底。需要强调的是，必须请旅游者参与其中，或者说让旅客也成为演员，让他们忘记自己的游客身份，也融入这个家庭当中，让他们感觉自己是这个喜气洋洋的藏族家庭中的一分子。从各类仪式到庆典盛宴，从唱歌跳舞到谈笑逗乐，游客都要加入其中，要真正地把自己置身于庆典之中。这样的民俗旅游的效果会更好，游客既娱心，悦耳目，又全身心地体验到了藏族文化的奥妙与魅力。2011 年，笔者在四川甘孜州做调研就赶上了一户藏族家庭举行婚礼，参加这样的婚礼，感觉当然要比上边说的那个“进藏家做客”的活动强烈得多。因为，只有你真正置身于婚庆典礼之中，才有可能与婚礼的参加者包括新娘、新郎互动，才有可能去真实地感受藏族婚礼的特点，才有可能接触到藏族文化。所以说如果组织游客到藏家，参加藏族婚庆典礼或成人礼仪式，变游客为两个仪式的参与者，让游客置身于藏族婚典或成人礼之中，使其真正去感受气氛，进入一种忘我的境界，那么这样的旅游无论从哪个方面看都会取得非常理想的效果。

结语

旅游发展靠的是开发商、管理者、当地民众等三方面的力量。后两个方面在服务质量方面起绝对作用。搞民俗旅游，要绝对保障服务质量，特别是演员方面，在活动进行中，一定要尽心尽力，一丝不苟，要真正地做到进入角色，不能马虎行事。以前笔者去河南开封办事，在此期间，游览了“清明上河园”，在这里看到了演出团队表演历史名著《水浒传》中“劫法场”的一个片段，感觉完全不对头。“劫法场”本来是摄魂动魄、惊天动地的大事。从“劫”前的紧张部署，到“劫”过程中的绝命拼杀，再到“劫”成功后的如释重负与喜悦，这些情节应该是紧扣观众的心弦。但是，看了这里的“劫法场”，让人非常失望，毫无逼真可言。表演者很不认真，动作不到位，表情呆板、麻木；斯杀声中缺少应有的杀气，只是象征性地喊上几嗓子。当然，让表演者在一天中反复做着同样的动作，难免疲劳，日渐懈怠，表演水平肯定是日渐下降。打算做好民俗旅游就一定要注意这个问题，如果表演的时间久了，演员出现此类问题，势必对旅游本身造成巨大的负面影响。因此管理者一定要未雨绸缪，做好预案，以积极应对此类情况发生。

藏区的旅游资源丰富，需要我们潜心研究，认真策划，才能使藏区的旅游事业迈上新的台阶，不能哗众取宠，不能粗制滥造，不能假冒伪劣，不能不遵守藏族百姓的风俗习惯。只有这样，藏区的旅游事业才会得到长足有序的发展。

16 漫谈藏族历史上的贸易交通

贸易和交通原本是两个概念，一个是商业的事，一个是道路运输的事，但是二者又有紧密的关系。一般情况下，没有交通就无法展开贸易，这是不争的事实。坐为贾，行为商，说的都是商业的事，而行为商指的是在流动过程中经商，这个流动就需要交通。

一、贸易双方及贸易物种

贸易属于商业行为，它是在平等和自愿的前提下进行的货品或服务交易。最原始的贸易形式是以物易物，即直接交换货品或服务。现代的贸易则普遍以一种媒介，两个地区之间往往是因为各自在生产某产品上有相对优势，贸易就起到了互通有无的作用。

从历史上看，藏族地区的贸易主要有三种类型。第一种农区同牧区之间的农、牧业产品的贸易，比如在传统的安多牧业生产经济中，绝大部分食品来自农区。虽然说牧民是以奶制品和肉食为主要食品，然而，在牧民的饮食生活中，糌粑是不可缺少的，过着游牧生活的草原牧民不可能自己种植庄稼，所以牧民们不得不去很远的农区通过交换得到粮食，于是就使农、牧产品贸易成为可能。牧区的藏族牧民带上皮、毛和酥油等畜产品到农区进行贸易，换回青稞、豌豆等农产品。历史上著名的“盐粮交换”，即

“牧民们把从盐湖采集到的盐和他们剩余的畜产品，运到拉萨、山南、日喀则等农区换取粮食。而食盐、酥油、羊毛也是农民生活必需品，于是西藏的南北农牧之间建立起远距离的贸易关系”①。“甘南藏区与汉等民族的贸易活动在拉卜楞，青海藏区与汉等民族的贸易在湟源。牧业区，黄南以隆务镇为贸易区，玉树以结古镇为贸易区，这是一个较大的商贸地区。”② 从西藏康区及青海藏区运至湟源、西宁，货品主要包括氆氇、藏香、藏红花、羊毛、牛羊皮、鹿茸、麝香、各种野生动物的毛皮及土产药材等。甘、青地区的商贸活动一度兴旺发达。民族间互通有无，频繁交易，促使地区间经济文化稳步发展。

第二种是藏区与非藏区之间的贸易。以畜牧业为主的藏族不能没有茶，所以藏区与外界的商品贸易以茶为大宗，著名的“茶马互市”就是在特定的环境、特定的历史时期，由民间继而转向官方的一种贸易形式。最多时，内地曾向西藏输入砖茶 3 万担，茶的来源主要是康定、云南，由此输往西藏和西康。其次是土布、绢绸、哈达之类，从康定输入西藏。西藏商人则每年带着些药材、毛皮、红花、藏蔻等一类的土特产，到康定交换雅茶。另外，其他地区的铁器和铜器亦行销拉萨。藏区与藏区之间、藏区与非藏区之间都有贸易往来，而且交换的商品种类也越来越多。此外，藏族群众还需要汉族地区的农产品、轻工业产品，如茶叶、食盐、布帛等生活资料，汉族群众也需要畜产品，如皮、毛、肉、乳一类生活资料，这种彼此间的供需关系促使民族间的贸易往来愈发频繁，而且规模也越来越大。

第三种是与邻国之间的贸易，特别是西藏与印度之间的贸易。

---

① 万德卡尔：《羌塘居食》，载《西藏民俗》，1998 年第 2 期。

② 黎宗华、李延恺：《安多藏族史略》，青海人民出版社，1992 年。

拉萨是西藏的经济中心，每年藏历十二月到次年二、三月是商品交易最活跃的时期，本地的土特产品、进口的外货物资，都集中在这里。值得注意的是，在西藏本地的藏族商人出境经商的比较少，开店摆摊的比较多。资本较大的多是官僚世家贵族，居拉萨商业资本市场的主要地位。寺庙、官僚、贵族的物品是免税通行，大批外货倾销西藏，透过官僚、贵族、寺庙，廉价地换取农牧民的生产品。一般来说，进口的多属消费品，如从印度进口的棉布、麻纱、毛织品、镜子、针、眼镜、毛巾、金箔、琥珀、珊瑚、化妆品、香料、煤油、洋油、鸦片等；出口的多为原材料，如羊毛、氆氇、狐皮、麝香、牦牛尾、硼砂、药材等。在茶马古道上还曾有一支由云南中甸和德庆藏族组成的马帮——古宗帮，他们则是把云南的茶叶、布匹、绢绸等物运到缅甸、印度等国进行贸易。

二、交换方式

以往，藏族的农牧民之间特别是牧民之间进行贸易时，多是以物易物。当时的度量衡制各地都不统一，称物品的重量以“甲马”为单位。“噶马”“学”“甲马”“松”，从轻到重，为十进制；量长短，如量布匹、氆氇、毯子等时，常以平伸双臂为单位，藏语叫“当巴”，不足 1“当巴”时就用伸展的拇指和食指之间的距离辅助，这个长度叫“妥”。有时藏族群众还以容量单位作为公平交易的辅助手段，如称粮食时，以斗形的“克”为单位，1“克”有 20“擀”(圆形木质容器)，不足 1“擀”的，就用手抓，以满把为准，藏语叫“毕”。在偏僻的农村和游牧的地方，就谈不上什么度量衡了，多用“定量交换”方法。即大小轻重都用定量的实物为标准，这是在长期的贸易过程中形成的一种固定的等量交换手段。诚实、质朴的藏族农牧民在以物易物的过程中，坦荡无私，不相欺诈，当然也就不会有“缺斤短两”、坑害对方的情况出现。

三、交通运输

最早的交通仅仅指的是不起眼的一条路，如东汉刘熙《释名》曰：“道者，蹈也。”意思是说道路是经过人们踩踏而成的，这种小路就是原始的交通，即交通之始。现代交通是指从事旅客和货物运输及语言和图文传递的行业，包括运输和邮电两个方面，在国民经济中属于第三产业。运输有铁路、公路、水路、航空和管道五种方式，邮电包括邮政和电信两方面内容。

藏族聚居区地域辽阔，藏北牧区人烟稀少，藏南谷地农区山高水深，多为羊肠小道。早期交通极为不畅，陆路交通依靠牦牛、马、驴甚至是羊。由于牦牛体大毛长，耐寒负重性能好，能在高原雪山上长途驮运。一头成年牦牛可负重40—50公斤，日行40—60公里。如运输大宗货物，就由几十头乃至上百头牦牛成群驮运。另外，藏北地区的羯羊也作为驮载工具，每只羊可驮8—10公斤货物，日行8—10公里。盐粮交换是用驮牛和驮羊作为运输工具，经过十几天，或者二十几天的漫长路程，最终到达目的地。藏区其他地方也是如此，牧民们赶上自己的牧畜驮上畜产品到农区进行贸易，之后再把驮牛和驮羊就地宰杀一部分，出售肉、皮，换回的农产品再由其余的驮牛和驮羊运回牧区。

当然速度相对较快的运输工具要属马匹，远距离驮运物品一般用马为宜，比如历史上的两条著名的茶马古道就是用马和骡来驮载货物，“云南中甸和德庆藏族的古宗帮从当地出发经西藏，到达缅甸、印度和尼泊尔。另一条是从四川雅安出发，赶往尼泊尔、印度”①。

在茶马古道上，马帮们将树木砍倒，搭在悬崖边，铺上栈道，1米多宽，紧贴悬崖峭壁，盘旋于山谷间。商人有时也利用边民背运物资，每人背上60—70斤，手拄树杖，攀山寻道，徐徐前行，这些人一生以背物运输为业，被称为“背夫”。

藏区河流很多，如河水较浅，马帮便赶着马匹或牦牛直接涉水过河。如河水太深，办法有两个：一是架桥。在西藏，桥梁的形式很多，主要有悬桥和索桥。索桥又分为藤索桥、铁索桥。这些桥梁不仅为人们的出行带来了方便，同时为不同地域间的贸易往来也提供了便利。另一种方法是造水上交通工具。这就是牛皮船，藏语称之为“果哇”，其形状为长方形，呈盒状，长2米多，宽1米多，以木杆作骨架支撑，外面用6—8块整张牛皮包裹缝制，这种牛皮船多在激流险滩的河面上航行或横渡，以运送货物或人员，普通的牛皮船一般可载重200—300公斤。另外还有用羊皮为材质制作的羊皮船，十几个充了气的羊皮“筒”整整齐齐地排成两排，固定在一个木架上，放入河流中，载人载物。

① 杨增适：《茶马古道上的云南马帮》，载《西藏民俗》，2000年第1期。

17　论寺院教育与藏区文化习俗的传播

佛教传入西藏以前，在当地就有本教存在，后来佛本融合成为藏传佛教。这一藏族地区特有的宗教对藏族文化产生了十分巨大的影响，经过长时间的流传与发展，藏传佛教的思想已渗入藏族社会的各个方面，对藏区文化习俗的形成与发展起到了决定性的作用。在藏区，文化知识一直都是掌握在僧侣阶层手里，想学习知识就必须去寺院当僧侣。寺院里所传授的文化知识非常广博，分社会科学和自然科学两大类。社会科学除宗教学以外，还有教育学、语言学、史学、文艺学；自然科学则主要包括医学和天文学等。而这些知识的传播者与接受者都是僧人。因此，在历史上以寺院为中心的文化教育也可以说是僧侣教育或寺院教育。

寺院教育由建于公元 8 世纪的西藏第一座有僧团的寺院桑耶寺首开先河。随着佛教众多教派的出现，寺院教育也逐渐形成体系。公元 15 世纪初期，宗喀巴大师创建了格鲁派，同时也形成了具有格鲁派特点的教育模式，在此教育模式的基础上又吸收和融合了其他教派的教育理念和特点以及教学方式和内容，最终孕育出青藏高原独具特色的寺院教育机构和考试制度。寺院除了定期举办一些佛事活动外，其重心点就是对学僧传授佛教理论和佛教文化等方面的知识，所以说，一座较具规模的寺院就是一所学校。

通常情况下，僧人进入寺院，经过学习和培训后，根据自己的成绩和专长在寺院中担任具体的工作。比如，第一类是担任寺院各级组织机构的僧职人员。第二类是“亿恰哇”，意为念书的人，他们从事宗教哲学和藏语文研究，按照固定的学习模式，逐渐修习，最后，有的学僧可以获取格西学位。这类学僧约占全寺学僧的四分之一。他们将来可成为高僧大德，同时也是藏族人当中的知识分子。第三类是具有专门知识和技术的人员。如医药、历算、绘画等方面的人才，以及掌握铸像、刻经板、印刷、缝纫等技术的工匠、艺人。第四类是可经常外出，为群众祈福、念经、念咒、打卦的僧人。第五类是专门从事寺内体力劳动的僧人，如为经堂、佛殿从事侍役的杂工。

一、藏区传统文化传播的重要场所

（一）气势恢宏的教学场所

佛教传入西藏以后，经过长时间的发展，在整个藏区建造了大量庙宇，目前西藏有大小寺庙和其他宗教活动场所 1787 处。这些大大小小的庙宇为寺院教育提供了便利、宽敞的教学场所。以黄教 6 座著名的寺院为例，甘丹寺建于公元 1049 年，由 50 多座建筑组成，其中措钦大殿（意为大经堂）宽 43. 8 米，纵深 44. 7 米，可容纳 3300 名僧侣同时诵经；哲蚌寺是西藏最大的黄教寺院，占地面积 25 万平方米，措钦大殿是寺内最大的建筑，可同时容纳万名僧人；色拉寺占地面积约 11. 5 万平方米，其措钦大殿可容纳 5500 人；扎什伦布寺位于日喀则，是黄教六大名寺之一，可容纳僧人 4000 名；塔尔寺占地 600 余亩，殿堂 25 座，最盛时有僧侣 3600 多人；拉卜楞寺占地1234亩，建筑面积82.3万平方米，拥有经堂6座、佛殿84座、藏式楼31座、佛宫30座、经轮房500余间。

（二）弥足珍贵的图书资料

藏区寺院藏有大量图书，这不仅促进了藏区图书事业的发展，也为学僧们的学习提供了便利条件。在这些书籍中除了宗教经典外，还有史传、文学、小说、诗歌、戏剧、寓言等著作，图书数目之巨令人惊叹。比如萨迦寺的经卷总计有45000余部，仅大经堂内就藏有上万部元代以前的佛教经典，有《甘珠尔》《丹珠尔》和稀世珍宝《贝叶经》，尤以《八千颂般若波罗蜜多经》为最；还有上万卷天文、地理、历算、医药、文学、历史、哲学、戏剧、诗歌、名人传记、藏文文法、梵文文法等著作。许多具有一定规模的寺院一般有两个书库。一个是经堂书库，存放普通文献资料；一个是特藏书库，用来存放重要经典和贵重文物。比如拉卜楞寺的特藏书库就存放着30多部重要经典，最为著名的有《大藏经》和《贤巴大师全集》，这些经典都是用金银汁书写而成。另在桑耶寺，特藏书库有3个，称为显密佛典经库，藏满了佛学经典，其中有汉地的，有印度的，还有西藏本土的。藏区寺院这些珍贵的文化遗产对培养学僧、传播文化起到了重要的作用。

二、寺院教育中教师与学生身份的特殊性

（一）声名显赫的佛家师长

在寺院教育中，由寺院的主持和高僧担任教师。这些高僧的共同特点是自幼聪慧，勤奋好学，弘扬佛法，弟子众多。按时间顺序

排列，历史上比较著名的导师有萨班·贡噶坚赞、宗喀巴、绛央却杰、根敦朱巴等。这些高僧在藏传佛教领域都是著名的上师，都拥有至尊无上的地位。

萨班·贡噶坚赞（1182—1251），藏传佛教萨迦派第四代祖师，他不仅对佛学经典辩博纵横，精深微妙，还通达十明学科，被称为“萨迦大学者”。萨班·贡噶坚赞的著作颇丰，有两部非常重要，一部是《分律三义论》，另一部是《明藏论》，后者主要讲述的是他对佛教逻辑（因明学）的理解和说明。在宗喀巴之前，这两部著作是藏传佛教各教派学僧必读的因明学教材。宗喀巴（本名罗桑扎巴，1357—1419）为藏传佛教格鲁派创始人，拥有格西学位。宗喀巴不仅是宗教领袖，也是寺院教育的改革者。他不仅将寺院的学经组织和经济组织分开，还建立了“以实践和修正为纲领、按部就班、次第整然的学经系统”[①]。因此，宗喀巴是一位深谙寺院教育的大师级高僧。绛央却杰（1379—1449）是宗喀巴的弟子，他主持修建了格鲁派的哲蚌寺。绛央却杰有很多弟子，他任寺主期间，寺院教育发展壮大，学僧人数也多。根敦朱巴（1391—1474）也是宗喀巴的弟子，从师学成后返回后藏收徒传法。根敦朱巴在日喀则建立扎什伦布寺。他广传佛法，弟子也很多。根敦朱巴后来被追认为第一世达赖喇嘛。

佛教通常讲求“三皈依”，即皈依佛、皈依法、皈依僧。“三皈依”实际上就是在师长的精心传授和指导下，学僧不断学习和自我完善的过程。此外，在藏传佛教里，还特别增加了一点，即皈依上师，大意为尊师，这充分强调了“三皈依”的领路人——师长的重要性，学僧必须无条件地服从师长，接受师长的教诲。尊师的美德

① 王森：《西藏佛教发展史略》，中国社会科学出版社，1987年，第66页。

是伴随寺院教育的发展而形成的一种文化传统，同时，这一美德与信仰紧密相连。

（二）得天独厚的学僧资源

寺中的僧人是寺院教育的主要生源，在藏语里被称作“扎巴”。如果再深究的话，这些“扎巴”的来源还可分为两种。一种是年轻人自愿来寺院学习，这与西藏地区浓厚的宗教氛围有关。“历史上在藏区，几乎全民信教，大多数人信仰藏传佛教。寺院是藏区文化汇集之地，是传播知识的重要场所，故而民众送孩子入寺为僧，都希望孩子能学习文化，成为有用之才。”① 还有一种是有的寺院规定以“二丁抽一”“三丁抽一”或“五丁抽二”的方式，征集年轻人入寺做学僧。有些藏区的学僧来源情况稍有差别，招收僧人几乎没有什么限制，入寺学习的学僧不限地区或籍贯，一般以本地农牧民子弟为主。当然也更欢迎外地学僧来寺学习，因为对本寺而言，这是一种荣耀。

三、寺院教育对藏区民俗文化传播的重要价值

寺院学习的内容极其丰富，当然佛学知识是其中比较重要的一项。此外，在历史上，藏族有自己的语言文字，也有本民族需要学习的内容，如大小五明。“大五明”为工巧明（工艺学）、声明、因明（正理学）、医方明（医药学）、内明学（佛学）；“小五明”为修辞学、辞藻学、韵律学、戏剧学和星象学（天文历算）。这十明学科是寺院学僧的必修课程，其中蕴含了丰富的民族文化。

① 弘学：《藏传佛教》，四川人民出版社，2002年，第129页。

（一）教理深奥的佛学知识的传播

学僧进入寺院后，先是要经历一个启蒙阶段，在这期间要学习藏语文和算数。掌握一些礼仪、经咒、法器以及宗教仪式中的程序等等。启蒙教育完成后，各教派即按照自己的教学内容进行修习。一般而言，佛教五部大论是藏传佛教寺院教育的主要教材，后来格鲁派寺院继承了这一修习传统，五部大论成为藏区各寺院教育的主要教材，一直延续至今。

五部大论总的分类是戒律、俱舍、因明、中观和般若。五部分类中的任何一个分类下都有教典若干部。其中，“戒律”就包含小乘别解脱戒、大乘菩萨戒和密乘三昧耶戒。《俱舍论》是一部佛教经典的简称，全称为《阿毗达摩俱舍论》，作者是世亲。他的这部著作几乎是所有藏区寺院学僧必读的佛学理论著作，正规寺院都把世亲的“俱舍”作为必修课。“因明”指古印度的逻辑学，它最早起源于古印度的辩论术，释迦牟尼也曾学习过“因明”。五部大论里的“中观”指的是《中观论》，即《中论颂》，由龙树大师撰写。《中观论》即阐述缘起性空深义，是一部修禅的经典，其思想源于原始佛教基本经典《杂阿含经》。五部大论中的最后一部是“般若”，它是梵语的译音，是“智慧”的意思，佛教指如实理解一切事物的智慧，般若智慧不是普通的智慧，而是根本的智慧，根本的智慧要超越一般的智慧，具体来说就是指能够了脱生死、超凡脱俗的智慧。

公元 9 世纪中叶以后，原先从内地和印度进入藏区的僧侣流派不一，逐渐出现教义分化，再加上地域的不同等多方面的原因，逐步形成了多个教派，如宁玛派、噶当派、萨迦派、噶举派等以及许多教派支系。这些教派所修习的内容各不相同，侧重点也有差别。

（二）丰富的十明学科的弘扬

十明（大小五明）涵盖了藏族文化的各个方面，从字义上看，各门学科都与佛陀有关系。十明文化是藏族文化的基石，它所包含的内容非常丰富，可谓包罗万象。有学者做过这样的评价："如果精通了十明文化，也就了解了藏族文化的全貌。"① 在此重点介绍大五明中的藏医药学和小五明中的天文历算。

1. 藏医药学

藏医药学是我国医药学的重要组成部分，藏医以其完备的医学理论、特色鲜明的藏药、独特的医疗手段而闻名。藏医药学同样也与藏传佛教、寺院有着密不可分的关系，因为从公元 15 世纪以后，学习藏医者绝大多数是出家为僧的年轻人，他们进入寺院学习医药学和佛教经典。

早年，藏医药传承主要是靠师徒相传、父子相传。无论是师徒还是父子相传，师傅或父亲讲解时，后生们需细心领悟，认真学习。临床见习也是学习的有效方法，帮助长者抄写药方更是学徒掌握知识的重要环节。经过一段时间的学习，直到能独立诊断与治疗才算出徒。

格鲁派创立以后，藏传佛教教育从规模到体制、从形式到内容等都发生了很大的变化，在一些寺院中设置了医药学院。比如 18 世纪初，青海的塔尔寺就设置了医药学院，规模较大，影响也较广。该院从低到高设置三个学级，学医的不仅学医学知识，还要修习佛经。《四部医典》和《菩提道次第广论》分别是医学和佛学的两部著作，也是医药学院学僧的必修科目。此外，为了加强学僧理论联

① 曲甘·完玛多杰：《藏族十明文化》，青海人民出版社，2013 年，内容简介部分。

系实际的教学实践，每年的 7 月初，全院学僧到曲嘎日辍（山名）鉴别草木等诸类藏药，并且亲自检验草木类药物的茎、叶、花、果的功效。在医药学院修习的学僧在学完《四部医典》后可考取“曼然巴”学位。塔尔寺医药学院治学严明，培养出的学僧基础扎实，医术高超，一批批著名僧医在这里诞生，在安多地区颇有影响。此外，在青海的佑宁、广惠、夏琼以及甘肃的拉卜楞等寺和西藏的哲蚌寺等诸多寺院，都建立了专门培训僧医的医药学院。特别是甘南州，除了拉卜楞寺以外，还有 30 多个寺院与藏医药有关联，这些寺院还从事藏药的制作。这些寺院当中大多设有医学院，培养藏医药专业人员并提供医疗服务，为保障藏区群众的医疗保健发挥着重要作用。

2. 天文历算

藏族传统文化丰富多彩，天文历算是其中的一个重要内容，这一学科从古至今都很受重视。目前在藏区各大寺院的很多高僧都精通天文历算。

提供藏族天文历算教育的主要机构为藏区各大寺院，最早以西藏的甘丹寺、哲蚌寺、色拉寺、扎什伦布寺的影响最大。发展到后来，天文历算教育的规模与实力逐步转向安多藏区。其中比较著名的是拉卜楞寺、塔尔寺和禅定寺的时轮学院。寺院中的时轮学院是学习、研究天文、历法等学科的基地。通常情况下，时轮学院分初、中、高三个年级，课程全部学完要 15 年左右的时间。拉卜楞寺的时轮学院里讲授天文历算的主要教材是《时轮派历算精要》，“该书主要内容包括日月位置的推算、五星位置的推算、日月食的预报等内容，基本上涉及了古代数理天文学的主要内容”①。除《时轮派历算

① 张世勤、唐泉：《安多藏传佛教寺院中的时轮学院与天文历算教育》，载《西北大学学报》，2005 年第 36 卷第 6 期。

精要》外，还有“《时轮根本续》《时轮摄略经》《韵律占星密传》《历算综论》《无垢光释广严疏》《白琉璃论》《噶丹新算母子篇》等”①。除了天文历算的专业著作以外，学僧还必须学习佛教经典，比如《时轮金刚经》和《时轮金刚生起与圆满次第经》等。塔尔寺时轮学院的学僧则要修习佛教典籍《时轮教授秘诀念修四支》和《瑜伽加行六支》等。

时轮学院学僧的专业水平是相当高的，就拿塔尔寺时轮学院的学僧来说，他们除了要掌握天文历算的知识以外，还要学习和掌握人体气脉运行的规律、宇宙中众生依赖生存的法则、占卜法和堪舆学等知识。而拉卜楞寺时轮学院的学僧每年还必须撰写出一部与专业相关的著作，书名叫作《藏族气象历书》，该书的“内容要涉及日食、月食、置闰、节气变化、地震预测、占卜吉凶和年景丰歉等各个方面”②。为提高专业著作的质量，撰写者要将该著作在全寺范围内公之于众，以求得僧众的批评指正。

四、寺院培养人才的主要模式

西藏传统文化的传播和弘扬需要各级各类人才，而西藏寺院则是培养这类人才的场所。随着寺院教育的发展和完善，逐渐形成培养人才的固定模式。在这里重点介绍辩经考试制度、升级和学位制度。

（一）辩经考试制度

藏传佛教寺院教育中最具特点的学习手段是背诵和辩论。背诵

① 张世勤、唐泉：《安多藏传佛教寺院中的时轮学院与天文历算教育》，载《西北大学学报》，2005年第36卷第6期。

② 张世勤、唐泉：《安多藏传佛教寺院中的时轮学院与天文历算教育》，载《西北大学学报》，2005年第36卷第6期。

可增长见识、加强语感、提高口头和书面表达能力。而辩论可提高学僧的语言组织表达能力和逻辑思维能力，这对理解和掌握佛经的深奥义理是大有裨益的。特别是在学习显宗的过程中，学僧会接触到大量的佛经知识，他们必须通过背诵强记，才可能最大限度地充实自己，并在此基础上不断精研，再通过辩论，以求得正见。因此，藏区各寺院的学僧必须把自己的主要精力和时间放在背诵经文和辩论佛学要义方面。

多识·洛桑图丹琼排在其论文《谈藏传佛教培养人才的模式》中强调了背诵的重要性，明确表示背诵这一学习方法是藏传佛教寺院教育的特殊传统。多识·洛桑图丹琼排写道："印度的世亲大师能背诵十万颂论 99 部。藏地噶当派格西夏热瓦能背诵 103 函的大藏经《甘珠尔》。宗喀巴大师从小养成了每天早晨黎明到日出背熟 17 页经文（约 1 万字）的习惯，有一次给 1 万多僧人开讲经论 17 部（约 20 函），偈颂、疏论按原文一字不漏，靠背诵经书讲解，共讲了 3 个多月，是宗喀巴的四大奇迹之一。"[①] 在藏区寺院中，能背诵几十万字到上百万字佛经的大有人在。

寺院里的辩经考试制度经历了悠久的历史，发展到今天形成了三种不同层次的固定模式。第一种是很普通也是很常见的辩论，多是学僧在学经初期进行的一种带有学习性质的辩经活动，参与辩经的学僧大都是同年级和上下年级，还有就是同一个院系中各班级之间的辩经。形式多采用对辩，即一人提问一人答辩。第二种辩经在水平上提升了一个档次，就是由寺院主持组织的辩论，辩论题目也是由寺院内佛学造诣较深的高僧拟定并提问的。第三种即更高一级的辩经，多在重大佛事活动或重要节日期间举行。由此可见，辩经

① 多识·洛桑图丹琼排：《谈藏传佛教培养人才的模式》，载《法音》，2001 年第 10 期。

活动不仅是寺院教育的一项重要内容，同时它也是藏区宗教生活中一项必不可少的内容。

在辩经过程中学僧可以将平时研习的各种不同的佛学理论观点结合起来，灵活运用，充分发挥自己迅疾的反应力和雄辩的口才。在佛教理论的框架内，洋洋洒洒，口若悬河。同时寺院对辩经内容、辩经方式及辩经者应注意的事项等都做了明确规定，还特别提出辩经时的七项要求，“气宇轩昂、语气温雅、语不伤人、道理犀利、不懈不骄、不舍真理、郑重从事”①。后来，人们盛赞辩经中的这七项要求为七种美德。在此基础上，不同教派的寺院也根据自己教派的特点，陆续制定了辩经考试的规章制度，要求学僧们严格遵守，照章执行。

实践证明，背诵与辩经是行之有效的学习方法，此两种方法既扩大了学僧们知识的积累，又巩固了他们所学的知识。对于一个学僧来说，从入寺的启蒙教育到获取格西学位的漫长学习过程中，他要精通十几部甚至几十部佛学经典，如果不采用背诵的方法，就不可能获取大量的知识。

（二）升级和学位制度

升级和学位是寺院教育的重要环节，获得了寺院各种学位的人在民间是非常受尊敬的，他们会被视为有文化的、有身份的特殊人群。而他们对藏区民俗文化在民间的传播和弘扬也起到了不可估量的作用，对藏区民俗文化的保存和发展发挥了举足轻重的价值。

在历史上，各教派都有自己的升级和学位制度，其中格鲁派的相关制度影响最大。按照格鲁派的教育制度，每个学僧自进入学习显宗

① 桑吉扎西：《闻思修 讲辩著——藏传佛教历史上的学经辩经和学位制度》，载《法音》，2004 年第 10 期。

因明部开始，每年必须经过严格考试，方能升级。考试时间为每年农历的十一月十九日。考试前学僧对自己的学业水平要做充分的估计，如果没有绝对把握升级继续深造，可以自动申请留级甚至还可以申请降级。凡参加考试的学僧，对寺院格西和僧众们的提问必须逐个回答，在解答问题过程中，一定要做到准确、详细和缜密。考生的解答在得到格西们的一致认可后，才算通过。一般来说，学经僧人能够坚持学到考取格西学位，一般都要经过二十几年的时间。

格西是藏语“格威喜年”的简称，意为“善知识”或“良师”。按佛典《宝积经》所讲，“善知识须具备能增长利他功德，能增长众生智慧，能增长出世善法，能增长证悟法益的大乘菩萨行者”[①]。学完五部经典教材后，经过严格的考试，正常情况下，学僧可获取格西学位，然而佛学中“格西”是有不同等级的。“格鲁派的拉萨三大寺甘丹寺、哲蚌寺、色拉寺的格西学位分为四等，即拉让巴、措然巴、林赛和多让巴格西。”[②] 而格鲁派其他寺院格西的等级和名称与三大寺则不尽相同，如日喀则扎什伦布寺的格西分为噶钦和噶久两个等级，前者相当于三大寺的拉让巴，后者相当于三大寺的措然巴或多让巴。塔尔寺的情况同扎什伦布寺的相同，也设两个等级，第一等叫麦朗然江巴，第二等叫协让巴（善讲师），这两个等级也是分别对应三大寺的拉让巴和措然巴、多让巴。而甘肃拉卜楞寺则没这么复杂，只设一个学位，即多让巴格西。拥有不同层级学位的僧侣对藏区的传统文化传播和弘扬发挥了积极作用，并获得了广大信众的认可。

① 石山：《藏传佛教传统的格西学位制度》，载《中国民族报》，2005年10月，第7版。
② 石山：《藏传佛教传统的格西学位制度》，载《中国民族报》，2005年10月，第7版。

下编　文学艺术

18 佛教思想与藏族作家文学

藏族文学丰富多彩，是藏学宝库的一个重要组成部分。藏族文学包括作家文学和民间文学。作家文学作品数量多，居我国少数民族文学之冠；藏族民间文学，世代相传，脍炙人口，具有鲜明的民族风格。长期以来，佛教同藏族文学的主题思想、人物塑造、心理描写、故事情节、结构处理等关系密切，形成了藏族文学的一个重要特点，值得一提的是，有的作品就是直接宣扬宗教的。从整个藏族作家文学的体裁上看，可分为：道歌、格言、历史文学、传记文学、作家诗、史传文学、戏剧等等。一般而言，作家文学较之民间文学，其宗教色彩更浓，宣扬佛教宿命论观点、人生苦海等思想内容，劝喻人们断除一切凡间之事，避世苦修佛法，以求彻底解脱。现举几部著名的藏族文学作品。

一、道歌

《米拉日巴道歌》的作者是米拉日巴，他是噶举派的创始人之一。米拉日巴先是师从佛教大译师玛尔巴，经过几年的努力，学得佛法要旨，之后又隐入深山野林苦修。得成就后，便云游各地，弘传佛法，广收门徒。《米拉日巴道歌》包括三部分：第一，降伏来犯的鬼神，使它们受佛法的约束；第二，引导具缘弟子走入成熟解脱之路（即成佛道路）；第三是谈其他方面的。道歌共分 58 节，约 400 首诗歌。其中一首如此言道：

芸芸众生世间人，
生老病死似河深，
人人难逃皆有份，
轮回大海不断根。
溺于苦浪不自知，
安乐幸福无一时，
怕苦反倒自作苦，
祈福却做有罪事。
欲想解脱人世苦，
恶行罪孽要戒除，
临死修法是正途。

佛教的基本观点有四谛、四法印和八正道，这是由人世间的衰老、病痛、死亡和恐怖等“苦”衍生而来。佛祖认为人世间如同苦海一般，只有修法才能解脱烦恼、脱离苦海。米拉日巴在其道歌中正是宣扬佛教的“人生苦海”“回头是岸”的思想内容。在道歌中更有劝人跳出红尘，修习佛法。

二、格言诗

藏族作家文学的格言诗是以《萨迦格言》为代表的，格言诗作者贡噶坚赞既是新兴农奴主阶级的代表人物，同时又是萨迦教派的首领，他执掌昆氏家族和萨迦教派的政教大权。年幼时跟从伯父扎巴坚赞出家，之后又求教于名师，他博学经论，通晓五明，世人尊其为萨迦班钦，即萨迦大学者。他的格言诗集《萨迦格言》共分9章，包括457首，用大量篇幅阐述了以佛教治国的主张。诗中讲：

国王应尊佛法卫国护众生，
不然就是国政衰败的象征；
如果太阳不能消除黑暗，
那是发生日蚀的象征。

作者贡噶坚赞既是萨迦派的首领，又是昆氏家族的统治者，集政权与教权于一身，在其长期的政教合一的统治过程中，逐渐形成了以佛教思想控制百姓，治理所辖地域的固定模式，最后正式倡导以佛教施政。这与当初吐蕃的几位赞普竭力引进佛教，兴佛抑本的初衷是相吻合的。这首格言诗强调了佛教施政的重要性和必要性，提出国家、国王、佛教三位一体的设想，明确表示三者不可分割。他指出国王必须以佛法来捍卫国家，保护众生，特别强调了佛教的神学世界观在意识形态领域中的统治地位和对政治的指导作用。《萨迦格言》中这类内容的诗在客观上为藏区政教合一制度的持续发展起到了舆论导向作用。它流传广泛，影响很深。再如：

一根秆上生长着草，
被风吹散各奔东西，
正像一起降生的人，
命运不同分出高低。

又如：

哪个有情和哪个有关系，
全是生前宿业所注定的。
请看鹫鹰要背负土拨鼠，
水獭要向猫头鹰献供物。

以上两首格言诗都是讲佛教宿命论的，宿命论是讲“业”与“果”的关系，前世的“业”与后世的“果”有直接关系，“业”修好了，“果”也就好。如此看来，那些生活在底层的贫苦农奴、奴隶终身受苦受难，只是因为他们前世的“业”不好，换句话说，前世的“业”不同，才会有今世的高低贵贱之分。

三、历史文学

《王统世系明鉴》（又称《西藏王统记》）是藏族历史著述中成书较早、影响较大的一部著作，同时也是一部重要的文学作品，其中叙写了大量的宗教内容，该书也被视为一部佛教史。成书年代大约在 14 世纪初期，该书作者一般被认为是萨迦五祖八思巴的侄孙——第八世萨迦法王当巴索纳坚赞。

《王统世系明鉴》原文分 18 章。第一章讲宇宙形成，印度古代诸王、释迦牟尼降生及弘扬佛法；第二章讲塑造释迦牟尼佛的三身像和给三身像开光；第三章讲汉、蒙古王统传承及两地的佛教弘传情况；第四章讲“六字真言的功德”；第五章讲观音菩萨化度雪山众生得解脱；第六章讲观音化现马王利益众生；第七章讲猕猴与岩罗刹女繁衍蕃地人类；第八章讲蕃地古代诸王；第九章讲观音身放四光，法王松赞干布出世；第十章讲吞米·桑布扎由印度回蕃地制定藏文及松赞干布制定十善正法；第十一章讲自印度和尼泊尔迎请松赞王的本尊像；第十二章讲迎请尼泊尔的赤尊公主；第十三章讲迎请文成公主；第十四章讲修建大、小昭寺及其他支寺开光；第十六章讲埋藏经咒宝物，使蕃民皈依佛法；第十七章讲松赞干布王与赤尊、文成二妃功德圆满，化光融入本尊观音像胸中；第十八章讲松赞干布以后诸王及汉藏关系等。

从各章情况看，这部作品的确是以论述佛教为主，不过，作品中还记录了不少神话。如藏族古代神话、印度古代神话。神话主要是讲蕃地人种起源、外器神世间形成的活动、观音菩萨化度吐蕃众生及变化成马王拯救落海商人等，即使是神话也都掺杂了很多佛教内容成分。

蕃地人种之起源的神话也就是猕猴演化成人的神话。在神话的开头首先讲了猕猴是观音菩萨点化而成，是被授以居士戒后派往吐蕃雪域去修行的。岩罗刹女到山洞中向正在修行的猕猴求亲，猕猴不敢作主，只好去普陀山请观音指点，观音菩萨当即应允，忿怒母和救度母也完全赞成。猕猴这才与岩罗刹女成亲。《西藏王统记》写道：“圣观音说道：‘你就做岩罗刹女的丈夫吧！’忿怒母和救度母也从空中说道：‘这件事很好呀！’于是，圣观音赐福猴子和岩罗刹女结为夫妻，并赐福吐蕃雪域于未来时，佛教长久驻世，并兴旺发达，善知识不断涌现，宝藏开启，十方吉祥安乐等。”

书中还讲到猕猴与岩罗刹女结为夫妻以后，生下了六只小猴，他们分别由轮回六道的生灵投胎而来，所以性情各不相同：由地狱投生的小猴，黑脸，能吃苦；由饿鬼处投生的小猴，面相丑且贪吃；由畜生处投生的小猴，笨拙懒惰，性情顽固；由人世间投生的小猴见多识广，谨慎精细；由非天处投生的小猴，身体健康，好嫉妒；由天神处投生的小猴，性情善良，有心机。这六只小猴被父亲领到果实丰盛的地方。三年以后，父猴去看望它们，猴群已增加到五百只，此时树上的果实已经吃完，也没有别的食物。看到孩子们饿得举手呼号，情景悲惨，父猴又去拜请观世音指点，观世音菩萨从须弥山的缝隙中取来青稞、小麦、荞麦、大麦、豆子，撒到大地上，使那里长满不种自生的谷物，并赐给猴群，从此猴群就不再挨饿了，它们身上的毛和尾巴都变短了，又逐渐懂得使用语言，这样就变成了人。

《西藏王统记》的后十章都是关于松赞干布的事迹，占全书的一多半。如松赞干布、文成公主、赤尊公主三人的降生；松赞干布继赞普位；迁都拉萨；派吞米·桑布扎去印度留学，回吐蕃后创制文字；设官位，制定法律；派人去印度和尼泊尔迎请本尊佛像；先后派婚使去尼泊尔和中原迎请赤尊公主和文成公主；修建大小昭寺；埋藏各种财宝、书籍；功德圆满后松赞干布和赤尊、文成两王妃共同融入观音像；等等。不难看出，这些内容都是讲松赞干布倡导佛法，以佛教治国。如盛赞松赞干布的丰功伟绩，惠泽雪域净土，为百姓带来幸福与欢乐时，书中如此言道：

天空涌现八福轮，
大地盛开八瓣莲，
中间山满八吉祥，
欢喜园中林木茂，
百鸟齐唱欢乐歌，
感动大地六震动，
诸天纷纷降雨花。
吉祥欢喜岩神园，
核桃树下浓荫中，
宝座上面坐法王，
勇武机智众大臣，

蕃民眷属围四方。
五色缤纷虹幔帐，
王座上空如伞罩。
葡萄蔗糖甜美食，
具有百味美珍馐，
国王赐食宴臣属。
为使法王散心情，
戴上面具舞狮虎，
执鼓跳舞众艺人，
各献技艺显奇术。
天鼓琵琶声音起，
铙钹诸乐齐献奏，
摆上沉香和檀香，
诸般妙香随风散。
幡幢彩带呼呼飘，
各种旌旗漫虚空，
美丽苗条十六女，
身佩美饰手擎花，
歌舞翩翩悦耳目。
颁布幸福法律时，
蕃民人人皆跑马，
高树之巅旗影飘，
大正法鼓喧然擂，
合十善法得推广，
合五妙欲享受增。
于此雪国邦土中，

十善法如日照天，
普照蕃地雪山国。

这首赞美诗歌颂了蕃地的太平盛事，百姓幸福安康一派祥和的景象。给人以一种欢快明朗的感觉，令人陶醉与向往。同时在诗文中又提到了“法王”“十善法”以及佛教的八福轮、八瓣莲、八吉祥、法鼓等。

松赞干布是藏族历史上文韬武略、功勋卓著的赞普，他在位期间，吐蕃发展壮大，一度辉煌。首先，他统一了吐蕃全境。随后，划分辖境，设立军政区域，委任官吏，发展生产，吸收外来文化。在其统治期间，吐蕃境内出现了繁荣景象。从吐蕃王朝建立过程以及所实施的各项措施来看，显然是受到了当时周围诸先进国家封建社会制度的影响。这些国家普遍尊崇佛教。佛教所说的佛、法、僧“三宝”，代表了神权统治、经律教义和严密组织，直接影响了吐蕃建政。第一章叙述了吐蕃王朝以前藏族社会信奉本教，本教在当时的影响力很强，在政治上有很大的势力。松赞干布为了巩固王室的统治地位，排除各种阻力，积极引进佛教，对藏族社会的发展具有重大意义。松赞干布先后与尼泊尔公主、唐朝公主通婚，更促进了佛教在吐蕃的传播。这首诗歌中提到的“十善法”就是松赞干布依照佛教戒律制定出的吐蕃最初的法律。

四、叙事长诗

《佛所行赞》是一部描写释迦牟尼一生事迹的叙事长诗，作者马鸣（生活于公元 1 或公元 2 世纪），是古印度著名的佛教理论家、诗人、戏剧家。他为著述释迦牟尼一生的事迹，搜集各种传说，并加工整理，以出神入化的笔触，写就了《佛所行赞》。全书共 28 章，从释迦牟尼出生一直写到涅槃。由藏族译师萨旺桑布和罗卓杰布共同译成藏文。全书以故事为载体，用传记形式叙述，韵散结合，具有较高的水平。这部著作对释迦牟尼性格做了具体描写，人物形象鲜明生动，字里行间充满了离奇幻化的神秘色彩。前半部分写释迦牟尼在迦毗罗卫国的宫中生活和出家修行时除魔降妖的故事，此部分的描写诗意甚浓，后半部分主要写释迦牟尼成为佛陀以后讲经说法及收徒，写作手法以议论为主。《佛所行赞》的第八章“合宫忧悲”是讲释迦牟尼不辞而别，出家修行，当宫中上下从车夫处得知这一消息时，顿时都陷入了悲痛之中，书中写道：

主人独自进森林，
车匿牵马心难平，
路上强把悲痛忍，
眼泪难禁落纷纷。
去与主人同行走，
白马欢走只一宿，
回无主人心忧戚，
一宿之路走八日。
路上无食腹中饥，
车匿白马形憔悴，
虽有珠宝来装饰，
主人离弃光泽失。
白马眷恋苦行林，
不断嘶鸣发悲音，

心中只把旧主思，
忘却喝水和吃食。

车匿白马泪汪汪，
众人一见皆惊惶，
如同牛群失头领，
号啕痛哭心胆惊。
瞿波夫人太子妃，
犹如母牛失子悲，
如风吹摇芭蕉林，
悲痛欲绝昏在尘。
后宫采女心忐忑，
肩耷手垂脸失色，
不哭不叫嗓无音，
呆立就像泥塑人。
主母闷绝晕在地，
众妇珠泪如雨滴，
犹似滚石纷纷下，
忙把檀香水来洒。
……
丰满圆润莲花手，
无饰白皙如莲藕，
直把胸膛来捶打，
如同风吹莲花摇。
又如狂风摇树木，
还似群雁落河谷，

双拳不断落乳间，
妇女悲态真娇怜。
胸被手捶胸口痛，
手捶胸膛双手肿，
直至无力来捶打，
手掌胸膛皆震麻。

据史料记载，释迦牟尼曾向其父净饭王提出过出家的打算，父王好言相劝，并派人看护太子，宫女们更是不离左右，她们以美妙的音乐、优美的舞蹈讨太子欢心。然而这一切对去意已决的释迦牟尼来说没有丝毫作用。一天半夜，释迦牟尼毅然出家，在离家 100 多里的山林中，他剪断头发，扮成出家人的模样，并让车夫把头发带回宫中交给父王，转告父王自己出家修行去了。上述引用的这段叙事诗就是讲释迦牟尼不辞而别，出家修行的。前一段写车匿（车夫）不忍与太子分离的痛苦心情；后两段则着重表现了宫中众嫔妃得知太子出家这一消息后，都好似遭受了晴天霹雳一般，悲痛欲绝。

还有一部长篇叙事诗《菩萨本生如意藤》，作者格卫旺布，印度诗人，大约生于公元 12 世纪中叶。这部作品由公元 13 世纪的藏族译师雄顿·多吉坚赞翻译成藏文。《菩萨本生如意藤》全书描写了释迦牟尼一百零八品“本生故事”。它是由作者集录其他经论中的故事，用诗体改写成的。全书的五分之三是讲释迦牟尼利益众生的故事，其余五分之二是讲释迦牟尼修“六度行”的故事。另外，在《丹珠尔》的赞颂部及其他密疏部里，收集了很多印度著名佛教大师们写的赞颂诗歌。有龙树大师的《法界赞》《三身赞》《八大圣地灵塔赞》《佛十二相成道赞》《圣文殊师利慈悲赞》《竭地洛迦林度母赞》《礼拜赞》等；印度诗人玛底基陀罗的《三宝吉祥赞》（白泽译)、《正等觉相赞》和《三十五善逝赞名宝饰》；却色的《大黑赞》《大黑天女赞》（乌嘎译）和《行者赞》。此外还有世亲的《三宝赞》、陈那的《杂赞》、无著的《法身不共功德赞》、法称的《佛入涅槃赞》、寂护的《八如来赞》、马鸣的《一百五十赞》（释迦洛椎译）和《犍稚梵赞》（达玛云丹译)、阿底峡的《圣度母赞》（却吉耶协译)、迦梨陀婆的《妙音天女赞》（却巴译）和《八吉祥赞》(拜丹扎巴译）等等。

这些赞颂诗的内容多是赞颂佛陀身语意功德、佛法僧三宝的，此外还有赞颂度母、妙音天女、大黑天等本尊、护法神的。如玛底基陀罗的《三宝吉祥赞》在赞颂佛法僧时这样写道：

牟尼像色如纯金液的光环，
眼似莲开面如月发似峰青，
梵天帝释俱吠罗魔之顶冠，
向射出法光佛陀太阳致敬。

佛陀太阳射出的正法光芒，
金光灿烂照亮了四面八方，
把世间沉睡人们彻底唤醒，
向以证悟得解脱正法致敬。

听闻如来阳光盛誉的地上，
戒律芳香普提支枝干秀挺，
禅定无形凉水喜获涅槃藏，
向实践比丘盛开莲花致敬。

这首赞颂诗共有十二句，分三颂，每四句为一颂。第一颂赞佛，第二颂赞法，第三颂赞僧。佛法僧“三宝”言指：佛陀为佛宝，佛所说的法是法宝，佛的出家弟子的团体是僧宝。佛家认为，这三者能让普天下之人止恶行善，脱离苦海，享受快乐。这三宝世间难得，应该受到尊敬。从作者的角度而言，佛教的“三宝”就成了他们创作的素材和赞颂的对象。他们用最优美的语言、夸张的比喻，把佛教的“三宝”奉为至高无上的真理，希图人们的敬仰与礼赞。

再如龙树的《朅地洛迦林度母赞》，是一首赞颂住在朅地洛迦林中的绿度母本尊神的诗。诗中写道：

圣母宫殿洛迦林中度母住，
优昙降香柏树尼枸卢，
檀香肉寇丁香果丰好园林，
四时鲜花绿叶好住处。
各种果树可作赡步罗，
甘甜清流潺潺水声妙，
虎豹跑鹿儿舞熊罴跳，
狐猴猕猴斑羚喂小犊，
天女天子林中把歌唱，
比丘龙树洛迦林中修成就，
向度母修习圣地顶礼颂扬。

从表面上看，这首赞颂诗是描写洛迦林圣地的美妙风景：鲜花遍地，名贵的树木结满果实，潺潺流水，各种动物自由自在地在林中来回奔跑。描绘了一幅美丽画卷，给人以幽娴、贞静之感。然而，仔细分析，这首赞颂诗还是在赞颂绿度母本尊神。作者以浓重的笔墨描写度母的居住环境，是想以此来烘托度母的崇高与神圣，对一般人来说度母是可望而不可即的，无形中又给度母增添了一层神秘的面纱。因而，人们也就更加仰慕她、尊敬她，向她顶礼致敬。

五、戏剧

白噶卫拉，又称吉喜天（印度人），据说此人就是公元 7 世纪印度曷利沙帝国的国王戒日王（606—647 年），他崇信佛教，并以佛教治国；在当政期间，他供养僧人，广为布施。除《龙喜记》外，他还写有《璎珞传》和《妙容传》。《龙喜记》被收录在藏文《丹珠尔》的本生部中，公元 13 世纪中叶，由藏族雄顿大译师和印度大师罗克什米迦罗奉法王八思巴和本钦释迦桑布之命，在萨迦寺译成藏文。

《龙喜记》片段（一）

玛拉雅坚玛回到净修林后，相思之苦折磨得她坐立不安、失魂落魄，要去见云乘又怕失礼受指责，不去又思念痛苦。

玛拉雅坚玛：(道白) 姑娘！真的，为什么在这浓荫蔽日的檀香藤萝凉亭不能消除我燥热的痛苦呢？

侍女：(微笑地) 我知道你燥热的原因。但是，小姐！你不相信我，不会承认的。

玛拉雅坚玛：(独白) 我虽然要告诉她，但还是先问问她。(道白) 姑娘！为什么？是什么原因？你说呀！

侍女：小姐！那就是你心上思念的人儿。

玛拉雅坚玛：(高兴地急忙站起来，向前走了两三步)

他在哪儿？他在哪儿？

侍女：（起立，微笑）小姐！

（玛拉雅坚玛害羞地坐下，低下头去）

……

玛拉雅坚玛：淑女会不顾自己的名声，向别人诉说吗？姑娘！这比我的痛苦还要痛苦。我知道不能向那显赫的人说一点喜欢的话，这是不合规矩的。（哭）

《龙喜记》片段（二）

……老妇人（泪流满面地哭道）：唉！亲爱的洞格祖儿呀！今天你就要被杀死，我怎么能再见到你呀！（抬起孩子的下巴）我就要同你这月儿般的面容分离了，今天我只觉得地下一片昏暗。

洞格祖：妈妈，你这样悲哀，我很痛苦。

老妇人：（端详着儿子，摸着儿子）唉！我亲爱的儿呀！看见你就像看见太阳一样，你这样年轻就要被那残忍的大鹏吃掉。（抱着儿子的脖颈痛哭）

洞格祖：（用手擦去妈妈脸上的泪水）妈妈！你这样太悲痛了，有何益处呢？还是把心放宽点吧！

老妇人：（眼泪汪汪）我怎么能宽得了心，我只有你这样一个儿子呀！（慈爱地）唉！龙王你也不想想，你多残忍呀！在这广阔的世界上，你怎么就只想到我这唯一亲爱的孩子呢?!你把我这无福分的老婆子毁了呀！（昏死过去）

《龙喜记》有六幕，主题思想是宣扬佛教的慈悲为怀、舍身救众生的菩萨行。剧本的前三幕是写云乘王子同修道人女儿玛拉雅坚玛二人恋爱结婚的故事。后三幕是写云乘救龙喂大鹏。他遇见龙母子二人，因儿子将要被龙王送给大鹏为食，其母悲痛欲绝。云乘见状顿起慈悲之心，他甘愿自己献身，救下这个可怜的龙青年。

总之，在藏族文学作品中，没有宗教色彩的只是极少数，这一点从作者的身份就能找到答案，许多作者本身就是佛门高僧，教派法王或达赖喇嘛，他们对佛学有很深的造诣。例如，以唱道歌闻名的米拉日巴，作格言诗著名的萨班·贡嘎坚赞、索南扎巴、贡唐·丹白准美、米庞嘉措，撰写历史文学著作的巴·萨囊、索南坚赞、巴俄·祖拉陈哇、阿旺洛桑嘉措，撰写诗歌著名的宗喀巴·洛桑扎巴、仓央嘉措，传记文学的作者桑吉坚赞，撰写小说的达普巴·洛桑丹白坚赞等，都是在全藏区家喻户晓的宗教界领袖。他们主要是以宣扬佛法为主要目的。在众多藏族作家文学作品中，有几部注释性作品，如《萨迦格言注释》《格丹格言注释》《众生养育滴注释》等，它们中不乏一些生动有趣的故事，大部分也引用了佛教经典。此外，从藏族文学作品的创作思想上看，更是同佛教教义有着密不可分的联系。例如，有些作品在写到难以忍受人间苦难时，往往把苦难归于“前世的孽”，把希望寄托于“来世”；受难的角色采取忍耐的态度，或者是把受难者幻化成神，飘然升入天空。这类例子有很多，显然，这是受佛教因果报应、六道轮回观念的影响。

19　藏族佛教文学与藏族历史文化

文学作为一种特殊的文化现象，它同与之相关的上层建筑和经济基础是密不可分的。正如恩格斯所说：“政治、法律、哲学、宗教、文学、艺术等的发展是以经济发展为基础的。但是，它们又都互相影响并对经济基础发生影响。”① 要全面认识藏族文学的本质，就必须进一步研究藏族文学中所反映的上层建筑中其他部分的内容以及上层建筑诸方面之间的关系，更深一层地发掘其中所蕴含的文化积存。

藏传佛教形成以后，其思想体系也随之确立，在藏族社会中，人们以它的思想内容为精神依托，统治阶级也利用藏传佛教作为统治百姓的精神武器。毫无疑问，藏传佛教对藏族社会的经济、政治、法律、道德、文学乃至原始信仰等都产生了新的、巨大的影响。在藏族文学作品中，充分反映了这些方面的内容。

一、文学作品所反映的佛教对经济的渗透

藏族历史文学作品《巴协》（作者：巴·萨囊，公元8世纪）中有这样的叙述：赤松德赞考虑他在世时如不规定桑耶寺僧人的数

① 马克思恩格斯：《马克思恩格斯全集》第四卷，人民出版社，1998年，第506页。

量，他死后就可能无人照应，于是赐给寺院奴户 150 户，给每个僧人 3 户属民，每户平均四口人计算，资助 355 名僧人，这些寺属奴户都不向赞普缴纳税赋，不负担兵役。到赞普赤热巴巾执政时，他把赐给每个僧人的属民增加到 7 户。另外，还把土地、牲畜、奴户作为固定寺户分给寺院。

这段叙述表明佛教与经济开始建立起了直接的关系。佛教要发展就必须有足够的经济实力作基础，长此下去，佛教势必会对经济产生巨大影响。两个赞普最初的目的只是出于对佛教的扶持，对僧人的体恤。佛教要发展，势必要有一个相当规模的僧人集团，僧人要吃饭，这是最起码的生存条件。然而赤松德赞和赤热巴巾的初衷却为以后藏族社会的宗教与经济埋下了伏笔，使得佛教与经济相结合这一社会现象持续了 1000 多年，这对藏族经济产生了巨大影响。吐蕃王朝没落瓦解后，西藏境内的一些地方奴隶主和佛教势力相结合，形成若干个把持一方、互不统属的地方割据势力，他们大力兴修寺院，而奴隶主原有的大量土地也自然而然地和寺院融为一体，从此寺院开始拥有了土地。在萨迦、噶举等教派执政期间，都给所属教派的寺院分封过土地。黄教政权建立后，封给黄教大小寺院不少庄园、牧场和农奴。同时，贵族也经常以布施的方式给寺院土地。如此看来，寺院的土地既来自政教合一的统治阶级，又来自贵族的布施。此时的寺院经济已经今非昔比了，寺院所拥有的土地面积相当可观。1949 年，西藏的大小寺院共计 2700 余座，它们拥有的耕地面积占全藏实际耕地的 39%，约 180 万克（1 克土地约合 1 亩）；牧场 400 余处；农奴 9 万多个。（西藏的全部土地，包括耕地、牧场、森林、山脉、河流、荒地等约有 399 万克，西藏地方政府占 30.9%；寺院占 39.5%；僧俗贵族占 29.6%。）如此强大的经济实力，形成了一种独具特色的经济格局。在一段历史时期内，寺院集团同西藏地方政府及贵族阶层一道制约着西藏的经济。

佛教与经济的结合，使西藏的经济形势形成了一种现象，这主要表现在两个方面：一是职业转换。随着佛教的发展，僧侣集团也逐渐壮大，于是大量的劳动者走出田地，皈依佛门。寺院有严格的戒律，其中一条就是不许僧人从事生产劳动，职业转换的人数越多，创造者与消费者的比例变化就越大。二是人口问题。依据佛教教义，寺院（特别是格鲁派）严禁僧人娶妻生子，长此以往，造成藏族人口锐减。

二、文学作品所反映的佛教对政治的影响

《国王修身论》（作者：米庞嘉措，公元19世纪）有一首诗这样写道：

凡是一切英明国王，
都以佛法指导思想，
身居高位一切长官，
应该奉行佛法律章。

如果说米庞嘉措只是想通过自己的诗作向统治阶级重申佛教是治国之本，希望他们能坚持以佛教治国的话，那么，五世达赖喇嘛阿旺·洛桑嘉措所著的《西藏王臣记》所反映的佛教与政治之间的关系则更为直接、更为具体。《西藏王臣记》记述了西藏各个历史时期王朝的历史事件。在“萨迦历代继掌西藏政教事记”一章中有这样一段文字：“元世祖忽必烈继登帝位。八思巴年刚十九岁也就当了元世祖的帝师。”

1264年，忽必烈入主中原，为了便于管理藏区和全国的佛教事

务，世祖忽必烈在中央设置了总制院（后改为宣政院），其职能是掌管全国佛教事务和藏族地区的行政事务。忽必烈封萨迦派教主八思巴为国师，并赐其象征权力的玉印，授命八思巴以国师的身份兼管总制院的院务。这意味着作为宗教领袖的八思巴一跃成为权限统摄全国佛教事务和藏族地区行政事务的中央政权高级官员。不仅如此，当时吐蕃的各宣慰史司、都元帅府以及万户以上的重要官员，在皇帝委任之前都要由帝师提名，可见当时身居要职的八思巴在中央决策西藏政治事务时所起的举足轻重的作用。

在藏族居住区，元朝设有宣慰使、安抚使、招讨使、万户、千户等官职，负责管理当地军政事务。万户以下的职官都是任命当地的僧俗上层人物担当，并且可以世袭。吐蕃各宣慰使司、都元帅府以及万户以上的职官也由相当数目的上层僧人担任，他们与俗官共同管理各地方政教事务，号令僧俗百姓。从《西藏王臣记》里可以了解到，僧人与权力间的结合是很直接的，从元朝中央到藏区各地，僧人掌政的现象也比较普遍。其实，西藏政教合一现象在元代以前就已经存在，比如公元10世纪初，朗达玛的后裔益西坚赞占据山南地区（今山南市）的桑耶，自称“阿达”，意为领主，同时他还把持桑耶寺，既是寺主又是领主。到了公元12世纪时，这种情况更加明显，如康区地方势力居热氏家族到拉萨东部的止贡地方，创建了噶举教派止贡支系，以后，这一教派就由居热氏家族操纵实权，并且控制了止贡地区；噶氏家族与蔡巴噶举派联合，形成蔡巴封建势力，统治拉萨一带；山南朗氏家族篡夺了噶举派帕木主巴支系的权力，组成政教合一的封建地方势力，统辖乃东一带；山南封建主雅垅觉卧家族控制噶当派的怯喀寺，管理工布、塔布一带；昆氏家族控制了萨迦教派，组成政教结合的封建地方势力，统治萨迦一带地方。不过这些互不统属的地方封建势力，在当时还没有发展成为政教合一的制度，它们只是政教合一的雏形或早期发展。藏族封建社会中政教合一的政治制度，正是从13世纪元朝对西藏全面施政开始的。西藏政教合一的组织得到了元朝中央的正式认可，万户以上的官职由中央任命。17世纪中叶，五世达赖喇嘛建立甘丹帕章政权后，仍然兼法王、藏王两任于一身，进一步巩固和加强了政教合一制度。

佛教与政治的联系同佛教与经济的联系是相通的，两种联系密切相关。从藏传佛教发展进程上看，当僧人多至社会力量无力担负时，统治阶级为解决这个矛盾只得把土地、牧场、牲畜等生产资料分给僧人，使僧人们有固定的生活来源，使各教派上层的经济力量得以发展，这是西藏政教合一制度产生的经济基础。同其他所有世俗阶层的情形一样，寺院上层僧人拥有了如此坚实的经济基础，当然也就有了为保卫经济基础而争取政权的动机。这样看来，伴随着佛教在西藏的传播与发展，西藏的“政教合一”制度的形成也就是历史之必然了。

三、文学作品所反映的佛教对原始崇拜的影响

主要谈谈藏族先民对山的原始崇拜。藏族主要居住在世界上海拔最高的青藏高原，那里是山的世界，在那片广袤的高原上，山脉绵延，雪峰高耸。喜马拉雅山、冈底斯山、念青唐古拉山、唐古拉山、昆仑山、可可西里山、巴颜喀拉山、积石山、祁连山，由西向东横穿西藏和青海；横断山脉自北向南纵贯西藏东部和川、滇西部。雄伟的山脉纵横交错，绵延千里之外。藏族世世代代居住在群山环绕的高原上，在那里，大朵大朵的白云点缀着天空，形状怪异且变化莫测，加之高原气候反复无常，时而天气晴朗，时而风雪交加，

对人们的生产、生活造成直接影响，他们觉得山是神秘莫测的，是威力无穷的，因而，居住在高原上的藏族对山抱有一种敬畏的心理，他们认为每座山上都有山神居住，山神控制着自己所居住的山和山周围的一切，当然更能对人的生产和生活产生强烈的影响，人们开始向山上的神顶礼膜拜，贡献牺牲，以祈求山神的庇护和福佑。同其他民族原始宗教的形成背景一样，藏族远古先民也是在生产力水平低下，认识视野极其有限的情况下，形成了独特的高原原始宗教崇拜神山这一历史文化现象，随着藏族社会的不断发展，“山神也在不同历史阶段担负着不同职能。雍仲本教、佛教都对这一古老的传统加以改造，纳入自身的系统”①。

在《西藏王臣记》的“藏王松赞干布及继起的一些王朝事记”一节中，讲文成公主查看建寺地址，内容涉及了许许多多的名山，其间不乏对山的赞美之词，如提到四座圣山周围的山脉时，叙述道：在其环绕的山脉中，那梁正澎迦山像一把宝伞，玛仲山像条金鱼，冻喀山岩像朵莲花，其山阴的积冰又像白螺，仲赞山像一宝瓶，裕巴山像吉祥结，澎迦山像一宝幢，帐普山岩像一宝轮，等。共为吉祥相。此外，迦喀山、须巴山梁、惹喀山岩、爵姆色山等是金、银、铜、铁等的四大宝藏。另外，书中还提到了一些所谓有过患的山脉。如：东方的切玛山（沙山）的山形像罗刹女的阴部，南方的地形如蝎子抓食，西方的岩形如魔鬼巡视，北方直达梁多地方一带的山形，如象群的战阵，东南界为凶神游地，西南是恶鬼聚处，北方是部多（魔鬼名）的卧处。此外，还有贡巴山形像摩羯鱼（大鳄鱼）吸引和吞食螺状。

自佛教进入雪域高原以后，对高原的土著神灵便加以改造和利

① 才让：《藏传佛教信仰与民俗》，民族出版社，1999年，第83页。

用，佛教徒想通过这种做法，把藏族原始先民早已深信不疑的原始宗教与佛教进行巧妙的对接，从而使居住在高原上的藏族把自己的信仰从原始宗教转移到佛教上来，借以扩大佛教的影响，争取更多的教民。《西藏王臣记》中在谈及吐蕃王朝要发展佛教，选址建寺时，对山进行了细致的描写，不难看出，佛教把笼罩着浓郁的原始宗教色彩的山已经“收编”在自己的“麾”下，按照佛教的内容做了新的诠释，赋予了新的内容。梁正澎迦山像宝伞，冻喀山岩像莲花，其山阴的积冰又像白螺，仲赞山像宝瓶，裕巴山像吉祥结，澎迦山像宝幢，帐普山岩像宝轮，等。共为吉祥相。有趣的是，凡是佛教一时还无法震慑的山，则称其为有过患的山，暂时把这些山脉还归入原始宗教或本教的范畴。如：南方的地形如蝎子抓食，西方的岩形如魔鬼巡视，东南界为凶神游地，西南是恶鬼聚处，北方是部多（魔鬼名）的卧处。同在本节里，还讲到了佛教对某些山的改造或镇压，如讲到雪域西藏的地形如同罗刹魔女仰卧的形状，娥圹湖恰好是罗刹女的心脏部位，红铁山又像罗刹女心骨的形状。在湖的上面供奉安置释迦牟尼佛像，红山顶上已经建造了布达拉宫，这样一来，红山已经被佛教所镇压，这说明佛教驻足雪域高原并非易事，佛教以其自身的角度（佛教在雪域高原能否发展）对雪域高原的山川都做了具体评估，佛教徒从地形地貌、山体走势给山规定成分。“对那些貌似佛教”三宝物徽记、图案、法器等的山被认为是有功的山；对体式凶险、与佛教内容相悖的，则被认为是有过患的山，应建寺予以镇压。总之，不论是有功的山还是有过患的山都要被罩上佛教的光环，佛教大师们还为山神撰写祭祀文，文中充满了对山神的希冀之词，希望这些曾被原始宗教、本教供奉的山神能为佛教服务，多做善事，同时，祭文中还不失时机地宣传佛教思想并希望山神信守佛法，做一名佛教徒。

四、佛教文学与佛教宣传

藏族文学中有许多作品写的是宗教生活和宗教法理；有些佛教僧侣也利用文学作品为佛教宣传服务，借以达到弘扬佛法、宣传佛家教义、扩大影响的目的。在藏传佛教繁荣发展时期，佛教僧人竭尽所能地将精湛的写作技巧运用到佛教文献之中，这样一来，艰涩、枯燥的佛教教义便增添了文学色彩，内容也贴近百姓生活，很容易被人们接受。比如，格鲁派创始人宗喀巴大师在宣传佛教、争取僧众、感化教民时，就曾用优美华丽的辞藻塑造出光彩照人的佛母形象。

身材匀称真殊胜，
迷人千光罩你身，
有如雪山立乳海，
玉立莲台我致敬。

头顶丰满乌发髻，
有如伞盖宝石嵌，
深蓝眼睛长黛眉，
恰似蓝天彩虹弯；
高耸可人正鼻梁，
红润嘴唇秀容净，
柔软双耳宝珠垂，
千姿动人我致敬；

宝石珠鬘挂颈项，
有如繁星闪光亮，
丰满双乳落宽胸，
恰似天鹅莲池降。
如意湖边莲花样，
显露腰肢轻盈相，
身似虹幔水晶塔，
颜服披身真鲜亮；
稳固跏趺坐端庄，
佛母二八正妙龄，
种种变化显神通，
随人心意我致敬。

这篇诗文本是对佛的宣传，但更多的是从世俗的眼光去看佛。作者以描金缕玉的笔触，精心刻画出一尊柔情绰态、仪静体闲的佛母形象。语言华美而亮丽，比喻奇妙而精当，令人折服。再看佛母，从容貌到身材，从服装到配饰，从体态到风姿，美妙绝伦。宗喀巴大师笔下的佛母以美的形象在世俗面前亮相，这种美是以世俗的审美尺度为准，而且佛母的风姿符合各民族人民的审美共性。佛母的美貌和绰态，给人以美的感受，无疑在人们的内心中产生了对佛母的敬爱之情，人们向往她、追寻她，从喜欢佛母的美自然过渡到佛母的“佛”。公元 13 世纪以后，西藏的某些教派呈颓败之势，与百姓的矛盾也日益激化。宗喀巴从维护藏传佛教的社会影响和寺院集团势力的利益出发，对宗教进行改革，他著书立说，奠定了格鲁派的理论基础。这篇《尊胜佛母赞》意义深远，影响广泛，它的目的是要唤起人们对佛教的重新认识，坚定信念，召唤人们继续向佛教致敬，继而为格鲁派的建立，为弘扬佛教，做好充分的宣传工作。

没有衰老的现象，没有疾病的痛苦，没有死亡的恐怖，所有的物质不损不灭，这便是释迦牟尼出家的真正目的。佛教把人间比喻成一个茫茫无际的苦海，人来到这个世上，就意味着坠入苦海。衰老、病痛、死亡、困苦、恐怖、暴力等无时不侵扰着人们，总之，一个“苦”字贯穿人的一生，对于这样一个苦海，除了忍受还有别的办法吗？藏族传统戏剧《囊萨姑娘》给出了明确答案。《囊萨姑娘》讲的是在后藏娘堆地方有一个叫囊萨的姑娘，被当地头领扎钦巴看中，强娶为儿媳。囊萨出嫁后，在扎钦巴家中受尽欺凌，在小姑的挑唆下，扎钦巴父子对囊萨肆意毒打，她遍体鳞伤，肋骨被打断，最后饮恨而亡。灵魂离开了囊萨的躯体游历地府，目睹了地狱的惨状，囊萨因生前的善业得以还阳，她重返人间后看透人生，悟出了“综观人生都是苦，诸法无常皆为空”的道理，她不顾父母的劝告和儿子的哀求，毅然割断与世俗的眷恋，把对现实幸福的美好希冀转向“没有龌龊，没有纷争，没有烦恼，没有病痛的佛门净土”。她远离喧嚣的尘世，栖身宁静的禅林，为求得来世的“正果”而专心修法。扎钦巴父子最后也被佛法感化而改恶从善，皈依佛门。

藏戏《囊萨姑娘》主要是通过叙述囊萨悲惨的一生和她遁入空门的行为，宣传佛教的人生苦海、诸法无常的思想，劝喻人们若想逃出苦海，只有出家修行，以求得解脱。作者通过囊萨的遭遇和结局规劝人们信奉佛教，以求解脱。这部藏戏还向人们展示了佛法的威力，即便是恶人，也可在佛法的感化下弃恶向善。这也正是佛祖释迦牟尼在鹿野苑第一次讲法的内容，即修道才能摆脱烦恼，脱离苦海。

从上述浅显的分析中便可得知，藏族的佛教文学除富有文学意味外，还蕴含着十分丰富的文化内容，因为一部作品，特别是历史作品往往是文、史、哲皆具，本篇是从文学的角度钩沉其他。藏族佛教文学既具欣赏价值又含有多方面的认识价值。通过这些文学作品，我们可了解藏族社会的各个方面。总之，藏族佛教文学作品不仅以其崇高的文学品位影响着读者，同时它也是反映藏族社会历史及传统文化的巨幅画卷。

20　藏族农牧文化与藏族文学

一、藏区的生产方式与文学

青藏高原山岳绵亘，江河纵横。水草丰美的天然牧场多在这种地形地貌上形成，西藏、甘、青、川、滇等藏区的天然牧场为藏区畜牧业经济的发展创造了极为有利的条件。根据海拔高度的不同，可划分出纯牧业地区（海拔4300米以上）和半农半牧区（海拔3000—4300米）

藏族农业发展有着悠久的历史，公元5—6世纪农业生产就已经发展起来。在雅鲁藏布江及其支流流经的藏南谷地、藏东高原峡谷，因其辽阔的地域，复杂的地形，不同的气候，生长着各种不同的大田作物和经济作物。甘、青藏区的陇右、河洮岷地区和青海东部及黄南地区、四川各藏区境内和云南迪庆藏族自治州境内，农业都相对发达。

有些藏区并不是农区和牧区整齐划一，而是农牧皆具，藏语将这类地区称为“萨玛卓”，直译为“非农非牧”，实际上是二者的结合。比如，我国同印度、尼泊尔、不丹等国接壤的地区，由几条东西走向的山脉组成，这一区域系农牧皆具。再如，青海玉树高原的小块农业区同临近的牧区一道构成了半农半牧区。形成

“萨玛卓”的主要原因在于山脉的高度，在海拔相对较低的地方适于发展农业，而牧业生产则多在海拔较高地区，有些藏区既有农业区也有牧场。

藏族农业和牧业的发展有着悠久的历史，藏族百姓世世代代守着自己的家园，辛勤耕耘，艰苦牧放，从而创造了灿烂而又颇具特色的农牧文化。恩格斯明确指出：“人类文化产生于人类的社会劳动，它是随人类社会的形成而形成，并随着人类社会的发展而发展的。每一社会都有与之相应的文化，它是一定社会的政治和经济的反映，反过来又给予一定社会的政治和经济以巨大的影响和作用。”① 从藏族浩繁的文学著作中，可以清楚地看到藏族农牧文化的发展状况，同时，文学作品所反映的又正是真实的藏族农牧文化。

藏族文学丰富多彩，是藏学宝库的一个重要组成部分，包括作家文学和民间文学。作家文学作品包括：历史文学、传记文学、戏剧文学、作家诗、佛经文学等，这些作品问世时间早、数量多，居我国少数民族之冠；藏族民间文学包括：神话、传说、故事、史诗、叙事诗、民歌等，民间文学世代相传，脍炙人口，具有鲜明的民族风格。藏族民间文学作品十分丰富，就总体而言，这些作品属于藏族劳动人民集体智慧的结晶，在长期的社会实践过程中，人们通过对大自然的观察、对生产生活经验的总结以及对未来的憧憬，创作出各种体裁的文学作品，以表达百姓的心声，同时也反映出了藏族百姓的道德观和价值观。

---

① 马克思、恩格斯：《马克思恩格斯全集》，人民出版社，1998 年。

二、文学对农牧业的反映

（一）神话中的农牧业文化

藏族神话中有一篇，叫《马和野马》。说的是从前在九重天上，有一匹公马和一匹母马，它们生了一匹小马，由于天上水草不足，它们降落到人间。后来，小马又到吉隆当哇地方去了，和那里的马王结合，生下了小马三兄弟。又因为没有足够吃的草，没有足够喝的水，三兄弟便分别到三个地方去了。过了一段时间，马大哥碰见了野公牛，野公牛要霸占草原。马大哥说："马和野牛不要互相争斗，马先吃草，野牛暂时饮水，不然的话野牛先吃草，马饮水。"但是，野公牛不同意，用牛角挑死了马大哥。于是乎，"鸟儿啄食马肉烂乎乎，大地喝下马血红扑扑，野狗啃吃马骨嘎嘣嘣，大风吹刮马毛乱蓬蓬"。后来，马弟弟们知道了这件事，小弟弟要给马大哥报仇。马二哥却说："大哥意吉当江本领最大，它都打不过野公牛，咱俩怎么能行！"两匹小马争论起来，意见不合，各奔东西。最后，小弟弟请求"人"帮它杀死了野公牛，替大哥报了仇。为了报答"人"的恩情，它便成了"人"忠实的伙伴。二哥则到处游荡，成了野马。

从这篇神话中，我们可以看到几个方面的内涵，从而探寻西藏畜牧文化的渊源。首先神话反映了西藏早期畜牧业生产的流动性。神话中数次提到马在不断地变换着自己的生活地点。从天上到人间，之后又转到别处，到最后三匹小马又各自去了三个不同的地方，等等。这反映了逐水草而迁徙的游牧生活。从游牧发展到定点放牧，是畜牧业生产发展的一个大转变，神话中这一情节恰恰从一个侧面反映了西藏原始游牧这一最初的生产方式。其次，神话折射出在生产力十分低下的远古，人们争夺草场的社会生活现实。随着畜牧业的出现与发展，牧场与水源的优劣成为至关重要的因素，因而部落式邦国之间常为争夺牧场和水源发生战斗。神话中通过马和野公牛争斗这一情节反映出古代藏族先民为争夺草场而战的一个侧面，淋漓尽致地体现了人间战争悲剧的残酷性。再则，民以食为天，生活在草原上的藏族先民为了生存，不断了解各种动物的习性，不断提高捕捉和驯养动物的能力，以此不断丰富衣食所需，解决住行所用，神话通过“人”帮马打死野公牛并与马结成伙伴这样一个情节，曲折地反映了藏族先民在发展畜牧业过程中所经历的艰辛。

此外，还有《青稞种子的来历》神话。

有一位名叫阿初的王子，他聪明、勇敢、善良。为了让人们吃上粮食，他决心到蛇王那里盗取青稞种子。阿初王子带领 20 名武士，翻过 99 座大山，渡过 99 条大河，身边的武士有的被毒蛇咬死了，有的被猛兽吃掉了，有的被野人杀掉了。最后，只剩下王子一人，可他毫不畏惧，在山神的指导下，终于从蛇王那里盗出了种子。然而不幸的是，阿初王子被蛇王发现，吝啬而狠毒的蛇王使用妖术，将阿初变成一只狗。只有当这只狗得到某位姑娘的爱情时，它才能恢复人形，后来这只狗果然得到了一个土司女儿的爱情，也恢复了王子的本来面目。阿初王子与土司女儿辛勤耕耘，大地上终于长满了青稞。从此人们有了粮食，吃上了用青稞制成的香喷喷的糌粑。

这篇神话虽然暗含许多阶级社会的因素，例如：“王子”“土司”等词汇，但这些内容实际上是人类进入阶级社会以后的产物，是神话在长期的流传过程中，被人们添加的新的成分。然而，就其神话的主要内容而言，它既古朴又天真。对粮食种子的来历这样一个古老而神秘的问题，藏族先民凭借自己丰富的想象做出了精妙的解答。此外，神话中还隐含着以下几层内在的意义。

首先，藏族先民在远古时期或许曾经崇拜过狗。研究证明，狗是人类较早驯养的动物之一。无论是在狩猎时期、游牧时期还是在早期农耕时期，狗在人们的生产和生活中都起到了积极的作用。其次，藏族先民的农耕生产有着悠久的历史，西藏农耕生产在神话中已初露端倪，它暗示着西藏农耕生产的诞生。通过栽培植物人类从被动地接受自然界恩赐的状态中解放出来，开创了能动地改造自然界、使之为人类服务的伟大历程。社会语言学及考古学已充分证明了这一点。在《方言与中国文化》一书中，作者这样写道：“西藏的青稞是燕麦之一种，这种燕麦在古藏文中读作 nas，在今天的羌语中读作 nas 或 las。……麦类很可能是由羌族东传入华夏的。”① 由此可见，藏族的青稞种植有着悠久的历史，神话恰恰从一个侧面反映了这一文化现象。最后，藏族先民的农耕生产经历了艰辛的历程。通过阿初王子去蛇王那里盗取并播种青稞种子的前后经过，揭示出藏族先民为发展农耕生产所经历的曲折道路及做的艰苦卓绝的斗争。

以上两则神话都是基于藏族先民低下的生产力和有限的认识视野。尽管如此，它们仍不失为藏族先民在特定的历史时期认识世界、了解自然的可贵探索，体现了藏族先民在变幻莫测的大自然中那种强烈的求知欲望，为后人研究、探索藏族史前时期的社会状况及思想意识提供了一条重要线索。马克思曾经说过：“古代民族是在神话幻想中经历了自己的史前时期。”② 藏族先民正是在这种幻想中，描

① 周振鹤、游汝杰：《方言与中国文化》，上海人民出版社，1986 年，第 116 页。

② （德）马克思、恩格斯：《马克思恩格斯全集》，人民出版社，1998 年。

述了关于自己生活的种种经历，他们的历史和神话就是如此奇妙地互相渗透着。人类食物的供给由不定规的状态发展到固定自序的状态，这是文化发展的一大征候。狩猎时代食物是不定规的，到了人类懂得畜牧与农耕，其生活逐步趋于稳定。《马和野马》与《青稞种子的来历》两篇神话，为我们打开了探寻藏族畜牧业和农耕文化之源的大门，在藏族文学史上开创了以农牧业为题材进行创作之先河，在以后各种体裁的文学作品中，以农牧业生产及生活为主题的作品屡见不鲜，不胜枚举。

（二）不同文学体裁中的农牧业文化

在藏族众多的传说中有一篇《松赞干布迎娶文成公主》，这一传说在藏族群众中可谓家喻户晓，人人皆知。传说讲的是藏王松赞干布执意娶唐宗室女文成公主为妻，几经周折，终于如愿以偿，在谈到文成公主进藏时，传说是这样讲的："……尊敬的文成公主，带来畜类五千种，给西藏乳酪的生产，奠定了坚实的基础。""土地肥沃，土地肥沃，肥沃土地在'白归雄'，文成带来的谷类，撒播了三千八百种。"尽管传说中的某些内容有点夸张，但它却反映了在松赞干布时代，西藏无论是农业还是牧业都有一定的发展，文成公主进藏，对农牧业的进一步发展起到了促进作用。唐朝与吐蕃的政治联姻，促成了两地文化交流活动的开展。唐王朝考虑到西藏的地理环境、生产条件以及藏族百姓的生活习性，让文成公主有针对性地带去了大量的内地发达的技术，其中就包括农牧业方面的技术，使藏区的农牧业文化也有了更进一步的提高。社会经济的发展，使百姓的生活资料得到了保证，社会的其他方面也相应得到发展，各种规章制度逐步健全，使西藏社会呈现出相对安定、繁荣的局面。正如拉法格所说："人们在从事经济活动时不仅改变了生活于其中的自然环境，并且还创造了一个人为的社会环境。"[①]与之相适应的文化也是由低级向高级、由简单向复杂逐步发展的。

藏族的格言诗大都是描写西藏的社会生活，深入浅出，讲明哲理，阐明治国安邦之道及处世哲学等内容。这些格言诗中涉及政治、法律、宗教、哲学、道德等意识形态领域里的问题，作者往往用农牧业方面的生产常识做比喻，用以解释、说明这些问题。所以，格言诗在藏族民间具有广泛而深远的影响。藏族的格言诗主要有四部：《萨迦格言》《格丹格言》《水树格言》《国王修身论》。在《萨迦格言》中这样写道：

> 伟人辛苦达成的协议，恶人一刹那就能撕毁。
> 农民成年累月种的庄稼，冰雹一刹那就能打尽。

又如：

> 以布施召集，敌人也前来，若不布施，亲友也远离开。
> 如果母牛的乳汁已流完，虽强抓牛犊，它也要逃远。

这两首格言诗讲的是治国的道理。前一首用农业方面的知识即冰雹在瞬间对庄稼造成的危害告诫统治阶级，要警惕统治阶级内部的居心不良者，防止这些人为非作歹，断送国家前程；后一首用牧业方面的知识即流完乳汁的母牛对牛犊没有任何诱惑力这样一种现象，奉劝统治者应采用布施的政策，以加强国家的向心力和凝聚力。

在《国王修身论》中有这样一首：

① 拉法格：《思想起源沦》，生活·读书·新知三联书店，1963 年。

自己管辖土地之上，包括一切家畜牛羊，
使之自由自在生活，国王经常寻找妙方。
放牧各自各的地方，吃喝应在自己草场，
大家协商一致行动，贪婪多占以法阻挡。

在这首格言诗中，作者以牧业生产为例，阐明社会秩序及公德，告诫人们要遵纪，不可逾越自己的生活领地，出现问题大家应共同商量解决。

在《水树格言》中更是随处可见农牧业生活和生产的相关常识，如格言诗中有这样一首：

学习应在青年时代，黄牛应在冬天喂养，
土地应在春天耕种，照此三条丰收有望。

又如：

人们如果坚信三宝，一切心愿都会办到，
如果天上降落雨水，庄稼就会收成丰饶。

前一首格言诗把饲养牲畜、耕种土地以及人的学习这三件事罗列在一起，在藏族格言诗中，以农牧业知识举例的表达方式不胜枚举。由此可见，人类和生活环境的关系是密不可分的，他们不仅从生活环境中获得赖以生存的生活条件，而且还同这一环境发生思想上的联系。有什么样的社会生活及社会生产，就会形成与之相适应的思想意识。格言诗中的比喻形象生动、通俗易懂，深受谙熟农牧业生产技术的广大藏族百姓的喜爱，西藏的农牧文化，也为作者提供了论证自己思想观点的丰富素材，使他们的作品更容易为人们所接受。

藏族文学作品中有大量的谚语，内容直接反映了农牧业生产，是藏族百姓对生产生活经验的总结与概括。比如：

种好苗壮，苗壮果好。
夏天要挤奶，冬天就得饲养。
美丽的草原上，应防毒草。
肥壮的牛羊群，应防掉膘。
骏马牦牛和绵羊，是山坡的光荣。
小麦青稞和豌豆，是田地的光荣。
没有精心耕作过的土地，土再肥也长不出好庄稼。

这些谚语是藏族百姓终年在田野里耕作，在草原上牧放，从而对所处的生活和生产环境深刻认识并总结出的有益经验，“同时又是长远地亲切地教导他们生活和工作的指南针”①。唯物主义认为，社会实践不仅是社会生活赖以发展的基础，也是一切社会意识赖以产生的根源。谚语作为一种文学体裁，是在一定的社会生活及社会生产的基础上产生并发展起来的，反映了生活与生产，又反作用于生活与生产，这种反作用正是谚语的一个特点。

此外，藏族还有一些关于“望果节”的谚语，而且在其他体裁的文学作品中对这一节日也有所描述。

舒服的贡嘎望果，是秋收开镰的通知。
不种庄稼得不到收获，不过望果得不到保证。

民歌这样写道：

秋季的庄稼女神啊，请你保佑农时吧！
我这藏红花啊，正要果实成熟了。

① 钟敬文：《民间文艺谈薮》，湖南人民出版社，1981年，第208页。

“望果”即“望果节”，意为“转庄稼地的节日”。在雅鲁藏布江中游和拉萨河两岸的农区、日喀则以及工布巴拉雪山周围的半农半牧区都很盛行，这个节日大约是在庄稼成熟准备开镰之前举行，节期1—3天不等。届时，身着新装的男女老少，打着各色彩旗，举着青稞穗，抬着系有洁白哈达、用青稞麦穗制成的“丰收塔”，背着经书，绕着田边地头转圈。每个转田人，都在自己的地里拔三根青稞穗带回家，供在谷仓或神龛上，表明带回了谷物的“央”（福庆），以示丰收将有保障。随后，一年一度紧张而繁忙的秋收便正式开始。

毫无疑问，藏族“望果节”的形成与农业生产有直接的联系，这一节日有两个重要特点：其一，它是为获取丰收，祈求丰年而祭祀农业之神的节日，节日里举办的一系列活动都是为了“娱神”。其二，伴随着这一祭祀活动产生了一系列禁忌。比如，不许放牧，妇女不许洗头，不能烧骨头和脏物，等等。

著名的英雄史诗《格萨尔王传》向人们展现了一幅大型的战争历史画卷。史诗歌颂了骁勇善战、一马当先的格萨尔王，描写了一个民族由分散走向统一的伟大历程。然而某些战争的导火索是为了争夺畜牧业产品。《向岭之战》《门岭之战》以及《松巴犏牛宗》等都是如此，都描写了部落间因为相互掠夺牛羊等财产而爆发的战争。

《向岭之战》（《象雄珍珠宗》）讲的是象雄商人的财宝被岭国晁同等人劫掠，为了报复，象雄出兵岭国并抢回大量的牛羊牲畜。“马牛羊等物可以往回抢，但主人依然是格萨尔王。”于是格萨尔王统率军队与象雄开战，并取得了胜利，象雄“对所抢的牛马等财物，应全部地奉还格萨尔王”。在这场战争前夕，格萨尔王手下的大臣查杰丹玛桑珠，在岭国百姓举行的送军会上还唱了一首豪迈的壮歌，其中有这样几句：

一则为了人和马，二则为了山羊和绵羊，彼此恶语要弃一旁。

在《门岭之战》中这样写道：

南方门国首府的，
有一个阿穷格茹，
和一个牟穷古茹，
率领雄兵十五万，
无端侵犯岭尕国，
摧毁十八大部落，
所养人马都被杀，
所积财产都被抢。
两位贤臣遇门贼，
寡不敌众被惨杀。
岭尕那匹能飞马，
还有骟马九十九，
全被门人赶了走。
从此门岭结下仇，
杀人血债要讨还，
夺去财产需追回，
无敌威王莫滞留。

《松巴犏牛宗》讲的也是由抢夺牲畜、财产等引起交战，最后格萨尔王获胜，得到犏牛的故事。

以上所举英雄史诗中的例子说明，由于畜牧业的发展，社会经济也随之发生了巨大的变化。牲畜和畜产品不仅是战争中主要的掠夺对象，而且牲畜的多少也是一个社会集团实力雄厚与否的象征。农牧业与人们的生活，乃至生命息息相关。为了保护自己的生产资料和生活资料以及扩充财力和实力，部落间往往诉诸武力。我们通过英雄史诗《格萨尔王传》中相关篇章的描写，可以从侧面看出文学所反映的畜牧业文化是非常广泛而深刻的。

（三）不同修辞手法所表达的农牧业文化

西藏农牧业生产与生活不仅与文学作品相融合，而且还凝聚在文学作品的一些修辞方法的表达之中，以此增强作品的感染力，同时也体现出藏族半农半牧文化的魅力。

语言属社会现象之列，从有社会时候起，语言就存在。而且语言“是与人的生产行为直接联系，并不仅与生产行为，而且也与人在其工作各方面的一切其他行为（从生产到基础，从基础到上层建筑）都有直接联系”①。一个民族的语言词汇及特有的表达方式是其社会生活及生产的缩影，我们通过对藏族文学作品中一些词汇运用及其表达方式的分析，可从一个侧面看到农牧业生产的发展痕迹，以及其中所蕴含的文化意义。

在藏族文学作品中，比喻的应用非常广泛，以此喻彼，用农牧业生产与生活中惯常的动植物、食物以及生产行为去比喻人生之经历，以此来抒发内心的情感。比如：

马儿跑着快步还被马刺踢打，
我的痛苦像马儿一样。
牦牛驮着东西还被鞭子抽打，

① 陈原：《社会语言学：序言》，学林出版社，1983年。

我的痛苦像牦牛一样。

再如：

大雪纷飞似糌粑，北风呼啸似寒箭。
心地纯洁犹如酸奶，身穿白衣犹如雪山，
传送喜讯犹如牛奶流淌。

又如：

阿爸的话软得像羊毛，好话背后藏谜语。
七十年经历似一桶牛奶，炼出的酥油能滋润肺腑，
一辈子遭遇似一兜羊粪，燃起的火焰能照亮旅途。

以上所举的几首民歌，将痛苦比作负重挨打的牛马，将大雪比作糌粑，将纯洁的心灵比作酸奶，将喜讯不断传至比作流淌的牛奶，这种生动的比喻在藏族的文学作品中随处可见。将七十年漫长的人生经历比作一桶牛奶，提炼出的酥油能滋润人的肺腑；将一辈子的遭遇比作一兜羊粪，燃烧起的羊粪可照亮人的旅途；把人一生中成功的经验加以归纳，供后人参考，就如同从奶中提炼出的酥油可给人以养分一样。民歌巧妙地把漫长而丰富的人生经历比喻成一桶养分很高的牛奶；把人一辈子的坎坷、挫折加以总结，以此作为后人借鉴；又把这些坎坷、挫折比喻成一兜羊粪，将其点燃照亮后人的路途就可避免后人重蹈覆辙。这些比喻使作品韵味无穷，既有纯朴的生活气息，又具有人之常理，它来源于藏族人民切身体会的生产活动和生活场景。

藏族文学作品中另一种修辞方法是比拟。用农牧生产和生活中人们所熟识的景物来说明一些深奥、复杂的道理，抒发细腻、委婉的感情。如：

骏马在阿柔山上恋怀。
骒马在幽静山谷恋怀。

通过不在一起喂养的两匹马，细腻地表达了男女之间带有感伤的绵绵柔情。两个恋人分处异地，无法相聚，相思不断而又相见无期，民歌将一幅生动的生活画面展现在我们眼前。又如：

在那广阔的原野上，
高头骏马在歌唱。
它不是夸耀奔驰如飞的本领，
没有鞭笞是它的愿望。

马，本来是一种（低级）动物，在这里用了“歌唱”、“夸耀”和“愿望”等词汇，将其拟人化，使作品更具魅力，读后给人以活泼、诙谐之感。

夸张的运用在藏族文学作品中也十分普遍，体现了藏族百姓丰富的想象力，同时也彰显出文学语言在反映农牧业文化方面的魅力和感染力。

即使雪山变成酥油，也被官老爷所占有。
即使大河变成乳汁，我们也无权喝一口。

又如：

牛奶甜乳流成江河，
酥油冰糖铺满大川，
雪白糌粑堆起高山。

这种夸张的手法在藏族文学作品特别是民间文学作品中应用很广泛，处处流露出农牧文化的气息，它与藏族百姓的生产活动、生活环境有着十分紧密的联系。有什么样的客观环境，就有什么样的主观意识。把“牛奶”与“江河”、“糌粑”与“高山”巧妙地结合在一起，恰好说明了藏族特有的生活场景决定了他们的审美意识。

结语

藏族的农牧业生产和生活是藏族文化赖以发展的基石。千百年来，藏族百姓在雪域高原上繁衍生息，耕种牧放，孕育和发展了独具特色的民族文化。他们在辽阔、质朴的半农半牧的社会环境中，孕育了独特的文化心理和文化气质。

藏族农牧业生产和生活对藏族文学的影响是深刻而巨大的，人们从中汲取了取之不尽的文化养分。这种生动而朴实的文化陶冶了一代又一代的藏族百姓，在他们所创造的文学作品中又充分地反映了这一切，说明了这一切。

21　藏族农牧文化与藏族韵文体文学

我国境内的藏族主要分布于西藏自治区、甘肃省、青海省、四川省和云南省。西藏可分为四个地区，藏北高原位于昆仑山脉，唐古拉山脉和冈底斯—念青唐古拉山脉之间。藏族称“羌塘”，该地区为西藏主要的牧业区。藏南谷地在冈底斯山和喜马拉雅山脉之间，即雅鲁藏布江及其支流流经的地方。此处为西藏主要的农业区。藏东高原峡谷大致位于那曲以东，为一系列东西走向逐渐转为南北走向的高山深谷，即藏东南横断山脉三江流域地区。还有喜玛拉区高山区。我国同印度、尼泊尔、不丹、缅甸等国接壤地区，由几条大致东西走向的山脉组成，这一地域农牧皆具。值得说明的是，这四个地区虽然被分为农业区或牧业区，然而并不是整齐划一的。甘、青、川、滇藏族地区有10个自治州，2个自治县。甘南藏族自治州位于甘肃省的西南部，总面积4.4万平方千米，地处青藏高原东北边缘，这里草原辽阔，以牧业为主，也有农业；天祝藏族自治县位于甘肃省武威地区南部，总面积为8000平方千米，这里有天祝草原。以牧业为主的青海省的6个藏族自治州位于青海省的东南西北各部，占整个青藏高原总面积的三分之一，青海藏区面积广大，土地辽阔，河流纵横，水草丰美，以牧业为主，兼有农业。阿坝藏族羌族自治州位于四川省西北部，面积为8.27万平方千米，地处青藏高原东南缘，是四川西北的高寒地区，水草丰美，以牧业为主；甘孜藏族自治州位于四川省西部，青藏高原东南部，总面积为14.94万平方千米，亦称“康巴地区”；木里藏族自治县位于四川省凉山彝族自治州西北面，总面积为1.2万平方千米。云南迪庆藏族自治州总面积为2.3253万平方千米，农牧皆具。这样看来，藏、甘、青、川、滇等藏族地区既有万亩良田，又有无垠的草场。农业地区根据海拔高度的不同，分别种植青稞、小麦、豌豆、蚕豆、荞麦、马铃薯等粮食作物，也有经济作物油、菜、麻和甜菜等。藏东南地区还出产水稻、玉米、鸡爪谷、花生、大豆等。同样，根据不同的海拔高度，藏族牧民饲养的牲畜有牦牛、山羊、绵羊、犏牛、黄牛和马等。牧业生产在藏族经济中的地位至关重要，与藏族百姓的生活息息相关。藏族农业和牧业的发展有着悠久的历史，公元5—6世纪是其农牧业发展之肇始。藏民族在高原上创造出了灿烂而又颇具特色的农牧文化。

一、赞美劳动场景

藏族农牧民长期生活在水草丰美、沃土良田的青藏高原上，与这片高原结下了不解之缘，他们世世代代在这片高原上辛勤耕耘、长期放牧，他们热爱自己的家园，热爱这里的山山水水。在他们的眼里，家乡的一切都是那么美好、那么惬意，他们满怀激情地唱道：

美丽的装饰有三样。
坝头有黑黝黝的奶牛，
坝尾有胖墩墩的骏马，

坝心有白生生的肥羊。
……
清晨东边的田地美丽，
傍晚西边的田地好看，
太阳正当中午的时候，
黄色的菜籽花最鲜艳。
……

——云南迪庆藏族自治州民歌

在大量的藏族民歌中，反映农牧生产、生活的占多数。如藏族群众在歌中这样唱道：

在宽广的田里施上肥，
好像小黑乌鸦落地上。
在宽广的田里放上水，
就像蓝蓝天空铺平坝。
囊萨大姐田中撒上种，
女仆佐巴普尺帮助她。
在宽广的田里来犁地，
宛如飞箭射向大平坝。
来来往往一圈又一圈，
好像水磨转圈弩弓弯。
……

——西藏林芝民歌

这是一首赞美农业生产的民歌，人们热爱劳动，赞美农具，把来年的丰收寄托于自己手中的农具，表现出人们丰富的想象力和乐观精神，民歌中散发着朴素的思想火花和浪漫主义色彩，给人以新奇、活泼之感。再看一首反映牧业的民歌：

在高高的山顶上，
驰骋着百匹骏马。
去年是百马驰骋的地方，
今年是金鞍聚集的地方。
在高山的山腰上，
徜徉着百头奶牛。
去年是百牛徜徉的地方，
今年是金桶汇集的地方。
在高山的山脚下，
跑跳着百只绵羊。
去年是百羊跑跳的地方，
今年是羊毛成堆的地方。

——四川康定民歌

这首民歌唱出了牧民劳动的艰辛与丰收后的喜悦。对农牧民来说，还有什么能比获得丰收更使他们兴奋的事情呢？从这首民歌中，可以体会到牧民们的喜悦之情，他们抑制不住自己激动的心情，从心底里发出了对丰收的高声喝彩。民歌表达了牧民们热爱草原生产，以劳动为美、以丰收为荣的善良、纯朴的心愿。

藏族牧民是在一定区域之内逐水草而放牧的，他们选择较温暖的低谷过冬。青藏高原上纯牧业地区的牧民们要随着季节的变化赶着畜群转场，在藏历七八月份，到达夏季牧场，这时候是剪羊毛、制乳品的繁忙季节。反映这种劳动场景的民歌，如：

成群的羊儿肥又壮，
雪白的绒毛像天鹅。

欢天喜地逐水草，
绿茵撒遍珍珠颗，
我抱起羊羔亲一亲。

——甘青民歌

这首民歌再次表明藏族人民热爱劳动，不畏辛劳，多一分劳动就多一分收获。眼前浮现的丰收景象激励着他们不懈劳作，奔波在牧场上。从以上列举的这些诗歌来看，它们的中心思想都是表达藏族农牧业的生产情况、对劳动果实的赞美、对丰收年景的企盼等，充分体现出藏族百姓对劳动的朴素感情；每首诗歌都充满了农村、牧场的生活气息，闪现着藏族劳动人们勤劳的身影。只有劳动，才能获取果实，才能生存；勤奋劳动，当然能获取更多的果实，百姓的生活也就更加幸福。这是一个十分简单而朴素的道理。怀有善良愿望、憧憬美好生活的藏民族长年在高原上不畏艰辛、勤奋劳作，他们正是在追求这份幸福。藏族有关生产劳动方面的诗歌也反映出他们热爱劳动，以劳动为荣、以丰收为乐的纯洁、朴实的心愿。

二、讴歌爱情生活

农牧业文化影响着一代又一代的藏族儿女，与之相关的择偶标准、表达感情的方式也正是在这种特有的文化氛围中逐渐形成。藏族情歌唱出了农区、牧区爱情生活的优美旋律，从中可让人领略到藏族青年男女对待爱情的态度和对爱情生活的向往。他们是如何向自己的恋人表述自己的那份缠绵的恋情呢？一首青海情歌这样唱道：

两头耕牛并肩犁地，
我俩若有这样亲密。

怕拖着沉重的铧犁，
我也十分甘心乐意。

把爱情和农事活动结合起来，表达了对爱情的向往和忠贞不渝的情怀，充分体现了藏族男女朴素而纯洁的爱情观念，给人一种健康、高尚的感觉。再如：

你若是慈爱的绵羊，
我便是羊羔紧相随。
假如狠心的牧人不隔开，
我活着绝不会离开你。
——流传于甘青藏区

这是牧区的一首爱情诗歌。牧民们通过对牧业生产活动的观察，羊羔、牛犊等小生命对母亲依恋的情景映入了他们眼帘，刻进了他们的心里。青年男女借牛羊母子间的这种情感，来表达自己对恋人的缠绵情意，难以割舍的心态。生活在草原上的藏族青年，对漫山遍野的羊群、牛群的繁衍、成长以及习性等了如指掌，这原本是一种生产知识，是草原上特有的现象。牧民们，特别是青年人把草原的这些事物、现象融进了自己的思维方式和审美范畴中，在表达对恋人的情感时，很自然地流露出来，令人感到是那么贴切、质朴、形象和生动。诗歌在表达爱情的同时，也向人们展现出一幅充满生机的草原背景图。再如：

都说平坦的田地好，
我种的山地不平却收成好。
都说爱人容颜俊的好，
我的爱人不俊却心肠好。

以上是讲年轻人在选择自己意中人时，那种朴素的观念，同时，藏族青年追求的是纯洁、深厚的感情，希冀自己的意中人有一颗善良、美好的心。至于人的相貌、财产则是次要的。这首情歌还是以农牧业生产、生活为背景，道出了歌者对爱情的态度，对恋人的那份情谊。爱情是人类永恒的主题，每个民族都围绕这一主题创作出大量的、具有不同特点的，并能折射出本民族经济文化生活的动人诗篇。藏族广大劳动人民的爱情诗歌正是在青藏高原那充满勃勃生机的草原上、在散发着泥土气息的田野中孕育而生。藏族情歌抑扬顿挫、热烈奔放，听起来，歌声朗朗、情意绵绵，恋人们互诉衷肠。美丽的草原、盎然的田野，为情歌定下了雄浑、质朴的基调，爱情的旋律悠扬婉转，既表达了纯洁的爱情，又唱出了田野、牧场的大好风光，藏族情歌唱出了藏族儿女们在特定的生产环境中所凝结的那份情、那份爱。

结语

由于藏族的农牧业生产起始较早，发展较快，促成了藏族农牧文化的迅速形成。在藏族历史文化中，反映农牧业生产斗争的占有相当比例。《松赞干布迎娶文成公主》和《格萨尔王传》是较早的两部藏族文学作品，在这两部作品中，大量篇幅是在谈农牧业生产、谈牲畜的掠夺与反掠夺。由此可以看出，早期的农牧业生产和农牧业产品与广大藏族人们是息息相关的。所以在许多著名的藏族韵文体文学作品中，描写这方面内容的为数不少。无论是文成公主的赠送，还是象雄商人的掠夺，乃至格萨尔王的追回，等等，所有都与农牧业产品有关，人们对赠送者感激不尽，对掠夺者怒不可遏，对反掠夺者高唱赞歌。一方面，体现了处在农牧文化氛围中的藏族百姓那种朴素、纯洁、善良的心愿；另一方面，也向人们揭示了藏族历史长河中经济文化的总体概况。从藏族浩繁的文学著作中，特别是韵文体作品中，可以清楚地看到藏族农牧文化的发展状况，以及在农牧文化的氛围中，百姓的认识视野、思维方式、道德情操和审美情趣。

22　藏族文学掩映下的藏区寺院

——论藏族文学与寺院的关系

藏族文学是藏族文化的一个重要组成部分，它丰富多彩，涉及面很广。我们不仅可以从这些文学作品中了解到藏族的历史、哲学、政治、经济等较为抽象的方面，而且还可以找到至今尚存的，能看得见、摸得着的某些宗教建筑以及历史遗迹。就个人的情绪而言，当一个人站在一座古代建筑前，手捧与之相关的历史文献，此时，此人的心情一定是兴奋不已，激动之情难以名状。

佛教在西藏经历了前弘期和后弘期，各个派别的出现以及宗喀巴在后期又创建了格鲁派，因而，在藏区境内建立起的大大小小的寺院历数不尽。仅西藏一地格鲁派大小寺庙和其他宗教活动场所就有3000多处。据清乾隆二年（1737年）七世达赖喇嘛格桑嘉措申报理藩院的数字：达赖所属寺院3150座，容纳302560名僧侣；班禅所属寺院327座，僧侣13670名。藏族地区的寺院，或建在较为平坦的地方，或是依山延之体势，在峰峦之麓构筑“山门”。每座寺院的建立几乎都有一段传说或者故事，有些年代久远的重要寺院在藏族文学作品中也有描述。规模较大的寺院，层楼迭宇，飞阁流丹，壮阔雄伟，给人以神秘、肃穆之感。因而，在歌谣中，对寺院建筑亦不乏赞美之词。本文试图通过藏族文学作品，谈谈藏区寺院的缘起、修筑、风格和对其的赞美等情况。

一、寺院名称的来历

（一）昌珠寺

昌珠寺汉译为“鹞龙寺”，位于今山南雅砻河东岸，距乃东县（今乃东区）2千米，为松赞干布时期的建筑之一，后来，昌珠寺又由帕莫竹巴王朝大司徒强曲坚村改建、扩建，又经历代统治阶层的修葺，后期属格鲁派寺院。此寺的主要建筑为错钦大殿，由殿前廊院、大殿和回廊三部分组成，殿门朝西。经过门廊，前面有一狭长的庭院，就是大殿的外门及门廊。沿门廊北行，是一条围绕整个大殿的大回廊。院子的北部，有砖石砌成的明梯，可直接上北楼上层及大殿中部的顶层。大殿底层东西长45米，面积1300平方米。主要佛殿有3间，居于东侧，建筑形式与大昭寺相仿。沿大殿外的回廊，在南北回廊处，各有印度窣堵波式的佛塔一座。该寺除了错钦大殿外，还有噶丹拉康、喜珠杰拉康、达金拉康、曲杰拉康、脱杰拉康、赤巴拉康、德谢拉康、乌金拉康、通却拉康、塔殿等殿堂。

在藏语中，“昌”为“鹰”“鹞”之意，“珠”为“龙”之意。关于“昌珠”这个名称的来历有这样的传说：很久以前，建昌珠寺的这块地方是一个大湖，湖里住着一条非常凶恶的毒龙。松赞干布统一西藏以后，打算在这里填湖建城，因有恶龙盘踞，无法靠近湖边。于是藏王请来两位法师，他们作法引鹏斗龙，法师先唤来大鹏，引龙浮出水面。大鹏用翅膀拍击恶龙，将其置于死地。7天以后，湖水干涸，于是镇埋宝物，奠基建寺，因而得“昌珠”之名。关于昌珠寺还有许多优美动听的故事，有一个故事说，松赞干布怀念雅砻，常携文成公主到这里来。寺庙周围的柳林，就是文成公主亲手栽种的。在大殿内西北角有一个土炕，上面有一个陶盆，据说也是文成公主使用过的。

藏区寺院名称的来历同地方风物传说相关。前文谈到，藏区寺院林立，有些寺院名称的背后就隐含着一段千古流传的传说。昌珠寺（鹞龙寺）名称的来历颇具传奇色彩，它是以超人间的情节，通过夸张、幻想和臆造来解释该寺名的。传说中赋予两位法师以神奇超人的力量，他们可以作法引来大鹏与恶龙搏斗，直至战胜恶龙，建立寺院并以此非同寻常的经历来给寺院命名。

（二）塔尔寺

塔尔寺藏语称“衮本贤巴林”，意为“十万佛像弥勒洲”，位于青海省湟中县鲁沙尔镇莲花山下。明嘉靖三十九年（1560年），禅师仁庆宗哲坚赞修建了一座禅寺。万历五年（1577年）又建弥勒殿。至此，塔尔寺才算初具规模，之后在三世达赖索南嘉措的建议下，寺院在建筑规模上又有了进一步发展。塔尔寺的主要建筑有大金瓦寺、小金瓦寺、花寺、九间殿、释迦牟尼殿、弥勒殿、过门塔、普提塔、如意宝塔、太平塔和大经堂等，形成了一个布局合理、排列有序的建筑群，充分体现了工匠们高超的建筑水平和非凡的艺术素养。大金瓦殿为全寺主殿，坐落于全寺的中心地带，面积450平方米，分3层；殿中央耸立高11米的大银塔，用黄缎幔和哈达围裹，内供有宗喀巴佛像；柱廊上高挂乾隆皇帝书写的“梵教法幢”匾额。小金瓦殿即大护法殿，内供面貌凶恶之护法神，座前置虎、豹、野牛和野猪等遗骸；另有刀、枪、剑、戟等兵器。大经堂为藏式大平房，面积近2000平方米，可容2000名僧人同时诵经。九间殿是文殊菩萨殿，殿前大院即讲经院。

关于塔尔寺的寺名，在藏区普遍流传着这样一个传说，格鲁派创始人宗喀巴大师即出生在该寺的原址上，此后，其母将其胎衣埋入地下，后长出一株旃檀树，树上有10万叶片，每片叶子上都有一尊狮子吼佛像，其母便在此建一座小塔，后来，又有人将小塔改建成大塔。因先立塔，后建寺，故名塔尔寺。

这段传说虽然不像昌珠寺的传说那样惊心动魄，但是塔尔寺的“奇”似乎是在静态下表现出的一种夸张与虚幻。在这里顺便提及一下，旃檀树、10万叶片和狮子吼佛像等奇异现象从另一个角度讲，均预示着一位宗教改革家、格鲁派的创立者将在此“隆重”降生。

（三）纳唐寺

纳唐寺是由古印度著名佛教僧人阿底峡的弟子兴建的一座寺院，属噶当派，该寺位于日喀则西部。当时寺院规模较大，僧人曾达到3000人。后纳唐寺几经兴衰，发生了不小的变化，寺中一座已改为印经院的大殿尚保存完整，这座大殿的规模较大，是藏族地区三大印经院中历史最悠久的一座。曾珍藏有丰富的藏文印经板和不少佛教著作的手抄本。如纳唐版的《甘珠尔》和《丹珠尔》。特别是《甘珠尔》，据说是黄教唯一正统的版本，最具权威性。纳唐寺曾有2个扎仓，13个经堂。大殿附近处有一塔院，院内有历代活佛的灵塔。原寺院大殿外檐悬挂有雍正皇帝所题“普恩寺”大匾。寺内还曾藏有一些明、清两代的珍贵文物。

纳唐寺的“纳”是“鼻子”之意，“唐”为“平地”之意。传说古印度高僧阿底峡应邀到吐蕃弘扬佛法，路经此地问其随从，山旁的平地上有何物，随从回答说，那座山形似象鼻、平地上有一块大岩石和16只金蜂。于是，阿底峡便高兴地说，不久的将来，此地将会出现一座有名的寺庙，16只金蜂是十六罗汉的化身，大岩石就象征寺庙。于是，阿底峡的弟子在公元1153年[①]破土动工，建成该寺，取名纳唐寺。

该传说具有地方性的特点，传说中的故事往往发生在固定地点，纳唐寺名称的确定就说明了这一点。古印度高僧阿底峡到吐蕃弘扬佛法，在其同随从的对话当中得知，山形似象鼻，平地有块大岩石。于是断言大岩石就象征寺庙，将来此地将会出现一座寺庙。青藏高原峰峦绵延，群山缭绕，特殊的地形地貌给人们提供了无尽的遐想空间，人们通过对周围环境的细心观察，对每座山、每条岭貌似何物做出判断，如在《西藏王臣记》中就有梁正澎迦山像宝伞，玛仲山像金鱼，冻喀山岩像莲花，仲赞山像宝瓶，裕巴山像吉祥结，等等，不一而论。建寺取名充分体现出了人们对自然环境的细致观察和丰富的想象。

（四）夏鲁寺

夏鲁寺位于今日喀则县（今日喀则市）东南30千米处的从堆区（从堆，藏语“商市”之意，相传这里曾经是吐蕃时期十大商市之一），该寺是西藏佛教后弘期初期所建的寺院，为吉尊·西绕琼乃于公元1000年所建。公元1314年，又迎请西藏当时著名的学者布顿大师主持寺务，遂创立了布顿派（或夏鲁派）。公元1333年以后，布顿大师又大兴土木，重修夏鲁寺。寺的主体建筑是夏鲁大殿，也即“夏鲁拉康”，夏鲁大殿坐西朝东，共有两层，底层主殿面积1500平方米，供有释迦牟尼和八大弟子像，两侧各有一经堂。寺内设有正殿、配殿和前殿。殿与殿轴线明确、建筑对称。几座殿堂均为琉璃歇山顶，顶上飞檐翘角，檐下斗拱。琉璃瓦顶

① 赤烈曲扎先生在其《西藏风土志》中注明的建寺年代为公元1033年。

之上装以吻兽、瓦饰等。除此之外，还有 4 个扎仓，即卡瓦扎仓、康钦扎仓、热巴结扎仓、安宁扎仓。

关于夏鲁寺的名称，在民间有射箭定址的传说。吉尊·西绕琼乃要在从堆地区建寺，不知选在何处为好，于是便请求洛顿大师选址，洛顿大师用开弓放箭的方式来决定庙址，离弦之箭在空中划过一道弧线，落在刚长出青苗的庄稼地里，如此便决定了建寺的具体位置，“青苗”藏语即为“夏鲁”。赤烈曲扎先生在其著作《西藏风土志》中，谈到了夏鲁寺的“四宝”，其中之一是一块石板，板上写有六字真言，石板边上刻有四个玲珑小塔。据说是破土建寺时，从地下挖得此石，原是天生，所以成了夏鲁寺的根基。就情理而言，洛顿大师的箭射落的地方和地下藏的石板的位置是相吻合的。

一方面，藏族百姓长年参加社会实践，对社会生活有着丰富的经验。另一方面，生产实践同寺院的命名有着密切的联系。夏鲁寺的“夏鲁”二字意为“青苗”，大师的箭落在刚长出青苗的庄稼地里，故寺得其名。传说中所反映出的人们的联想，体现出他们要求理解生活、解释生活，探求历史的兴趣和愿望。

在藏区，解释寺院名称来历的传说还有很多，比如色拉寺意为“野玫瑰”，传说在原来的寺址上遍地盛开着美丽的野玫瑰。在此仅举几个比较典型的例证。

二、寺院建造始末及风格

（一）桑耶寺

藏族历史文学名著《拔协》在描写桑耶寺的建造初始时有这样一段内容：“赞普（赤松德赞）请大师打地基开工修建正殿。大师阿杂诺雅（寂护）说：‘要把这座白扎玛尔桑耶米久伦吉竹巴寺（桑耶寺全称）修成符合所有经藏、律藏、论藏和密宗规格，在世界上威德最高，无与伦比的寺庙！’赞普问道：‘阿杂诺雅，你能修成那样吗？’答道：‘我能！在印度的奥登布山上就有这样一座寺庙，赞普的寺庙就照它的样式修吧！’”

桑耶寺，藏文意为“无边寺”“存想寺”，全名“白扎玛尔桑耶米久伦吉朱巴”。它位于西藏扎囊县境内的雅鲁藏布江北岸，始建于公元8世纪中叶赤松德赞时期。一般认为是以印度摩揭陀地方的欧丹达菩提寺即飞行寺为蓝本而建成。桑耶寺的总建筑面积为25000多平方米，以乌孜大殿为主体建筑，组成一个庞大、完整的建筑群。寺内殿塔林立、错落有致，整座建筑气势宏大、庄严肃穆。乌孜大殿巍峨高耸，金碧辉煌，它是桑耶寺的中心主殿，亦称“祖拉康”，其建筑面积约6000平方米。大殿高3层，每层空间的高度都有5.5—6米。第2、3层的殿堂前建宽敞阳台。乌孜大殿的底层为藏式，中层为汉式，上层为印度式。根据有关文献记载和现存桑耶寺壁画可以看出，上层印度式样建筑，是五顶相峙，殿中主供大（日）如来佛像，两边立有二眷属和八大菩萨塑像，四角分别是欢喜佛。另据藏族历史文学著作《西藏王统记》所云：“其中主尊为自黑宝山迎来的石像。右为慈氏、观世音、地藏、喜吉祥、三界尊胜、忿怒明王。左为尊贤、金刚手、文殊、除障、无垢居士、不动忿怒明王。主眷共十三尊，依西藏法建造之。”这段文字记载与现存情况大体相同，佛殿主供一尊高大的释迦牟尼像，这是用哈布山的整块巨石雕刻而成。佛像头戴宝冠，内着僧衹支，外着袒右肩袈裟，手作指地印，结跏趺坐。像高3.9米，肩宽1.8米。在释迦像前方左右两边，各有泥塑菩萨五尊和护法神像一尊①。位于全寺中央的是乌孜大殿，大殿四方各建一殿，四座大殿的名称分别是江白林、阿雅巴律林、强巴林和桑结林。

江白林即文殊殿，位于乌孜大殿正东，背西朝东，与东大门在一条中轴线上，占地面积约300平方米；阿雅巴律林系两层建筑，位于乌孜大殿南面，背北朝南，占地面积600多平方米；强巴林为诵经场所，两层建筑，位于乌孜大殿西面，背东朝西，占地面积约560平方米；桑结林位于乌孜大殿正北，坐南朝北，呈长方形，占地面积约360平方米。桑结林原来高2层，底层由门廊和经堂两部分组成。

在江白林等四大殿旁均各有两小殿，具体名称是朗达参康林、达觉参玛林、顿单阿巴林、扎觉加嘎林、隆丹白扎林、桑丹林、仁钦那措林、白哈贡则林，共八座小神殿。除了以上八座小神殿外，在乌孜大殿南北两侧，还有太阳殿和月亮殿。太阳殿位于南侧（已被毁掉）；月亮殿位于大殿北侧，保存比较完整。建筑坐西朝东，占地面积很小。

关于桑耶寺的建筑范围和面积等问题，在当时的吐蕃王朝内部也有不同意见。据说，按照赞普赤松德赞的意思，要建一座尽可能庞大的寺院，要以他弓箭的射程来确定寺院围墙之内的面积。多数大臣则认为，这样的话，工程浩大，难以完成。但又不敢当面对赞普的“提案”表示异议，于是大臣们私下商量，想出一条妙计，他们在赞普的箭上做文章，把水银注入箭管里，增加箭的重量，以影响其射程，这样一来，就把桑耶寺的建筑面积限制在一定的范围之内。②

① 何周德、索朗旺堆编著：《桑耶寺简志》，西藏人民出版社，1987年，第12页。
② 何周德、索朗旺堆编著：《桑耶寺简志》，西藏人民出版社，1987年，第8页。

几部藏族文学作品向人们展示了桑耶寺的建造始末以及部分工程的具体细节。藏族作家文学的最大特点是集文、史、哲于一体，因而，可以这样讲，《巴协》《贤者喜宴》《西藏王统记》和《西藏王臣记》等作品所记载的有关桑耶寺的建造情况的可信度较高，总体而言，几部著作有凭有据，有实物为证。

（二）大昭寺

大昭寺位于拉萨市，始建于公元 647 年。属汉、藏建筑技术的合璧之作。以主殿为例，其梁架、斗拱，均为汉族古典建筑样式，但其柱头檐部的装饰却具典型的藏族风格——色彩艳丽，对比强烈。再如，鎏金殿顶的结构、做法与装修，也都巧妙地糅合了汉、藏两地的技术和艺术风格。另外，某些局部装饰风格也受到了犍陀罗文化的影响，如椽头的木雕伏兽和人面狮身像。唐代时，大昭寺的规模不大，仅有 8 个殿堂。后经元、明、清历次扩建而逐步形成今天的规模。

据说拉萨一带原是一片湖泊沼泽，松赞干布的尼泊尔妃子赤尊公主想修建佛殿，选好地方，打下基础，白天修好的，到夜晚就被神鬼全部拆毁，踪迹全无。反复数次，赤尊才醒悟应该勘察地势风水。她素闻汉妃文成公主擅长此道，便派女仆去向文成公主请教。《西藏王统记》第十四章开篇即言道：“后来，赤尊公主知道汉妃精通卜算，于是请大臣噶尔说情，并派遣侍女赠给汉妃公主金沙一升，请汉妃为她卜算在何处建立神殿为佳。汉妃于是排开八卦，详细推算……”卜算之后，文成公主表示，西藏的地形好似一仰卧的魔女，拉萨的卧塘湖恰为魔女的心脏，因而只有填湖建寺才能消灾驱魔，于是，松赞干布下令填湖造庙。据《西藏王统记》记载，大昭寺只用了 12 个月的时间便圆满完工。

（三）小昭寺

小昭寺坐落在拉萨古城之北，距离大昭寺约 1000 米。因与大昭寺合称“拉萨二昭”而驰名于世。公元 7 世纪中叶，在建大昭寺的同时，相传在卧错附近北面沙地上，工匠们为文成公主带来的佛尊修建了这座小昭寺，仿照唐朝的建筑风格，背西向东，据说是文成公主思念东土大唐之故。大殿占地 2100 多平方米，底层是经堂和佛殿，前为堂，后为殿。经堂东西长 24 米多，佛殿有 20 多平方米。转经甬道环绕于外。整座建筑分 3 层，一座金殿耸立于最上层，翘角飞檐，金碧辉煌。旧时，曾有许多内地和外国僧人在此学经和传播佛法。

传说唐文成公主出嫁吐蕃前，向唐皇请求将释迦本尊一同请往西藏。唐皇答应了公主的要求，于是造车置释迦本尊，让两名大力士贾拉伽与鲁枷二人挽之。当公主一行至拉萨北门时，车轮陷入沙地中，两位大力士用尽力气也未能将车拉出，于是，便在此地立起四根柱子，围上白锦帐暂作供养。后来，文成公主就在此地修建了小昭寺。《西藏王统记》还描述到，在建大昭寺的同时，“汉妃公主也从内地招来许多木匠、塑匠，建成嘉达绕木切神殿（即小昭寺），殿门朝向东方”。文成公主在卧错附近北面沙地上修建了小昭寺，由从长安招来的工匠为其修建了这座建筑。

围绕大、小昭寺的建造过程，在藏族民间有许许多多的传说，《西藏王统记》和《西藏王臣记》等历史著作也对此二寺做了相关记载，其中部分内容与民间传说有相似之处。文学作品在反映大、小昭寺的建造过程时，突出表现了以下两个方面。首先，汉地的堪舆文化被文成公主运用到吐蕃选址建寺上。她根据内地的“八十种五行算观察法”审视西藏地形，得出结论，确定了建造大昭寺的具体位置。一个久居宫闱的娇弱公主精通星象、占卜、相宅等方术不免有些夸张，令人难以置信(特别是相宅方面，身为公主，不可能走出深宫，到野外做实地勘察)。如果在建造大昭寺时真有此事，那么，极有可能是公主身边的汉地阴阳家所为，此外，有些学者认为，修建大昭寺时，白天筑起的墙基，到夜晚就被神鬼拆毁，这同本教排斥佛教有关。

在这里，简单介绍一下以大昭寺为中心向四周辐射的拉萨早期的城市建设的平面布局，当然，这个平面布局在西藏是以浓郁的宗教意识为依托的。《西藏王臣记》中谈到了在文成公主帮助赤尊公主选址建大昭寺时，她仔细观察了西藏的地形后，发现其地形酷似一罗刹魔女仰卧的形状，随即做出了镇压罗刹魔女的决定。在魔女的左肩上建察珠寺，右肩上建噶察寺，左足上建仲巴江寺，右足上建章丈寺，这是镇压四边的四大寺。又在魔女的左肘上建脱扎空厅寺，右肘上建贡波布曲寺，左膝上建江扎冬哲寺，右膝上建绛真格杰寺（慈云宏善寺)，这是再镇压的四大寺。进而又在魔女的左掌心上建康睦圹度母寺，左足心上建坝卓杰曲寺。文成公主看出了拉萨的卧塘湖恰似魔女的心脏，只有填湖建寺才能成功，换句话说，大昭寺的建寺地址就选在了卧塘湖的位置上。

大昭寺是西藏较早的建筑之一，位于拉萨市旧城的中心，过去拉萨的城市建筑便是围绕它发展起来的，就连“拉萨”这一名称也是由它的名字衍生而来的。在这里，应该注意到魔女双肩上的察珠寺和噶察寺、双脚上的仲巴江寺和章丈寺、双肘上的脱扎空厅寺和贡波布曲寺、双膝上的江扎冬哲寺和绛真格杰寺，这些呈对称形式的寺院建筑与中原地区的城市建筑的中轴线和对称的设计构思有一定的联系。城市建筑规划在中原地区具有悠久的历史，提起中原最早的城市平面布局当属位于西安西南沣河两岸的（西）周国都丰镐，虽然在考古上尚未得到证实，但文献记载却十分具体，主要一点，是其以对称为原则。有关文献记载了最早、最完整的中国城市的平面布局，有着非常重大的历史意义，因为它一直指导着中国都城的平面布局，被视作中国都城平面布局的经典。唐代长安城的平面布局整齐划一，严格地东西对称。首先确定全城的中轴线，然后以它为中心向左右展开。比如承天门大街（亦称天街）把皇城分为东西两半，所有建筑物也是以它为中心东西对称设计。承天门大街东西两侧从北到南，东边有东朝堂，西边有西朝堂；东边有门下外省，西边有中书外省；东边有左武卫，西边有右武卫；东边有尚书省，西边有司农寺；东边有左领军卫，西边有右领军卫；东边有太仆寺，西边有宗正寺；东边有太常寺，西边有鸿胪寺等，基本上东西对称。[①]《西藏王臣记》有关在罗刹魔女的双肩上、双脚上、双肘上、双膝上等部位，分别建造一座寺院的记载，从世俗角度来看，应该被视为内地都城的平面对称布局对拉萨早期城市建设的一种影响，只是在圣地拉萨，其早期的城市布局主要是以寺院的对称分列为特点。其实，藏区有些寺院的建筑群也注重中轴线和对称的建筑模式。

三、对寺院的歌颂

藏族各阶层崇尚藏传佛教，因而对寺院有着特殊的感情。这不仅表现在当他们遇到寺院等宗教建筑时要下马从左侧绕过，以示尊崇；还表现在流传于民间的民谣或记录在文献中的诗歌，其中不乏对寺院的赞美之词。

---

① 马正林：《中国城市的平面布局》。

（一）布达拉宫

五世达赖阿旺·洛桑嘉措的一首赞美布达拉宫的诗文这样写道：

……

纯金成幢焰火洪，普照世间光明中。

日神含羞从夜逃，跃向北州遁虚空。

四面梵天观诸方，何宫堪与此比长？

徒劳无获永久劫，有漏乐中睡未央。

大意是说布达拉宫气势恢宏、雄伟壮丽，宫顶上的金色宝幢放射出耀眼的光芒，普照人间大地，其强劲的光芒直把整个太阳比得含羞消遁至北方；“有一位能观望四面梵王，想寻觅一座宫殿来与布达拉宫比短长，结果他徒劳无获，只能永远地轮回下去”①。布达拉宫位于拉萨市中心，据史料记载，布达拉宫是公元7世纪由松赞干布所建，后因火灾及战乱，遭到很大破坏，遂成为一般规模的寺庙。五世达赖受到清政府的册封后决定重建布达拉宫，历时3年建成白宫和密咒乐园。五世达赖圆寂后，总管德斯·桑结嘉措又建红宫、达赖灵塔及郎杰扎仓。以后，布达拉宫经过历代达赖的修缮、扩建，逐渐发展成今天的规模。20世纪90年代又经历一次较大规模的修缮，历时5年。

布达拉宫依山而建，由山底到山顶，主楼13层，高113米，东西长400多米，面积约13万平方米，从远处望去，整座建筑布局错落有致，高矮相成，巍峨耸峙，气势宏伟。从外表粉饰的色彩来看，可分为两个部分：涂为白色的叫白宫，涂为深紫色的称红宫。红宫居于白宫中间，在白宫的簇拥下，居于高位。在红宫的顶部，还建有殿堂、金色堂顶，再加上一些金色嘛呢轮耸立其上，使红宫更显

① 赤烈曲扎：《西藏风物志》，西藏人民出版社，1985年，第30页。

华丽、辉煌、壮观。白宫的最大殿堂藏语叫措钦夏（东大殿），建于公元 1645 年。东大殿上面，也就是白宫的最高处有达赖的两套寝宫，由于日照充足，又称日光殿。西边的尼悦索朗列吉（西日光殿）是十三世达赖土登嘉措主要的活动场所，东边的甘丹朗色（东日光殿）是十四世达赖的住房。红宫的主体建筑是达赖的灵塔及各类佛堂，共有灵塔殿 8 座。此外，布达拉宫还有曲结竹普（松赞干布修的洞穴式建筑），是布达拉宫较古老的建筑之一；帕巴拉康，也是早期建筑，殿前挂有清朝同治皇帝书写的“福田妙果”匾额；萨松朗杰（意为胜三界）是红宫最高宫殿，殿内供有清乾隆皇帝画像和用汉、藏、满、蒙四种文字书写的皇帝“万岁”排位；其美甘丹（不灭具乐殿），建于公元 1690 年，是六世达赖仓央嘉措的经堂；红宫最西侧的建筑是十三世达赖的灵塔殿。

“四面梵天观诸方，何宫堪与此比长？”布达拉宫的确不是一般的寺院，它在藏族历史上有着极特殊的意义，既凝结着藏民族的历史，又蕴含着藏民族的文化。

（二）萨迦寺

一首民歌是这样赞颂萨迦寺的：

从河卓山鸟瞰，
萨迦好似水晶。
水晶瓶中达姆，
颜容胜过仙女。
莫要鄙视萨迦，
佛阁为其增光。
内藏经卷珍奇，
难道不是宝地！

萨迦寺分南北二寺。南寺位于萨迦河南岸的平坝上，相传南寺兴建于公元1268年（藏历土龙年），由本钦释迦桑布根据八思巴的旨意主持修建。南寺总体呈方形，占地约4.5万平方米。南寺的主体结构是大经堂，大经堂的前面和左右都建有厢房，周围是僧人居住的楼房。楼房周围又修建了环寺一周的红色高大的城墙，俨然一座坚固的城堡。城堡外围有护城壕沟，沟中有水，类似护城河。城墙为回形土筑墙，上有垛口、马面，四角均设角楼，四面中部都建有高耸的敌楼[①]。“拉康钦莫”是南寺的主体建筑，所占面积很大，高约10米，可容纳1万名喇嘛念经。内竖40根顶梁柱，有4根最大，其中的一根据说是内地元朝皇帝送的。此外，“欧珠拉康”在南寺也占有重要的地位。这里有11座萨迦法王的灵塔。在“欧珠拉康”的后殿，有一幅十分珍贵的历史题材的壁画，它记录了西藏政治史上的一件大事——萨班与阔端的会晤。

北寺地处北岸的山岩下面。“萨迦”，藏文意为“灰白色土地”。这是因为拉萨河北岸的山上有一片灰色的岩石，风化如土状。萨迦寺是藏传佛教萨迦派的主寺，萨迦北寺始建于公元1073年（宋神宗熙宁六年，藏历土羊年），创建人为萨迦教派的创始人昆·衮却结波。北寺规模宏大，建筑物沿山砌筑，高低错落，连绵逶迤。虽然北寺建筑现已毁尽无遗，但从其断壁残垣，仍可推知当年鼎盛时的气派。据资料介绍，北寺的主要建筑有“古隆神宫”等殿堂。

萨迦派是具有悠久历史的、仅次于宁玛派的一支藏传佛教的派别，为西藏一古老贵族昆氏家族所创立，其法王世袭。赤松德赞时期，大臣昆·拔窝伽的第三子昆·鲁益旺波松是西藏最早剃度出家的七觉士之一。后期，修习萨迦派教法的人很多，在佛学理论方面

---

① 赤烈曲扎：《西藏风土志》，西藏人民出版社，1982年，第115页。

以显密二论和大圆满为主。萨迦北寺最初只是作为萨迦教派的主寺而闻名于世，到了公元13世纪，即萨迦寺第四代法王萨班·贡噶坚赞执事时期，北寺开始带有政治色彩。其间，蒙古王室为了加强对西藏地区的控制，成吉思汗的孙子阔端写信邀请萨班到凉州会晤。萨班遂率其侄八思巴与恰那多吉前往。在这次会晤中，萨班代表西藏地方势力与蒙古王室达成协议。从此，西藏归顺了蒙古，萨班为避免西藏战火重燃、生灵涂炭发挥了积极作用。他高瞻远瞩，与时俱进，准确地估计当时的形势，顺应历史潮流，为祖国的统一做出了卓越的贡献。仅凭这一点，我们站在时代的高度再去鸟瞰萨迦寺，它的确像民歌中所盛赞的那样："好似水晶。"这块水晶的主人以他那坦荡的胸怀、满腔的热情赢得了世人的尊敬。

由于萨迦寺曾为西藏地方政权所在地，寺内保存的历史文物众多，有元代中央政权给萨迦地方官员的封诰、印玺、冠戴、服饰，以及宋、元以来的佛像、法器、瓷器等。萨迦寺的藏书浩繁惊人，不仅有罕见的用金粉、朱砂抄录的《甘珠尔》《丹珠尔》和《贝叶经》，还有上万卷有关天文、地理、历算、医药、文学、历史等方面的藏文典籍。因此，萨迦寺又有"第二敦煌"的誉称①，所以说它"内藏经卷珍奇"。

（三）桑耶寺

桑耶寺落成后举行了盛大的开光仪式，由赤松德赞、寂护、莲花生三人亲自主持。《贤者喜宴》记载了桑耶寺的开光仪式，"其时，吐蕃之所有地方神及人集聚起来，举行不可想象之歌舞游宴，吐蕃地区幸福安乐甚于天庭，所举行之幸福喜宴为时一年之久"。开

① 赤烈曲扎：《西藏风土志》，西藏人民出版社，1985年，第60页。

光之日，桑耶寺人山人海，男女老少盛装打扮，载歌载舞，热闹非凡。历史文学《贤者喜宴》详尽地记载了当时王臣属民所歌唱的歌名和内容。就连当时的吐蕃赞普赤松德赞也唱了一首《玉殿金座》，对乌孜大殿、四大部洲和四座宝塔大加赞赏，其歌唱道：

我那三种类型的大殿殿顶，
系由多种珍宝建造而成，
此殿不像建造而成却似（天然）长成。
我之神殿最为稀有，
看上去多么令人欢欣！
使人心情安逸。

以东胜身洲为模式，
那是东部之三座神殿，
（内藏）诸种珍宝。
以南赡部洲为模式，
则是南部的神殿。
以西牛货洲为模式，
则是西部的神殿。
以北俱泸洲为模式，
则是北部的神殿。
……
我的那座白色佛塔，
如同右旋之白螺。
那座红色佛塔，
犹如火焰冲天。

那座青色佛塔，
好似耸立着的玉柱。
那座黑色佛塔，
宛若铁钉钉在地上。
我之佛塔实属稀有罕见。

从这首对桑耶寺的赞歌中，可以看出赞普赤松德赞对桑耶寺落成的欣喜若狂，激动不已，他对寺院中的各座建筑细心揣摩，颇为满意。桑耶寺的建成，在藏族佛教史上是一件大事，因为它是藏区第一座真正意义上的佛教寺院。此前，佛教刚刚进入藏区，就遭到藏族原始本教的极力排斥，赤松德赞的父亲赤德祖赞也曾大力扶持佛教，欲在西藏光大佛教，取代原有的本教，几经努力，佛教还是未能在藏区得到真正的传播，更可悲的是，赞普赤德祖赞也因此遭到本教徒的暗算而抱憾身亡。赤松德赞继赞普位后，继承了父王未完成的事业，当然从另一个角度上看，推崇佛教也是为维护吐蕃王室的权益。他大刀阔斧地实行了一系列坚决、果断的改革措施，遏制住本教的势力，最后主持了佛、本两教之间的一场大辩论，辩论中本教“理由微小无力”，佛教“理由深广有力，论证出色，智慧敏锐”，以佛教战胜本教而告终，最终决定推行佛法，建造桑耶寺。眼望雄伟庄严的桑耶寺，回首佛、本漫长的斗争经历，回忆当年父王为能有今天的结果而惨遭杀身之祸，此时的赤松德赞怎能不激动，怎能不放声高歌，他要用最美好的语言来赞美经几代赞普的不懈努力而创造出的灿烂辉煌。《贤者喜宴》还记载道：“当在举行开光喜宴之时，……赞普坐于金座之上，五位王妃盛装而坐。所供养的全部译师班智达，均在讲经说法。所有主要的执法大臣环列于座位之后。如是，（赞普）属下的幸福属民，从卫藏、阿里一切地方起，无一处不集会（庆祝）。以各种饮食及享用之物，使一切所欲均可满足。跳起欢乐舞，唱着快乐歌，日复一日无间断。伞、幢以及飞幡等，（其数量之多）几乎遮蔽了中午的太阳，使飞禽雀鸟也几无飞翔之地。黔首属民充满大地，（其数量之多）致使骏马无驰骋之地。铙钹之乐如龙鸣。所有男女少年装饰打扮，手执牦牛尾，击鼓歌唱、舞蹈，他们（学着）牦牛叫声、狮子吼声和老虎啸声。他们（戴着）面具（扮成）幼狮，舞蹈者（佩以）美丽的装饰，手里拿着鼓，游戏散步，等等。上述人们向赞普献以供奉。如是，全体王之属民欢乐得身不由己。人们跳舞（其舞蹈之声）犹如天空降雨一样。快乐之心令人忘却（一切）。”当时在座的诸位大臣还唱了《幸福吉祥九歌》。文学是一定的社会生活在人类头脑中形象化的反映，它可以从不同角度反映某一时期的社会现实。民众借用文学，特别是民间文学，诸如神话、传说、故事、民歌等形式，述说历史发展中的现象、风物、事件和人物，表达自己的观点和愿望。

藏族地区的社会历史情况与其他地区有所不同，在这片梵音雄浑、法轮常转的土地上，人们的社会生活总是伴随着浓郁的宗教色彩，人们观察事物的角度、思想观念和思维模式，总是同根深蒂固的佛教思想结下不解之缘。上述文学作品对藏区寺院的描述即可说明这一点，进一步讲，藏族文学作品在述说历史发展中的现象、风物和表达百姓的观点和愿望的同时也不可避免地融进了宗教的成分。藏族文学作品向我们揭示了藏区寺院的来历与名称，讲述了寺院的建造背景与过程；而巍峨壮观的寺院本身就是展现在读者眼前的一部部千古传诵、意境浑融的华彩篇章。

23　从文学看汉藏文化交流

汉文化对周边各少数民族产生了一定的影响。到了唐代，社会安定，经济繁荣，国力增强，唐朝中央政府进一步改善并增进同周边少数民族的关系，采取了一系列友善的民族政策，促进了各民族间文化交流，促进了整个中华民族文化的全面发展，大唐与吐蕃的交往就是中华民族史上文化交流的范例之一。

一、背景

公元7世纪吐蕃王朝大力吸收外来文化的重要历史时期，先进的文化从中原及其他地区传入吐蕃，外来文化与本土文化间的碰撞和相互吸收是该时期的一大特色。唐文成公主、金城公主与藏王和亲就其实质来看，是一种政治策略，就其结果来看，历史上绝大多数和亲事例在客观上起到了建立和发展民族间友好关系、增进民族间文化交流的积极作用。藏族历史文学作品《贤者喜宴》讲到唐太宗送别文成公主时的情形。太宗对文成公主言道：

一切幸福源泉觉卧佛，
还有诸多宝库和宝藏，
金汁玉墨写的大史记，

以及经典三百六十卷，
心爱珍宝金玉等美饰，
烹调炊事方法难数计，
黄金佛盒镶嵌以碧玉，
绫罗绸缎四狮四鹤缎，
上绣树木芭蕉珍宝纹，
无数宝物贵重又稀有，
为使赞普惊喜陪送你。
工艺技术书籍整六十，
诊断八术五治六疗法，
四种制药方法也全给。
还给特等衣饰一千零二十，
再加美丽合意姑娘二十五。

这不是一般的嫁妆。中原的历史典籍、烹饪、缝纫、刺绣、技术、工艺技艺和技法、医学典籍和医术等随公主一同进入雪域高原。歌中所唱，一方面反映了当时唐朝文化的高度发达，另一方面也表达了藏族百姓对先进文化的仰慕之情。在另外几部藏族文学作品，如《王统世系明鉴》和《西藏王臣记》等都对这次和亲的前后过程做了详尽的描述。此外，藏族民间文学作品中还有《公主带来的手工艺》《公主带来的谷种》《公主带来的瓷杯》《公主带来的犏牛》和《最初羊从哪里来》等民歌。文成公主担当起沟通汉藏民族间文化交流的使命，她深受藏族百姓的欢迎，她带往吐蕃的先进文化，使藏族百姓的生产技术和精神生活发生了显著变化。此次和亲之后，汉族先进的生产技术源源不断地传入吐蕃，如《旧唐书·吐蕃传》所载：唐高宗时，松赞干布派人到内地，“因请蚕种及造酒、碾、硙、纸、墨之匠，并许焉”就是实例。继文成公主之后，公元 710 年，唐朝与吐蕃再次和亲，金城公主嫁到吐蕃，她又把杂技百工、龟兹乐章等带入吐蕃。随着第二次和亲，唐朝与吐蕃的文化交流再次掀起高潮，交往进一步加深，两民族间的交流范围也更趋广泛。

二、医学

能治四百零四种病痛的药品，
百种诊断和五观六行的医术，
还有四续医书都送给你。

内地的传统医学是在秦汉间发展起来的，在以后的发展过程中，它逐步成熟，形成了完整的体系，构成汉文化的一部分。用汉文撰写的医学著作有很多，如《黄帝内经》《养生书》《五十二病方》《足臂十一脉灸经》《神农本草经》《仙授理伤继断秘书》《千金方》《千金翼方》《外台秘要》等等。这些医学著作足以说明内地传统医学之发达，基础之坚实。随着汉藏关系的发展，汉地的医学典籍和医术也进入西藏，既为藏族百姓提供了服务，也对藏医的发展产生了积极的影响。

藏医药历史悠久，早在远古时代，生活在青藏高原的原始居民在生活和生产过程中便逐步体验到一些动植物的药用性能。此外，他们还逐步总结出了一系列治病救人、处置创伤的办法，据《玉妥·云登贡布传》记载，西藏最早流行的一种医学叫“本医”，主要靠放血法、火疗法、涂抹疗法这三种疗法治病。同时，还使用酥油止血、青稞酒治疗外伤等十分简单的方法。然而，这些祛除疾病、医治创伤的方法在当时还没有形成理论体系，只能算作民间偏方。

后来，从印度传入了一些医术，对“本医”的发展起了一定的作用。从公元6世纪始，内地的医疗技术陆续传入西藏。公元7世纪，文成公主入藏，带来了“四百零四种病方，五种诊断法，六种医疗器械”以及《门介钦莫》（即《医学大全》）等四种医学论著，文成公主还带去了一位汉地医生，名叫韩文汉。金城公主入藏时又带去了许多医学论著、药品，汉地著名医生人称大通和尚也随公主一同前往。两位公主先后带入藏区的这两位医生在吐蕃期间，结合当地的医疗实践撰写了医学专著，这为藏医的发展奠定了坚实的基础，创造了有利条件。韩文汉的专著《甲杰吐鲁布其穷》，意为“有分寸的汉族医疗方法”，献给了松赞干布，成为西藏最早的一部医学经典。松赞干布称之为“天上降下的甘露”，并指出它会给吐蕃百姓带来长寿和幸福，号召百姓用心学习。大通和尚的专著《月王药诊》，藏文名为《门杰达瓦杰布》，这本医学著作至今仍然是藏医工作者的必读书籍，其中论及的切脉、嗅尿、观舌、看指甲一系列诊断方法沿用至今。中原地区的医学医术融入了藏医，并取得了显著的疗效，受到藏族百姓的欢迎，藏族百姓高兴地唱道：

求神打卦多年，
疾病终不离身。
公主带来的“曼巴”，
治愈我的疾病。

赤松德赞时期，藏医有了很大发展，出现了九位著名医学家，即玉妥·云登贡布、碧棋列贡、吾巴曲桑、齐齐谢布、米娘绒吉、昌提杰桑、聂巴曲桑、冬门塔杰和塔西塔布。其中玉妥·云登贡布（768—835）最为有名。玉妥·云登贡布是吐蕃王朝时期最杰出的医学家，曾担任过赞普的御医，是藏医学理论的奠基人。他走遍西藏各地，广泛搜集和研究民间医方，总结民间医药经验，还多次赴内地五台山以及印度、尼泊尔等地，拜中外名医为师，曾邀请著名中医学家东松（即韩文汉）以及印度、尼泊尔和克什米尔等医学家赴藏研讨医术。他结合中外医学成果，编著了30多部医学论著，从而架构了藏医的一整套理论体系。由此看来，汉地的医学传至西藏，被广大藏族百姓所接受，在西藏深深地扎下了根，它被藏医学习吸收，为藏族百姓所用。随着医疗实践的发展，公元15世纪以后，藏医逐渐形成了北方和南方两大派别。北方派稍早于南方派，以强巴·南杰查桑为代表，南方派则以舒卡·年姆尼多吉为代表，他们分别总结了北部高寒地区和南部河谷地带的多发病及治疗的经验，各有特点。公元18世纪以后，著名医学家第玛·旦增平措广泛收集药物标本，编著了《晶珠本草》，收录藏区药物2000余种，并对药物的形态、气味及功能等均讲述得十分详细。至公元1916年，十三世达赖喇嘛创办了“门孜康”（医算局），其广招门徒，教授医药理论，对藏医藏药的发展起到了积极的推动作用。

三、壁画

《贤者喜宴》对藏族绘画特别是藏族早期桑耶寺的壁画做过详尽的描述，虽然它所记载的不是早期壁画的遗存，仅是公元18世纪中叶由第模·德烈加措修缮桑耶寺时重绘的壁画，然而，重绘在很大程度上继承了早期壁画的题材和风格。藏族的壁画艺术历史悠久，风格独特，大多是为宗教服务的，特别是早期壁画，它的兴衰与宗教是分不开的。从公元7世纪到13世纪，藏族壁画在长期流传过程中逐步形成了各具风格的三大流派：“噶玛嘎哲”“堪日”“门唐”。其中，“噶玛嘎哲”流派又称“康孜”，主要体现的是汉地画风，其特点是注重人物神态，画面多衬以自然景物，画面洁净，色调和谐。“堪日”画派受邻国尼泊尔和印度绘画的影响。“门唐”派即“温孜”画派，是藏族壁画祖师江央顿珠所创，他吸收了“噶玛嘎哲”和“堪日”的特点，开创了独具藏族特色的新流派。“门唐”派具有色彩亮丽、线条清晰的特点。后来，这一画派在藏区发扬光大，具有较大的影响。可见，藏族画派的艺术风格中含有中原地区及外来绘画技艺。唐文成公主入藏时曾带工匠和画师一同前往，这些人参与了大昭寺、小昭寺的设计、建造工作，并绘制了两寺的壁画。在大昭寺二楼东北侧的墙壁上至今还残存着公元7世纪的吐蕃壁画。这一时期的藏族壁画，更多的是受中原以及尼泊尔绘画风格的影响。吐蕃时期的文化融合，使藏族的壁画艺术得到很大发展。在以后兴建的大小数千座寺院中，绝大多数寺院的墙壁内侧都是色彩粉饰，四壁生辉。仅在西藏的寺院、宫殿内的壁画就超过10万幅；仅大昭寺的壁画面积就达到4400平方米。可以说每座寺院都是一座座小型的绘画艺术馆。再来看看建于公元8世纪的桑耶寺，它不仅从建筑风格上和规模上令人叹为观止，其壁画艺术也以题材广泛、内容丰富、艺术精湛而著称。绚丽多彩的壁画遍布桑耶寺所有殿堂和回廊的墙壁上。就题材而言，有“西藏史话”“宴前认舅”“桑耶史画”“莲花生传”“舞蹈杂记”“体育活动”等，内容纷繁，蔚为壮观。壁画的整体布局合理，人物造型栩栩如生，背景图案处理得合理、精妙。桑耶寺壁画从人物绘制、画面构成、颜料搭配和题材内容等方面来看，均融入了不少中原等地的绘画风格。位于日喀则的夏鲁寺，其主殿和偏殿内，古老的壁画也融入了汉风。从绘画手法上看，壁画画工精美、色调鲜明、渲染强烈，颇具中原画风之神韵，甚至从壁画中的人物、服饰、器物及家具等画中内容来看，也可领略到中原文化之遗风。云南省丽江市的白沙、大研、束河、中海等村镇寺院中的壁画另具特点，这一地区的表现手法是把藏传佛教、汉传佛教及道教的内容融合在一起，完美而和谐地展现在同一画面上。既承袭了汉族画派洗练、匀称、色彩和谐的创作手法，又吸收了藏族色彩鲜明、对比强烈、勾画细致的表现风格。这些绚丽多彩的壁画，被誉为“国之瑰宝”。藏族壁画艺术随着藏族与中原、其他地域的不断交流，日臻完善，还出现了不少绘画理论著作，逐渐形成了一整套完整的绘画理论体系。由于壁画内容大多与佛教有关，于是，绘画理论也被纳入佛教僧人的必修课之列。十三世达赖喇嘛土登嘉措入京朝觐时，随行中有不少画师，在京期间，他们观摩了清朝宫廷画师的绘画技艺，受到启发。这样一来，内地的绘画风格又一次传入西藏，后来西藏的壁画《四季花卉》《五台山风光》《万寿山全景》等作品明显带有内地画风的印迹，这一时期的藏族壁画画面更为华丽精致，人物形象更加细腻、亮丽，结构布局也更为严谨、合理。此次藏族画师进京观摩，对藏族绘画的全面发展和风格的形成再一次起到了积极的推动作用。

四、文学

《西游记》这部作品，不仅在藏区群众中以口头的形式流传，而且早就被译成藏文以手抄本形式流传于藏族社会。译本不是照原文全译，而是节选性的翻译。全书有三十四回，包括汉本《西游记》的大部分故事情节，藏译书名改为《唐僧喇嘛的故事》。全书采用了藏族百姓喜闻乐见的说唱形式，读起来，朗朗上口，别具韵味。如：正当唐朝皇帝找不到去天竺取经的人时，唐僧来到皇帝跟前表明决心，愿去取经一段：

我愿去天竺取经，
天竺圣法是甘露，
能引众生得解脱，
请让我去取回国。
虽然旅途多艰险，
取到真经有法缘，
法王不必把忧担。

皇帝听了，像孔雀听到夏天的鼓声（夏雷）一般高兴。立刻像一棵被从根砍倒的树一样伏倒在地，向唐僧行礼致谢，并与之结拜为同心兄弟。在敦煌发现的古藏文残卷中，有一部分是藏译的汉族史料和故事。如：《尚书· 周书》中的几章藏译文，其中的一章就是将《尚书·周书·泰誓》中的“斫朝涉之胫，剖贤人之心”这句话演绎成了一个故事。另外，在古藏文残卷中，还有数节《战国策》和《史记》的藏译文，有的译文是在原文的基础上做过修改，使之在情节上更能迎合藏族读者的口味，有的译文则加入了新的内容。如《孔丘项橐相问书》，在敦煌发现的残卷中有 3 个抄本，其中之一名为《钥匙》，在其第八章中，作者把这个汉族的世俗故事，改编成一则有头有尾的本教神话。将汉地的孔子尊为藏土的护法神。吐蕃时期，松赞干布对汉族的先进文化颇为羡慕，为了使本民族发展、进步，他派遣贵族子弟入唐都长安学习《诗》《书》等汉文著作；又请汉族学者“典其表疏”。唐朝的两位公主远嫁吐蕃都带去了汉文典籍，文成公主带去了金玉镶嵌的经史书籍和汉地卜算书籍 300 卷；金城公主入藏后还遣使赴唐上奏，请求《毛诗》《春秋》《礼记》《左传》《文选》各一部。这些汉文经典之作传入吐蕃后，在被译成藏文的过程中，有一些文学作品的情节被演绎成独立的小故事，有的则在翻译中进行再创作，成为藏族百姓喜闻乐见的文学形式。汉族藏族两个民族千百年来的频繁交往，使很多汉族文学作品在藏族群众中广泛流传。公元 18 世纪以后，中央政府在西藏派驻藏大臣，驻常备兵员，汉藏人员之间的接触更加方便，许多汉族作品进一步传入西藏。有些藏族民间艺人还以说“甲钟”著称，“甲钟”即“汉族故事”的意思。他们所讲的内容有《水浒传》《三国演义》《西游记》《聊斋志异》《包公案》和《薛仁贵征东》等等。这些讲说“甲钟”的艺人不但受到群众的欢迎，而且还被上层人士请到家中去讲说，“甲钟”受到西藏各阶层的普遍欢迎。在原西康地区（今甘孜藏族自治州地区），一些民间艺人甚至能说全本《水浒传》《三国演义》和《七侠五义》等作品。其中“武松打虎”“花和尚鲁智深”“赤壁之战”“空城计”等精彩章节，为藏族人民津津乐道。在安多地区则有专门讲唱“甲惹卜”的民间艺人，“甲惹卜”，也即“汉族历史”或“汉族故事”之意。他们除会说上述一系列小说外，还常讲一些“负义秀才”之类的评话，也都受到当地藏族群众的欢迎。因此，孙悟空、关云长、诸葛亮、武松、鲁智深等人物，也像格萨尔王一样，受到藏族百姓的喜爱和敬仰。像关公这样的英雄人物，也成为藏族某些地区供奉的神，有的佛教徒还为之写了赞词并供奉仪轨等。在汉族的史料典籍、历史文学作品传入藏区的同时，藏族的《格萨尔王》《米拉日巴传》《仓央嘉措情歌》等文学名著和一些藏族民歌、民间故事等也被译成汉文，传入汉族和其他一些兄弟民族地区。通过汉族文学作品译成藏文并在藏族地区流传和藏族文学作品译成汉文，在汉地各民族中流传，使藏族汉族两民族及全国各民族之间在文学领域中得到更加广泛的交流。彼此交融，互相借鉴，促进两个民族及全国文化事业的发展和繁荣。通过文学的交流，还加深了汉族藏族两民族及全国各民族之间对彼此的历史、文化、思想感情、生活方式、风俗习惯、宗教信仰、道德观念等方面的了解。

五、茶马互市

在藏族民歌中，对茶的叙述有很多。如：

小紫蹄骡子的走法，若像东方白云一样的话，汉茶运入藏地，只需一个早晨。汉地来的茶垛，比喜马拉雅山还高。浓郁芳香的内地茶，拌上糌粑最香甜。

茶在中华大地上大约有2000年的历史，与百姓的饮食生活紧密相关，唐中期汉地大量产茶，饮茶之风大盛。所谓茶香飘万里，渐渐的，饮茶的习俗亦流传于吐蕃，并深得藏族百姓的欢迎，特别是牧民更爱饮茶，他们以肉为食，而茶有助于消化。据《新唐书》记载，中唐以后，汉地产的茶叶在吐蕃境内应有尽有。这一时期藏族百姓对茶叶的需求量不断加大，中原的茶叶源源不断地被运往吐蕃，这些茶被称为“边茶”或“藏茶”。到了宋朝，进藏的茶叶量有增无减，已发展成“边贸”。明、清之际，这种贸易依然延续。这一现象充分说明茶已进入藏族的千家万户，融入他们的饮食生活之中。此外，寺院里的僧人更是终日不离茶，他们讲经诵经，以茶解渴，振奋精神。因而，藏区与外界的商品贸易以茶为大宗，著名的“茶马互市”就是在特定的环境、特定的历史时期，由民间继而转向官方的一种贸易形式。最多时，内地曾向西藏输入砖茶3万担，茶的来源主要是康定、云南，输往西藏和西康。除了茶以外，藏族群众也需要汉族地区的农产品、轻工产品如食盐、布帛等生活资料，汉族群众则需要藏区的畜产品，如皮、毛、肉、乳一类生活资料，这种彼此间的供需关系促使民族间的贸易往来频繁，而且规模也越来越大。

结论

“单个民族的创造力是有限的，一个民族若不从其他民族的文化中吸取养分，是难以造就本民族宏伟壮观的文化的。越伟大的文化越需要文化上兼容并蓄的实践。”① 藏族文化丰富、发达，并有着丰厚的文化积淀，这与它善于接受外来文化，善于吸取其他民族文化的养分有直接的关系，藏族文化之所以呈现出如此斑斓的色彩，如此繁盛的局面，正是它经过了反复的兼容并蓄的实践的结果。费孝通先生在《中华民族多元一体格局》中论及民族之间的问题时，谈到了“你中有我，我中有你”的历史现象。其实各民族间的文化交流也是如此。学习、借鉴其他民族的长处，对本民族文化事业的兴旺发达，提高本民族精神文明和物质文明，具有极为广泛而深远的意义。汉藏文化交流的内容远不止这些，除上述所涉及的几个方面以外，二者在语言、音乐、戏剧、服饰、手工业等诸多方面也都有接触、有影响、有交融。本篇只试图透过藏族文学这个窗口一窥汉藏文化交流的情景。

---

① 博克：《多元文化与社会进步》，余兴安、彭振云、童奇志译，辽宁人民出版社，1988年，第50页。

24　从文学看藏族与印度的文化交流

印度与我国西藏接壤，这对文化传播具有地缘上的便捷。公元7世纪以前，印度文化就零星地传入西藏，到了公元7世纪，印度文化，特别是佛教文化大量涌入西藏，并对藏族文化产生了巨大影响。

一、关于佛教

佛教在藏区的流传与发展分两个时期，一个是前弘期，一个是后弘期。在佛教最初传入吐蕃时，藏族历史文学著作《西藏王臣记》这样描述道："……拉·脱脱日栗赞。他是吉祥圆满的普贤菩萨光明幻化而诞生的。当他在位时，容布纳岗王宫的屋顶上面，从天上落下来《百拜补证忏悔经》、金塔、《佛说大乘庄严宝王经心要六字真言》《枳达嘛呢法门》（心宝法门）等。又从空中传出声音说：'再传五代，将会知道这些经义。'"这里所讲的再传五代以后的赞普，指的就是松赞干布。藏族民间还流传着这样一段传说，印度北部地区的居民大批移居邻国，其中一部分人经喜马拉雅山南部山口来到吐蕃境内。这部分人中夹杂着许多佛教僧人，他们想通过宣讲佛法使藏王接受佛教，可是，他们没有成功，只因这些佛教僧人遭到本教徒的坚决抵制。从上述文字可以看出，最初佛教传入藏土并非易事，若想直接传入，势必会遭到本教的顽强抵制，于是佛教徒便大造舆论，说佛教是从天上来的，换句话说就是天神赐予的。其目的是为佛教罩上一层神秘色彩的外衣，使之显得神圣而庄严，这对信仰本教的藏族群众来说，从感情上和心理上都易于接受。因为本教认为，天地万物都有相应的神灵在统治着，佛教利用了本教的这一观念，编造出“天降四宝”的神话。其实，佛教非降自天，而是来自佛教圣地印度。印度是世界四大文明古国之一，与我国西藏接壤。公元前 2300 年前后，印度土著达罗毗荼人就创造了灿烂的印度河文明。世界三大宗教之一的佛教，就是在这块土地上诞生的。公元 7 世纪初，松赞干布（617—650）继任赞普后，将吐蕃的统治势力从山南迁至拉萨，此后他剿除叛逆，兼并异族，建立了吐蕃王朝。松赞干布需要一种切实可行的理论体系来达到纲举目张的目的，借此治国安邦、统治百姓、巩固王朝的根基。佛教含有因果、宿命等内容，这些内容正是要劳动人民忍耐、顺从，放弃改变自身境遇的努力。佛教思想显然要比吐蕃原有的“好咒誓，谄鬼神”的本教思想更适合于统治阶级的需要。松赞干布利用佛教，即把佛教作为一种观念形态，使之成为一种统一民众的思维模式，以利于他的王朝统治。于是，迎请佛教僧人、翻译经典等一系列兴佛活动在吐蕃展开。松赞干布之后的几位赞普也都相继效法，而且兴佛的规模较之松赞干布更是有过之而无不及。在藏族历史文学作品《拔协》中还描述了赤松德赞（742—797）做赞普时，从印度及内地迎请著名佛教僧人到吐蕃，弘扬佛教、兴建寺院，还请印度僧人莲花生大师为其讲经灌顶。此外，赤松德赞又从印度请来寂护等 60 多位僧人，为 7 位吐蕃贵族子弟剃度出家，这就是西藏佛教史上的第一批出家人，藏史称其为“七觉士”，这 7 个人学习了天竺语文等各方面的知识。此后，赞普又让一些信佛的王室妃子和大臣子弟相继出家，据说当时出家的约有300人。为了进一步推动佛教的发展，赞普还在桑耶寺内举行兴佛誓师会，以表明其对佛教所持的积极态度和给予的高度重视。赤松德赞还请汉地和印度僧人翻译佛经，经过译师们的努力，大量佛教经典被译成藏文，后又由僧人将所译经典编入目录，即《旁塘目录》《秦浦目录》和《丹噶目录》。此后，赤松德赞又下令僧人由吐蕃王朝的治下机构供养。赤祖德赞（802—838）任赞普时，僧人的社会地位更加显赫，普遍受到藏区群众和统治者的敬重。赤祖德赞为了表示对佛教的虔诚之心，还把绢绸的一头系于自己的头发上，另一头请僧人坐其上，故此得“热巴巾”之名（意为长辫子）。在这期间，吐蕃王朝颁布了每7户百姓供养1名僧人的法令。在奴隶制社会，作为两大对立阶级的另一方——广大民众，由于藏族社会受到当时生产力的制约，加之长期战乱等诸多因素，其生活处于极度贫困状态，从主观上说他们也需要精神上的安慰，他们渴望能从具有“法力”的经典中找到自己遭受痛苦的原因，了解自己经受磨难的时间期限。藏族百姓似乎从佛教的“因果报应”“轮回转世”等内容中找到了答案，所以，他们也乐于接受佛教。从松赞干布到赤祖德赞历时约200年，佛教得到传播与发展，这一时期被称作前弘期。公元838—842年，朗达玛为吐蕃王朝赞普，他也是最后一任吐蕃赞普。在朗达玛统治的短短4年时间里，他灭佛毁法，对藏区佛教采取了灭绝政策，此后100多年间，西藏的佛教奄奄一息。《王统世系明鉴》（又称《西藏王统记》）和《西藏王臣记》等藏族历史文学作品中对佛教的后弘期都做了详尽的记录。公元10世纪后半期，佛教开始复苏，西藏佛教复苏仰仗两路弘法，即下路弘法和上路弘法。卜路，指的是今青海西宁一带。《王统世系明鉴》载：“桑耶地方的领主意希坚赞为增广善缘，派遣所谓‘卫藏七人’

前往康地求取戒律。”公元978年，山南地区（今山南市）的桑耶寺寺主意希坚赞派出以鲁梅·楚成喜饶等人，到当时佛教比较盛行的多康学习佛法，求取佛经，并在卫藏各地修建大批寺院。因此，西藏佛教徒就把公元978年作为“后弘期”的开始。上路，指的是从阿里传入佛法，时间也是在公元10世纪后半期，吐蕃王室后裔意希沃住在阿里地区的古格，他也是僧人，也在极力扶持佛教。《西藏王臣记》写道：“他派遣纳措译师为使，命他到印度学好佛法，然后回藏。……后来尊者（阿底峡）从印度起程来藏……”意希沃不仅派人到印度、克什米尔等地学习佛教经典，还从印度请来了阿底峡讲经说法，著书立说，广收门徒。自此，佛教活动日趋频繁，原本一蹶不振的佛教重新发展起来。印度佛教的传入，一方面说明了印度和西藏在历史上的宗教文化交流；另一方面，则说明了这一文化交流所经历的曲折过程。佛教之所以在西藏经历了前弘期和后弘期，本身又说明宗教文化的交流并不是一帆风顺的，因为久居吐蕃的本教决不会容纳异教的传入，佛教在西藏所受到的非难也都是本教极力排斥所致，所以，后弘期佛教的发展不得不吸收一些本教的内容，如本教的仪式、本教的神祇，等等。它与前弘期的佛教有着明显的差别，后弘期的这种佛、本杂糅的佛教叫作藏传佛教（俗称喇嘛教）。藏传佛教的出现，正是两种不同（宗教）文化碰撞和交融的结果。

二、关于法律

在藏族历史文学著作《西藏王统记》中，记载了吐蕃法律的产生。其中写道：“松赞干布成为半个南瞻部洲的国王。吞米·桑布扎等率领100名大臣理事，尊王之命，立十善之法，对善者予以奖励，对恶者加以惩处……制定了吐蕃法律。赞普与臣下都在上面盖印，使它像日月的光芒，遍照国中。”西藏远古时期连文字都没有，更无法律可言，人们在社会生活和日常生活中靠古老的禁忌来约束自己。松赞干布建立了吐蕃王朝，创制了文字，于是他要制定法律。《西藏王统记》的这段文字描写可以使人回顾时间的“轨迹”，去探寻吐蕃时期法律衍生的过程。十善之法带有浓厚的佛教色彩，“十善”即不杀生、不偷盗、不奸淫、不欺诈、不挑唆、不咒骂、不造谣、不嫉妒、不起恶变、不反教。松赞干布依据释迦牟尼的“十修善行”，制定相反的十条恶行，命令全体百姓一律加免。后来，在“十修善行”的基础上又制定出“十六要”。《西藏王臣记》中载：“……在十善法戒的基础上，制定出敬奉三宝、修行正法、孝敬父母、恭敬有德、尊高敬老、诚爱亲友、利济乡人、心须正直、效法上流、善用财食、有恩当报、斗秤无欺、心平无嫉、不听妇言、和言善语、任重量宽十六条做人法规。”“十恶”和“十六要”被称为《纯正大世俗十六条及戒十恶之法》，将佛教戒律作为法律依据，以佛教思想作为统治百姓的工具，同时又通过法律的形式来推崇、提倡佛教。松赞干布依据佛教的“十修善行”制定的《纯正大世俗十六条及戒十恶之法》乃是藏族法律的雏形，它是吐蕃与印度文化交流过程中的一个很重要的产物。法律的出现，对于藏族社会的安定与发展、吐蕃政权的稳固确实起到了积极的作用。《西藏王统记》中还写道：

按照十善法制定了国律，
依照五妙欲利乐得增长。
在这白雪环绕的国土中，
十善国法如同空中日月，
光芒照遍雪山平原各地。

罪恶顽强，它是黑暗，遮蔽了山地的藏疆。
清净善业，它是阳光，又如金刚。
阳光破黑暗，金刚摧顽强，即是那十六条规章。
这样的善业，光辉灿烂照耀着四海各方。

从历史的角度看，藏族的法律从形成到发展，佛教对它的影响是非常大的。吐蕃王朝时期就有了根据佛法而制定的法典，在以后的社会发展中，法典也在不断修改、完善，但总是以佛教中约束僧人的一些戒律为基本框架，制定出人们必须遵守的行为准则。元、明、清封建王朝统治时期，西藏已逐步形成一套政教相结合的法律。从藏族法律的发展脉络来看，《纯正大世俗法十六条及戒十恶之法》对以后相继创制出的几部法典来说，都是十分重要的参考依据。如《十五法典》是帕木主巴地方政权于公元 14 世纪中叶纂集并推行的一部法典，该法典也是参照松赞干布时期以来的历代法律改造而成，其条文如下：英雄猛虎律、懦夫狐狸律、地方官吏律、听诉是非律、逮解法庭律、重罪肉刑律、警告罚缓律、使者薪给律、杀人命价律、伤人抵罪律、狡诳洗心律、盗窃追赔律、亲属离异律、奸污罚缓律、半夜前后律。公元 17 世纪初，噶玛登迥旺布统治西藏时，曾先后推行过《十三法典》和《十六法典》。前者就是将《十五法典》中的“英雄猛虎律”和“懦夫狐狸律”删除，而成为《十三法典》；后者就是在《十五法典》现有的条款中又增加了“异族地区律”一条，遂成为《十六法典》。公元 17 世纪中叶，固始汗和五世达赖管理西藏事务以后，对西藏法律做了新的调整，把《十三法典》中的“地方官吏律”删去，于是又产生了《十二法典》。公元 1679 年，五世达赖又以噶玛登迥旺布统治时期推行过的《十六法典》为蓝本，在其基础上进行了调整、补充，制定了《正直明镜鉴》，该法典还针对某些条例做了详细的解释、说明，促使当时的西藏法律趋于完善，成为一部较为详尽的封建法典。通过藏族文学作品，我们可以清楚地看到，西藏法律的形成亦是印度文化与西藏文化交流的结果。从西藏法律的发展脉络中不难看出，佛教的戒律同世俗法律之间有着直接关系，佛教的戒律是西藏法律的滥觞。松赞干布制定的《纯正大世俗法十六条及戒十恶之法》，对以后一千年来西藏各时期封建法律的形成，产生了很大的影响。

三、关于建筑

在此重点论述一下西藏的寺院建筑——桑耶寺。《拔协》是一部藏族历史文学名著，在描写桑耶寺的建造始末时有这样一段内容："赞普（赤松德赞）请大师打地基开工修建正殿。大师阿杂诺雅（寂护）说：'要把这座白扎玛尔桑耶米久伦吉竹巴寺（桑耶寺之全称）修成符合所有经藏、律藏、论藏和密宗规格，在世界上威德最高，无与伦比的寺庙！'"桑耶寺，藏文意为"无边寺""存想寺"，全名"桑耶敏久伦吉朱白祖拉康"。它位于西藏扎囊县境内的雅鲁藏布江北岸，始建于公元8世纪中叶赤松德赞时期。桑耶寺建筑规模宏大，以乌孜大殿为主体结构，组成一个庞大、完整的建筑群。位于全寺中央的乌孜大殿，象征宇宙中央的须弥山，大殿四方各建一殿，象征佛教的东胜身洲、南赡部洲、西牛货洲和北俱卢洲，四座大殿的名称分别是江白林、阿雅巴律林、强巴林和桑结林。

在代表四大洲的四座建筑左右又各有一座建筑。按照佛家的理念，四大洲的各洲两侧还应各有一小洲，共有八小洲（亦名八中洲，佛教名词）。据《贤者喜宴》所载，在四大洲、八小洲完工后，又建白塔即大菩提塔，此塔以狮子为装饰，遂建成声闻之风格；红塔系长寿菩萨之风格，其上饰以莲花；黑塔以如来佛之遗骨为饰物，其形制系独觉佛风格；绿塔乃法轮如来风格，以十六门为装饰。桑耶寺白、红、黑、绿四塔分别建在与乌孜大殿四角呈直线的地方，塔与殿角相距数十米。四塔高大雄伟，形制各异，独具风格。赞普赤松德赞在《玉殿金座》歌中，对这四座宝塔也不乏赞美之词：

我的那座白色佛塔，
如同右旋之白螺。
那座红色佛塔，
犹如火焰冲天。
那座青色佛塔，
好似耸立着的玉柱。
那座黑色佛塔，
宛若铁钉钉在地上。
我之佛塔实属稀有罕见。

从桑耶寺的整体布局来看，它是按照佛教想象中的世界的结构设计而成。桑耶寺的落成，标志着印度建筑艺术在西藏的正式传播。又由于桑耶寺从下往上三层分别是藏式、汉式和印（度）式结构，所以人们又称其为“三样寺”，“三样寺”这个名称可以说是最具体、最直观地体现了藏族与外来文化交往交流交融的例证。公元10世纪前后，在今札达县城建造的托林寺，把桑耶寺的一组庞大建筑群所体现的设计思想和内容集中在一幢建筑之中，其设计之精巧、构思之奇妙，堪称杰作。印度的建筑史甚为悠久，其建筑式样别具一格，佛寺、佛塔等宗教建筑更独具特色。在全藏区，绝大多数的寺庙建筑样式都沿袭了印度佛教建筑艺术的特点，保留其明显的特征。“五明”之学来自印度，其中的“工巧明”对建筑艺术有专门的论述，这对藏族的建筑，特别是佛教建筑影响至深。

以上通过对藏族文学作品的分析，可以看出印度文化在几个方面对藏族文化的影响。宗教、法律、建筑等在西藏的出现与发展，都同印度文化有着直接的联系。需指出的是，这三个方面之间又有着非常明显的内在联系，即以佛教内容为主旨，佛教自不必说，法律和建筑亦充盈着浓郁的佛教色彩。众所周知，印度文化对藏族文化的影响中最显著、最有影响力、普及面最广就是宗教文化。诚然，除此以外还有其他方面的影响，诸如“五明”之学。但由于字数所限，本章节仅从文学角度论及三个方面。

25 藏族八个藏戏的主旨思想研究

藏戏受宗教影响较深。它的传统剧目中，既有反映西藏本土宗教巫本的神灵和祭仪的内容，又有佛教的人物和演义故事。著名的八大传统藏戏，有的本身就是佛经故事。如《赤美滚登》，它源于藏译经藏；《诺桑王子》是佛经故事；《白玛文巴》前半部分的大半内容都取材于佛经故事。其他藏戏虽说不是取材于佛经故事，但基本上也都是以宣传佛教思想为主旨。

一、《赤美滚登》

这是在藏族戏剧中比较古老的早期创编的剧目，故事来源于藏译经藏《方等部太子大拏经》，是根据释迦牟尼为其弟子讲的一个故事改写而成的。

故事的大致情节是说在过去无数的“劫”（佛教传说中的计时单位，时间极长）之前，有个班达王国，其国王名为萨炯吒巴。他正法治国，国泰民安，六畜兴旺。虽有1500位妃子，国王却不曾有后嗣，情急下派人占卜。依占卜师吩咐，上敬三宝，中供僧侣，下施贫困，果然应验。王妃喜得贵子，国王大喜，赐名赤美滚登。此儿一落地便口诵六字真言，极显不凡。王子少年便精通射御礼乐，熟谙文史书画，成年后，因见百姓贫困，心生慈悲，请求国王将国库物品倾其布施，并传言“有者尽施”。后因将镇国之宝“管多蚌觉”施与他人，遂遭奸人离间，国王将其流放至僻地魔山檀特山，满十二载方准其回。流放途中王子仍将珠宝、马匹、财物，甚者妻儿均施与他人，历经磨难，终至魔山修行十二载，归途中又将眼珠布施与盲人。赤美滚登安贫乐道，好施乐善的举动感动了上苍婆罗门，婆罗门还其妻儿、财宝和眼珠，使其父子团聚，国家繁荣昌盛。

佛家认为人生本是苦海，其根源在于“无明”和“我执”。人若想从苦海中得到解脱，就要破除“无明”与“我执”。对上供奉三宝，对下布施穷人。并认为，一个人之所以命运不好，是由于前世做了恶业；要想来世幸福，今生就要积德行善，而积德行善的主要表现或者说行为就是布施。《赤美滚登》正是以这种思想为主题而展开叙述的。这部戏非常真实地反映了古代藏民虔诚地躬行佛教利他主义的传统意识和社会风俗。从中可以看到主人公是如何信奉佛旨，抑制乃至牺牲自己的一切物质需求。

何谓“无明”“我执”“布施”？“无明”是印度思想中的一个重要观念，后成为佛家的根本观念之一。佛教的思想家们从释迦牟尼开始就谈及“无明”问题，把它视为导致生命在世间轮回的根本原因，但是佛教各派对“无明”的认识并不一致。

“无明”，佛教名词，也叫作“痴”或“愚痴”。《宗教词典》在解释“无明”时，将它认作是“十二因缘”之一；“三毒”之一；“根本烦恼”之一。泛指无知、愚昧，特指不懂佛教道理的世俗认识。《俱舍论》：“痴谓无明。”究其根本就是不懂得“谛、宝、业、果”，这里的“谛”是“四谛”，“宝”是“三宝”，“业”和“果”是指因果报应。《俱舍论》中还说道：“于宿位中，诸烦恼位至今果熟，总谓无明……由无明彼现行故。”这其中所指的“无明”贯穿于“三世轮回的始终”，“轮回”以及引起“轮回”的“烦恼”之所以能够发生，就在于“无明”的作用。然“轮回三世”即指一切世俗世界，故“无明”也是一切世俗世界的原始总因。

“我执”又名“我见”，可以说是“无明”的同义语，佛教中指对一切有形和无形事物的执着，小乘认为这是痛苦的根源。佛法说：“世间诸灾害，怖畏及众生，悉由我执生，留彼何所为？”又曰：“由内心执取自我，所以在家人执取五欲，出家人执取种种错误之见解与毫无意义之禁戒。”此番佛教用语，指出人类执着于自我的缺点，包括自大、自满、自卑、贪婪……或者自我意识太强而缺乏集体意识和奉献精神，或者太关注自己而忽略别人，等等。消除“我执”是佛教徒的一个修炼目标，认为没有“我执”就可以将潜在的智慧显现出来，成为有大智慧的人，即为“佛”。

布施，即以慈悲心而施福利与人之意。盖布施原为佛陀劝导优婆塞等之行法，其本义乃以衣、食等物施与大德及贫穷者。至大乘时代，则为六波罗蜜之一，再加上法施、无畏施二者，扩大布施之意义。亦即布施与他人以财物、体力、智慧等，为他人造福成智而求得累积功德，以致解脱之一种修行方法。《大乘义》章卷十二解释布施之义：“以己财事分散与他，称为布；惙己惠人，称为施。”小乘布施之目的，在破除个人吝啬与贪心，以免除来世之贫困，大乘则与大慈大悲之教义相联系，用于超度众生。然而，佛说，有人虽做了好事，但挟带了功利性的不清净心理，不算真布施。这些不净布施，不会得到真正佛道的果报，最多也就是修到仙道的果报而已。佛用种子做比喻，布施作为一种业力行为，等于播种，挟带不纯动机的“垢染布施”，就像种子种在了盐碱地里，不会有好的收成。而且，这种子本身的功能（“种子界”），不但与土地的品质（“地界”）是一种相依相存的关系，还须有阳光、空气和雨水，种子才能发芽。种子放在玻璃瓶中，固然不会发芽，但若播种在贫瘠的土地上，又得不到雨水的滋润，也是不能开花结果的。

在《赤美滚登》中，赤美滚登从出生开始就是一个完美的人，正如那个卦师占卜的一样，“假若大王上敬奉三宝，中供奉僧人，下布施穷困，将来一定会生下菩萨转世的王子哩”。的确，赤美滚登从小就乐善好施，从不为自己考虑，总是站在别人的立场上为别人考虑，以解救劳苦大众为已任。刚开始，赤美滚登便对国王说：“世间芸芸众生，大多为贪财爱宝而烦恼，整日里为自己打算，沉溺在执迷不悟的贪婪苦海中，我可怜他们那样自私，可怜他们那样奸诈，可怜他们那样残暴，可怜他们那样吝啬。为了解脱他们的苦难，父王历年积蓄的财报可否让我布施，让天下穷困的人们能得到起码的意识，能满足他们极为卑微的希望……”后来每次看到宫门外百姓困苦惨景，有的跛，有的瞎，衣食不济，赤美滚登感到自己生活得再好也难以心安。国王劝导王子：“众百姓生活苦，乃是前世作孽，因果报应，不必空费心思自寻烦恼。”可王子却还是坚持让父亲把聚宝库打开散给穷人，并立下誓言：“只要有人需要，一切东西皆愿施舍与人。”有一大臣劝说国王，要制止王子的做法，提出给王子娶亲让王妃管理钱财。国王觉得有理，于是就给王子娶了一位名叫曼苔桑姆的美女做王妃，王子与王妃两人相亲相爱，王妃一连生了三个儿子。但是王子并没有停止布施，到最后把国宝——“一切如意宝”也布施了（据说此宝物可以使万事如意，立即成功）。国王大怒，把王子流放到哈香荒山去，要他在12年当中改过自新。可王子仍不忘布施，甚至布施了儿子和自己的双眼。后来敌国深受感动，主动把“一切如意宝”送还给赤美滚登。当王子回到宫中时，老国王也非常感动，把自己的王位禅让给了他。赤美滚登当上国王后，他用福德之力制定法律，他治理下的国家比以前更加繁荣。后来赤美滚登把大权又交给了小王子，携王后曼苔桑姆、大臣达瓦桑布等同去修禅。

以上剧情充分表明了佛教思想认为的苦难的根源在于“无明”和“我执”。赤美滚登一心只为拯救劳苦大众，于是他积极地去布施，正如他许下的誓言一样，“只要有人需要，一切东西皆愿施舍与人”。在世代轮回、因果报应等佛家思想的影响下，凸显了赤美滚登的佛性，为了别人的幸福能够布施自己国家的国宝，为了别人的幸福能够布施自己的妻儿，甚至献出自己的眼睛。

二、《诺桑王子》

这是一部讲述王子诺桑与仙女益超拉姆忠诚不渝的爱情故事。很久以前，在南北方各有一个国家，南方的国家名叫日登巴，北方的国家名叫额登巴。早先这两国的土地疆域，物产人口，都是差不多的，大家都过着幸福安适的生活。但一段时间过后，南国国王夏巴熏日渐昏庸，招致民心离散，天怒人怨。这时有一个奸臣对国王说：“国运衰微的原因，是由于自己国内的神龙迁居到北国白马落错湖去了，自从大龙、小龙、龙子、龙孙搬到北国去了以后，咱们这儿就一天天倒霉下去了，而他们国家就一天天兴旺起来。现在唯一的办法就是请几位广有神通的巫师作法，把神龙捕回国，让它们仍然住在我国的拉错湖，我国一定会转弱为强，转衰为盛。”国王听了臣属的这番话，心中高兴极了，连连点头称是。于是南国国王派巫师连夜到北国去做法捕龙，而此时恰巧一个猎人救了龙神，作为报答，龙神送给猎人一件如意宝，有了它，可以致富，成为国中第一富豪人家，永远不愁吃穿。然而当猎人在隐士那里见到仙女益超拉姆后便表示自己愿意付出任何代价娶到她，可当猎人捆到益超拉姆后发现她并不属于自己，于是决定听从隐士的劝告，将益超拉姆送给活佛转世、仁慈宽厚、勤劳俭朴的诺桑王子。益超拉姆和诺桑王子见面后两人情投意合，很快相爱，诺桑王子从此对五百嫔妃不理不睬，益超拉姆的受宠惹来众嫔妃的嫉妒，她们共同设计使诺桑王子远征北国，在王子远征的途中，她们又设计使益超拉姆飞回天上。当诺桑王子远征回来发现益超拉姆不在，他伤心欲绝，踏上了寻找益超拉姆的路途，诺桑一直往前走，翻过一山又一山，越过一岭又一岭，记不清走了多少白日，也记不清走了多少黑夜。诺桑忘记了饥饿，也忘记了口渴，继续往前走。路途中不断遇到毒蛇猛兽，但这些阻断不了他前进的步伐，由于诺桑王子锲而不舍的坚持，到最后，他终于找到了益超拉姆，从此两人过上了幸福的生活。

诺桑王子在追寻仙女益超拉姆时所表现出的对爱情的忠贞不渝，暗含了佛家的“精进”主张。“精进”属于六波罗蜜之一，何谓六波罗蜜？宋代悟明在其所著的《联灯会要·重显禅师》中，对六波罗蜜作了如下解释：布施、持戒、忍辱、精进、禅定、般若（智慧），是菩萨向佛求得的修行六大纲领。精进波罗蜜（仳离耶波罗蜜）：谓菩萨精励身心，精修一切大行，能对治懈怠，成就一切善法。精进又叫作勤，即努力向善向上。精进同三善根合起来即是不放逸（“放”是“放荡”，“逸”是“纵逸”），就是过着有规律的生活。人若放逸就会对贪嗔痴三毒不加节制，任性所为，肆无忌惮。不放逸刚好与之相反，是以三善根及精进为体，有防恶修善的功能。对一切善法肯认真负责，精诚集中，故名不放逸。

诺桑王子为了找寻到仙女益超拉姆，一路跋山涉水，不顾一切艰难险阻，这是在爱情力量的驱使下，人所焕发出的一种坚贞不渝、勇往直前的顽强精神，这就与佛家提出的精进，即勤勉的主张是一样的。佛家借用民间的爱情故事非常巧妙地宣传了佛教的精进观点，可谓用心良苦，且非常巧妙，暗示修习者应该具备精进的品质。

三、《白玛文巴》

这部戏剧的前半部分的大半内容取材于佛经故事，表现了佛教因果报应的思想。剧情讲到，商人诺桑为国王由穷变富，本是好事，可险些遭到国王的暗算，结果是被马王救出罗刹国带往仙界，享受幸福生活。白玛文巴也是如此，在空行母和点化后的罗刹女的帮助下，劫后余生，还当上了国王，而凶狠的国王落得一个可悲的下场。这两则故事充分折射出宗教在藏族社会的政治地位，彰显了因果报应思想。剧本的后半部分是讲商人的儿子白玛文巴，他从小聪明、贤能，信奉佛教，为人所尊敬。但信奉异教的国王存心折磨他，甚至陷害他，结果反而自取灭亡，白玛文巴最后继承王位，以完美的结局诠释佛教中因果报应的思想。

佛家的因果报应，即“业力与果报”，“业”就是我们的行为，而“果”就是做某事后所形成的后果。就如给花浇水，浇了水花才会生机勃勃，有因必有果。无论什么事，不做则已，做了总免不了会有结果。果之随因，如影相随。比如人想除掉自已本身的影子，谁都知道是不可能的。有了事情的起因，想要避免结果，这是完全不可能的。

国王因心生恶念，担心自己的财力、物力不及诺桑商人，恐惧他有一天会篡位，所以利用自己的权势，派诺桑去海上求得宝物，其结果是诺桑一去不复返，国王以为他已经死了，这样就可以了却国王的心病。可事实是他被马王救出罗刹国带往仙界，享受幸福生活。然而事情并不这么简单，诺桑临走时拉日常塞（诺桑的妻子）已怀有身孕，不久生下一子，取名白玛文巴，她怕国王不会放过自己的儿子，所以就把儿子放于密室内抚养长大，儿子慢慢懂事后，就不断地向母亲询问自己父亲是谁，母亲怕事情暴露就一再敷衍搪塞，可是终究没能避免。一日香山市场集会，白玛文巴从一老奶奶口中得知自己的身世。不幸的是，后来国王知道诺桑有个儿子，国王的恶念再次燃起，以“父事子继自古皆然，父债子还代代相传”为由派白玛文巴去海上采宝。母亲知道后担心儿子也会像诺桑一样一去不复返，就去格萨尔王神塔下祈福祷告。白玛文巴已经空行母的指点，一一闯过难关，幸免一死。可是国王还是不死心，再次派白玛文巴去西方罗刹国寻宝，白玛文巴牢记佛祖点化，也将宝物取回。可这次白玛文巴没有像上次一样交了宝物了事，而是将宝物夸赞一番：“去到西方罗刹国，去来宝物不寻常，它能凌空飞上天，东南西北任翱翔，世界各地好风景，都在眼下人欣赏。”国王一听心动了，就命白玛文巴带他升空，最后白玛文巴将国王从罗刹国上空扔下，使其成为六十八罗刹的美餐，白玛文巴回去继承了王位。

国王一再加害诺桑家族，从陷害诺桑到陷害白玛文巴，都是出于他的嫉妒，其结果是被自己的贪欲推向死亡的边缘。因果报应与善恶有着最为直接的关系，佛教中的十善法就是：“不杀生、不盗劫、不邪淫、不妄言（不说谎、不伪证）、不绮语（不说淫秽不正之语）、不恶口（不以肮脏污秽的语言骂人）、不两舌（不挑拨离间，搬弄是非）、不嫉妒、不嗔恚（不恼不怒，心平气和）和不兴邪见（明辨是非，不生邪恶之念）。跟以上相反的就是十恶法。”在《白玛文巴》中，当国王对诺桑的经商头脑心生嫉妒时，他的心里已埋下恶报的种子，从派诺桑寻宝使其一去不复返，再到对白玛文巴的陷害未遂，他的恶果已生根发芽，直至最后被罗刹当成了美餐，得到了报应。

四、《苏吉尼玛》

关于这部藏戏的来源有不同的说法，一是说它是17世纪中晚期门巴族高僧梅惹·洛珠嘉措所作。另有一说是一手抄本注明故事来自印度噶伦堡附近农村的一个民间传说，剧本是根据莲花生大弟子毗如遮那和大译师希吾·洛扎瓦的梵藏译本编创而成。

《苏吉尼玛》故事的情节是说有一个国王名叫达娃森格，他娶了一个十分妖艳的女子做王妃，这个女子是个魔女。通灵的鹦鹉三番五次地劝说国王远离魔女，可是国王迷恋女色，不听忠言。后来国王在森林中遇到了一位姑娘，美丽、善良，她就是苏吉尼玛，国王对她一见倾心。苏吉尼玛原为母鹿所生，父亲是静修林的隐士。国王向隐士请婚，隐士同意了这门婚事。于是，国王带着苏吉尼玛回到王宫，封她为王后。苏吉尼玛为人忠厚，待人和蔼，赢得了臣民的爱戴。国王原有的2500个妃子特别是那个妖妃，对苏吉尼玛却恨之入骨。她找来了一个女巫，骗走了苏吉尼玛的防身项链，并屡屡陷害于她，但是均未得逞。后来，女巫用迷魂药让苏吉尼玛昏睡，然后偷偷地将国王的弟弟杀死，把他的心脏放在苏吉尼玛枕旁，在她的脸上、嘴上、手上涂满了鲜血。国王以为她是妖魔，就把她扔进臭气熏天、血水沸腾的沸血海去受苦。苏吉尼玛在沸血海中遭受各种痛苦，她始终在心里祝祷："我所最尊崇的三宝啊！我在这里受苦受难，愿我把人间的苦都受尽了，愿众生永远相亲相爱、平安幸福！"她的精诚感动了护法众神，一齐保佑她脱离了沸血海。她装扮成一个尼姑，一路讲经说法，弘扬佛旨。她的名声越传越远，连京城里都知道有位道行高深的女尼了。自从赶走了苏吉尼玛以后，国中灾害频发。国王微服前去听女尼讲经，恰逢妖妃以及巫婆来到女尼这儿忏悔罪过，她们将陷害苏吉尼玛的经过一一道出。国王听到了她们的阴谋和罪行，怒发冲冠，拔出宝剑要把她们杀死，却被女尼拦住。女尼希望国王放过忏悔的人，让她们改过自新。国王一见女尼就是苏吉尼玛，又惊又喜，又羞又愧，再三恳求把她迎回王宫，重做王后，从此国泰民安。

从藏戏《苏吉尼玛》所表现的主旨来看，有四个方面：一是反映了佛教思想，如“四谛”中的苦谛和集谛等基本思想；二是因果报应思想；三是宣传佛法的威力；四是反映了藏民族早期的原始信仰习俗。苦、集、灭、道四种修习法门总称为“四谛”，是释迦牟尼佛对小乘圣人阿罗汉说的。释迦牟尼成道以后，又经过21天的苦思冥想，最终得出“四谛”，于是就来到鹿野苑为五比丘宣讲四谛法门。如果从深层分析，可以感悟到在藏戏《苏吉尼玛》中，主人公苏吉尼玛的形象塑造正暗含了苦谛和集谛的思想主题。

苦谛，佛教云人生八苦，即：生苦、老苦、病苦、死苦、爱别离苦、怨憎会苦、求不得苦、五阴炽盛苦。其中对于爱别离苦，语云：“乐莫乐兮新相知，悲莫悲兮生别离。”生死离别，人间惨事，青春丧偶，中年丧子，固然悲痛万分，即使不是死别，或为谋求衣食，或因迫于形势，与相亲相爱的人生离，也将感到痛苦。在藏戏《苏吉尼玛》中，主要就是表现了爱别离苦。苏吉尼玛遭妖女陷害，并被流放，使她离开了国王，受尽百般苦。这体现了佛教“苦谛”的基本思想。总之，婆娑世界，一切皆是苦。

集谛，人生有多种苦，集谛对产生多种苦的原因做出了回答，根本原因在于人生所具有的情欲，由于人有各种欲望，因而产生各种行为，由此带来一连串苦恼。苏吉尼玛被国王封为王后，享受荣华富贵，并受到百姓的爱戴，这一切看似很美好。但也正是这些看似美好的荣耀与富贵，导致她后来遭受了灾难。国王的妖妃和众妃子的嫉妒之心，造成了苏吉尼玛后来所受到的苦。

《苏吉尼玛》所表达的佛教思想也有别的内容。比如在这部藏戏中我们还能体会到佛教因果报应的思想。《苏吉尼玛》中，苏吉尼玛为佛教的虔诚崇拜者，是善的代表。她最终的命运是“善报”——过着幸福的生活，而妖女终究在佛教的感召下伏法，这正是因果报应的体现。佛教旨在劝人为善，美好幸福的生活总是人们所向往的。而苏吉尼玛的故事则通过“因果报应”来劝人为善。

此外，在这部戏剧中，还有这样一段情节，当国王被苏吉尼玛美丽的容貌打动，向隐士表明自己要娶她做王后时，隐士说道，要娶苏吉尼玛做王后并不难，条件是必须放弃其所信奉的外道，一心皈依佛法，国王答应了。隐士对苏吉尼玛叮嘱道，做了王后，要弘扬佛法，这是前世的姻缘。剧中所讲的外道，指的就是佛教以外的道。外道就像羊肠小道，迂回曲折，时有迷途之险；唯有佛教，无常、无我、涅槃寂静的圆满法义，才是真正的“内学”，信仰业力因果，不再把祸福寄托给神明主宰，能以“我是佛”，自我尊重，自我要求，当下即是无有浊恶的庄严佛国净土。在佛陀千百万弟子中，大多数是从外道转投佛陀座下。在藏戏《苏吉尼玛》中，充分显示了佛法的威力，在佛法和外道的较量中，佛法始终居于主导地位。

《苏吉尼玛》所反映的另一个内容就是藏民族早期的原始信仰习俗。在藏戏《苏吉尼玛》中能看到一些反映藏民族早期的原始信仰习俗，由此可以看出藏族本教对藏戏的发展也起到了重要的作用。《苏吉尼玛》中的原文是这样说的：“森林中有一个隐士，曾用泉水洗自己的内衣，林中一母鹿喝了这泉水以后，怀了孕，生下一个漂亮的女孩，取名苏吉尼玛。”主人公苏吉尼玛的出生很是特别，既涉及隐士，又涉及鹿。该隐士是坐观静修佛法的隐士，而鹿是藏族先民所崇拜的动物。主人公苏吉尼玛是仙女的化身，是来人间宣传佛法的，所以从一开始，即她的出身，就已紧密地和佛教联系在一起，告知人们鹿与佛教的关系，表明了鹿的地位；同时又表现出佛、本融合的迹象，或者说佛教为了其自身能够在吐蕃立住脚而借用了本教盛行的动物崇拜的特点，为佛教所用。另外，在这部戏剧中还反映了乌鸦崇拜的习俗。还有就是反映了巫师崇拜，本教除了表现对自然神灵崇拜外，作为一种原始宗教，还有自己的巫师和修行仪轨，本教的巫师都负有祭祀、跳神、占卜、禳解等社会职能。藏族接受了藏传佛教以后，本教的许多仪轨和祈祷方式被佛教所吸收，甚至在一些偏远地方至今仍有遗存。在藏戏里这种深厚的民间文化习俗也有所体现，我们仍可以窥视到其中的蛛丝马迹。《苏吉尼玛》中的妖妃亚玛更迪精通巫术，她用符咒陷害善良的王妃苏吉尼玛，给苏吉尼玛灌迷魂药，并伪造苏吉尼玛吃人的场景，诓骗国王。巫师形象是本教文化的遗存，在原始社会里，巫师作为特殊身份的人，他们可以上祈天神，下镇鬼魅，成为原始社会人们的精神支柱。

五、《囊萨姑娘》

《囊萨姑娘》又叫《朗萨雯蚌》，取材于西藏江孜地区发生的一件真实的社会事件，体现出佛家的人生苦海、出家修行的主张。它和《苏吉尼玛》所反映的佛教思想“苦谛”是一致的。

农家姑娘囊萨美丽善良、聪明勤劳，剧作者这样描述她的美好与可爱：

见到她的身影，能使你大饱眼福。
听到她的声音，能使你无比欢畅。
想到她的时候，能使你心情愉快。

然而美丽的囊萨却在一次庙会上被山官扎钦巴看中，强迫娶为儿媳。嫁入扎钦巴家中后，小姑对囊萨百般刁难，并且囊萨因笃信佛法，为山官家所不容。于是在扎钦巴家族的层层压迫下，囊萨受尽折磨，悲愤而亡。温顺善良的囊萨身前正义不得伸张，死后便皈依佛门，并飞升成佛。原来囊萨本是天上的仙女，为超度凡人而降临人间，所以死后又从阴间还魂复生，出家讲经说法。后来，连恶霸山官父子也受到了囊萨的感化，遁入了空门。

《囊萨雯蚌》的剧作者用清新朴实的语言和多个生动的生活细节塑造出囊萨姑娘温顺美丽、勤劳善良的传统妇女形象，首先得到了观众的心理认同。后面又制造出强逼结婚、小姑陷害等一系列矛盾冲突，将人们的注意力紧紧吸引到囊萨姑娘的命运之上。当囊萨姑娘被毒打致死时，整个剧情的矛盾激化程度到达了顶峰。自此，“人生苦海”的含义在囊萨的遭遇中被深刻诠释。

囊萨的经历体现出“人生苦海，出家修行”的佛学主张，而这也成了贯穿全剧的主线。

正如青年时期的释迦牟尼在人世间所看到的，生老病死、悲欢离合等无常之事是每个凡人都无法摆脱的。贫贱如乡民，整日或许只为糊口保命苦苦耕作，在与天时的抗争或妥协之中备受摆布；富贵如王孙，尽享物质的繁华却也无法摆脱无端缠身的疾病。身份高贵的释迦牟尼放弃了王位，用双脚踏遍世间的苦难之处，用双眼见证在命运与红尘之中挣扎的世人。他迫切地想要寻找精神上的升华、心灵上的解脱。而藏戏《囊萨雯蚌》的主人公就是现实生活中一个个在红尘之中痛苦挣扎的人们的缩影。活着的囊萨生活悲惨，繁重的家务劳作要她去干，小姑等人无端的妒忌和迫害与日俱增，在肉体遭受痛苦的同时，她的精神更是苦不堪言。

释迦牟尼虽然身份高贵，生活无比优越，但他最终却选择了出家之路，是因为他亲见世人深陷痛苦的迷潭，想要去探寻解脱人世间痛苦的方法帮助人们，由此苦修成佛。相较之下，囊萨则是真切地经历了人生苦海的煎熬，被迫放弃了自己的家庭，甚至自己宝贵的生命。最终她也选择了出家修行的做法，用自己的亲身经历验证了释迦牟尼对人生苦海的判断。

六、《文成公主》

该剧目是由真实的历史事件改编而成，其历史背景是吐蕃松赞干布统治时期。当时，藏王松赞干布仰慕唐朝的先进生产技术和文化，又听说皇帝唐太宗有个女儿叫文成，她美丽贤淑，很想求娶这位汉地公主做自己的妃子。于是，松赞干布命足智多谋的噶哇·东赞大臣率领求婚使团赶赴国都长安求婚。当噶哇·东赞大臣拜见太宗并提出求娶文成公主时，太宗要噶哇·东赞回吐蕃询问藏王松赞干布能不能建立十善国律，如果能，就许嫁公主。噶哇·东赞向太宗呈上动身前松赞干布交给他的三封信中的第一封。信上说："大王你要是喜欢十善国法，只要你许嫁公主，我就变化五千化身，一日之内就可以建立十善国律……"太宗又问起吐蕃可有建立佛寺的能力，噶哇·东赞又呈上第二封信，大致意思是说汉地佛法昌明，修建了许多寺庙，吐蕃也可以修建，只要能求娶到公主，吐蕃将修建一百零八座寺庙，而且所有庙门都朝向大唐国都长安。

吐蕃能否建立十善国律，是否可以修建佛教寺院，这些被看作是能否许配文成公主的先决条件。十善国律是松赞干布依据释迦牟尼的十条善行，制定出相反的十条恶行，如有违反者，则给予惩处的律法。仅从这点上看便体现了松赞干布以佛教治国的为政主张。不过建立十善国律和修建寺庙，这些都是以后的事，也就是说文成公主下嫁吐蕃后，松赞干布才着手制定吐蕃法律，至于真正意义上的寺庙修建，则要从后几代赞普论起，因为文成公主和尼泊尔的赤尊公主嫁到了吐蕃，松赞干布为她俩修建了大、小昭寺，仅仅是为供奉两位公主各自带去的释迦牟尼像而已。也正是由于笃信佛教的文成公主和赤尊公主嫁到吐蕃，才在一定程度上影响了松赞干布，因而其对佛教给予了一些关注，比如“建立四茹四寺、四厌胜寺、再四厌胜寺等”，还延请印度、尼泊尔和内地僧人去吐蕃传法以及翻译佛经，等等。

文成公主前往吐蕃以前与父王有一段对话也是很耐人寻味的，主要是讲吐蕃同佛教的问题，公主说道：

……
这样的边地佛祖未去过，
没有佛法无明黑暗之洲。
既没有佛塔也没有佛寺，
造福积德也没有福田可种。
要叫我到这样的地方去，
父皇的福田本尊神像，
释迦牟尼的佛像赐给我。
……

太宗说道：

……
为了美丽的女儿修造福田，
我的佛祖释迦牟尼身像，

修造的施主是帝释天王，
是用十种珍宝铸造而成，
毕夏噶玛亲自担任工匠，
佛祖曾经亲临为它开光，
这尊无比的神佛身像，
不论用见闻思触向它祈请，
都能尽快获得成佛正果。
这般利乐之源的觉卧像，
虽然爱惜得像自己的心肝，
也把它作为嫁妆送给你。
……

这段对话既体现出了太宗与公主的父女之情，依依惜别、难舍难分，更反映了唐代时佛教在人们的思想上、行为上，乃至在整个社会生活中的重要地位。据史料记载，文成公主嫁入吐蕃之前曾提出三个条件，其中前两个都与佛教有关。第一个是须造释迦牟尼像，入藏供奉；第二个是须倡导文化，广传佛教。

我国唐代（618—907）是佛教鼎盛时期，唐太宗、唐高宗、武则天等都尊奉佛教。在全国各地修建寺庙，延请国外名僧到汉地讲经说法，也有不少中国僧人去印度游学，涌现出大批高僧和佛教学者，与此同时，佛教信仰也深入民间。作为唐宗室女的文成公主也笃信佛教，通晓一些佛经，佛教思想对她的影响很深。所以当自己的人生处在转折点上，要远嫁吐蕃时，她首先考虑的便是，那里有没有佛教，有没有佛祖释迦牟尼像，自己的信仰会不会因身处吐蕃而受到动摇。其实，松赞干布时期，佛教传入吐蕃已有200多年了，只是还没有得到完全展开，没有受到统治阶级的足够重视，也没有深入民间。佛教对藏族社会的全方位渗透，是后来的事。

七、《顿月顿珠》

《顿月顿珠》，是五世班禅洛桑益西针对社会上有人不讲佛法和宗教界有人不守戒律的现象，将民间故事《尼玛维色与达娃维色》编写而成的藏戏。《顿月顿珠》讲的是继母迫害继子的故事。顿月和顿珠是同父异母的两个王子，继母是顿珠的后母，顿月的生母，她为了能让自己的亲生儿子继承王位，执意要国王杀害顿珠，国王不忍心这样做，将顿珠流放到边野荒地去。顿月和顿珠之间感情很深，顿月不愿和哥哥分离，他背着父母和顿珠一同流浪。后来顿月因年幼经受不住饥饿、疲劳的折磨，死于途中。顿珠流浪到另一个国家，被一位在深山修行的老喇嘛收作徒弟。正值这个国家闹饥荒，且瘟疫流行，每年要投一属龙青年下湖祭祀龙王，顿珠属龙，被大臣发现后，把他带到王宫里去回复国王，然而公主见到顿珠十分倾慕，国王疼爱公主，打算再寻其他青年代替顿珠作祭品。但顿珠不愿因保全自己而牺牲他人，他谢绝了国王的好意，自愿投入湖中。顿珠的行为感动了龙王，便把他送还到老喇嘛跟前，答应今后不再要活人祭祀，并及时降雨。这个国家从此五谷丰登，吉祥圆满。国王迎请老喇嘛进宫供养，顿珠化装成随从前往被公主认出，二人结为夫妇，国王念顿珠心地善良、正义勇敢，便把王位让给了顿珠，自己随喇嘛修行佛法。顿月死后又被仙人救活，在森林中过着“野人”般的生活。一天，顿珠带着臣属去森林中散步，与弟弟顿月重逢。兄弟二人回国探望父母，父亲将王位传给顿月，顿珠的继母也忏悔了自己的过错。从此，兄弟二人各治一国，彼此更加友爱、和睦。

同其他几部藏戏所宣扬的主旨一样，《顿月顿珠》宣扬的也是因果报应的佛教思想。如果前世积善业，今生今世就会获得幸福；前世积恶业，今生就要受苦受难。顿月和顿珠的经历反映的就是这个主题。

八、《卓瓦桑姆》

卓瓦桑姆，藏语意为“善行女”。剧情内容是古代藏族某地方国王呷拉旺布率群臣狩猎，妖妃哈江堆姆越君违礼抢先射鹿，而花仙卓瓦桑姆去救护伤鹿，国王为花仙的善良所动，心生爱慕，后永结同心。然而，卓瓦桑姆遭妖妃嫉妒，被诬陷是鬼，国王不明真相。后来国王终于查清真相，斩除妖孽，然而，卓瓦桑姆为保护小王子，不幸死于妖孽之手。全剧分“狩猎”“定情”“诬陷”“识奸”“除妖”“加冕”六场。

另据1994年9月版的《藏族文学史》（四川民族出版社）的描述，《卓瓦桑姆》的剧情和地点有一些出入。这里说的故事发生在印度曼者岗这个地方。剧情是讲，在印度的曼者岗住着一对婆罗门夫妇，他们晚年生了一个空行化母身的女儿，取名叫卓瓦桑姆，女儿长大后非常美丽。后被当地国王抢去做了妃子，几年后卓瓦桑姆和国王生了一女一男，魔怪化身的王后非常嫉恨卓瓦桑姆和她的两个孩子，想对她们母子三人下毒手，万般无奈，卓瓦桑姆忍痛抛下儿女飞回空行坛场去了。后来，魔后又加害国王，她勾结臣属将国王关进监牢，还多次施毒计欲谋害卓瓦桑姆的子女，终未得逞。姐弟二人不敢留居本国，相携逃亡他乡，不幸又中途失散。王子逃到另一个国家，这个国家的国王没有子嗣，正愁王位无人继承，于是王子便在异国当了国王。魔后得知此事，带兵前来攻打，结果被王子杀死。后来王子又找回了姐姐，救出了父亲，以佛法治理两个国家，使百姓得到幸福安乐。

《卓瓦桑姆》从始至终宣传了佛教因果报应的思想，因果报应是号召人们做善事的根源，也是对为什么做善事的一种具有感召力的解释。其道理很简单，多做善事将来会得到好的报应，比如生活幸福，而且这种福报还会传给子孙，甚至将来自己转世也能进入“三善趣”，等等。在这种思想的宣传攻势下，人们势必要做善事，希望自己能有个好的回报。

26　藏戏戏词研究

藏戏戏词是藏戏演出的重要组成部分，通常它们与宗教有着密不可分的关系。本文主要是从戏词入手，做深入细致的分析。剖析藏戏戏词与宗教道歌、《格萨尔》说唱形式、“折嘎”“喇嘛嘛呢”四个方面的关系，从中揭示藏戏戏词的宗教成分。

一、戏词与宗教道歌的关系

与本教关系密切的民间道歌采用的是古老格律，到11世纪米拉日巴以后，发展出了一种宗教道歌，并且十分流行，这对藏戏的形成发展有较大影响。

在传统藏戏《朗萨雯蚌》中就穿插了一首道歌，其音调特别，伴以鼗鼓和法铃，听来淳厚激越而又清新活泼：

我以善乐福德故，
得见尊颜受法教，
一如上师之授记，
我今依嘱来居此。
蒙境群山多树木，
草原花木极茂盛，

于此悦意安乐境，
果树摇摆作舞姿，
猿猴扑跌做游戏，
百鸟齐喧悦耳闻，
蜜蜂四飞竞嗡嗡，
虹彩隐显无昼夜，
冬夏细雨降霏霏，
春秋谷雾弥山际，
如是寂寥山隐处，
有我米拉习禅定。①

道歌歌词包含佛教内容，但写人叙事多用比喻等修辞，文笔自然清新，内容生动又富有哲理。米拉日巴是佛教僧人，他善于歌唱，经常以唱歌的形式向人们宣传宗教思想，久而久之，以歌唱形式宣传藏传佛教思想的歌曲便成为一种稍晚些时候的道歌。米拉日巴的道歌运用了比喻的修辞，生动的语言，形象的描写，不拘一格的形式。类似这样的宗教道歌对日后的藏戏形成发展有较大影响，当然，这里所说的形成和发展主要是指藏戏戏词方面。比如，在米拉日巴的道歌中有这么一段：

在无常梦幻的城邑里，
疲劳的旅客怨艾哀戚。
在肥美的贡塘周围土地上，
长满了牛羊吃的青草。
如今那地方为鬼魅所栖，
这就是无常如幻梦一样的实例。

① 桑杰坚赞：《米拉日巴传》，刘立千译，民族出版社，1984 年。

这促使瑜伽士更要勤修习。
四柱八梁的房舍，
如今像狮子的上嘴皮。
四角八壁九重顶的宅邸，
如今只可和那老驴的耳朵相比。
这也是无常如幻梦一样的实例，
促使我瑜伽士更要勤修习。①

在这段中，用比喻的方式说明人生的无常，说明只有修行才是人生中最有价值的、最值得追求的。在《朗萨雯蚌》中也有这么一段：

无常的人生就如那草尖上的霜，
难以经受任何事情，
会马上干掉。
所以就算你们不去修炼，
我朗萨也不会留下，
我要去山上修行。
无常的人生就如草原上的彩虹，
就算有再艳丽的颜色，
也没有任何意义。
所以就算你们不去修炼，
我朗萨也不会留下，
我要去山上修行。

米拉日巴于公元1040年生于后藏贡塘地区（今吉隆县北靠近阿

① 桑杰坚赞：《米拉日巴传》，刘立千译，民族出版社，1984年。

里)。7岁时，祖父和父亲相继去世，年幼的米拉日巴和3岁的妹妹随年轻的寡母相依为命。父亲临死时，把米拉日巴母子三人和家产全托付给伯父雍仲坚参和姑母琼擦赛德照料，并当着许多亲友的面立下了“子承父业”的遗嘱。但是，米拉日巴的伯父、姑母居心叵测，不仅强占了母子三人的财产，而且还奴役、谩骂和毒打他们。有一次米拉日巴被叔父毒打、辱骂之后彻底绝了情，毅然决定要进深山修行，关于这件事在米拉日巴道歌中有这样一段：

只因生计无着受饥馑，
才来到亲姑母你的家门。
你认出我这贫穷的瑜伽士，
憎恨使你起了伤害之心。
放出恶犬来咬我，
又用支撑帐篷的木棍，
如打场一样打我身。
把我打晕倒在那水坑内，
几乎丧失宝贵的生命。
你凶恶地骂我是辱门子，
疯狂地骂我现时丢人，
唇枪舌剑伤我心。
使我悲痛失望又愤恨，
我气塞胸口出不了声。
你身为姑母却怀着一颗魔鬼的心，
从此后我对姑母绝了情。
我到叔父的门前，
他对我心毒手狠恶语伤人，

骂我是地方的丧门星，
指示邻居出来追杀我，
我心中痛苦无法忍受，
几乎使我命归阴。
他身为叔父却怀着一颗阎王的心，
从此后我对叔父绝了情。
我穷困，亲属对我比仇人还凶狠，
此后我便坐山修道行。①

这种先讲原因后讲结果的歌词形式在《朗萨雯蚌》中也有模仿式的一段，也是讲朗萨为何想要去修行的。《囊萨姑娘》又叫《朗萨雯蚌》，取材于西藏江孜地区发生的一件真实的社会事件，体现了佛家的人生苦海、出家修行的主张。农家姑娘囊萨美丽善良、聪明勤劳。然而美丽的她却在一次庙会上被山官扎钦巴看中，强迫娶为儿媳。嫁入扎钦巴家中后，小姑对囊萨百般刁难，不明真相的丈夫又对囊萨屡屡施暴。囊萨受尽折磨，悲愤而亡。温顺善良的囊萨生前正义不得伸张，死后她便皈依佛门，飞升成佛。原来囊萨本是天上的仙女，为超度凡人而降临人间，所以死后她又从阴间还魂复生，出家讲经说法。后来，恶霸山官父子甚至也受到了囊萨的感化，遁入空门。

丈夫是终身的伴侣，
可是他像旗杆上的佛幡，
随风摆动，
听信别人的言语，

① 桑杰坚赞：《米拉日巴传》，刘立千译，民族出版社，1984年。

殴打妻子。
儿子虽然很好，
可是年纪幼小不懂什么事情。
小姑子凶恶奸险，
实在无法忍受。
你是云游天下的人，
请你告诉我，
哪座山林最幽静？
哪座寺庙有高僧？
哪个喇嘛法力大？
我要去拜他为师。

当囊萨姑娘被毒打致死时，整个剧情的矛盾激化程度到达了顶峰。自此，“人生苦海”的含义在囊萨的遭遇中被深刻诠释。在《朗萨雯蚌》中像这样的例子还有很多，由此可以得知藏戏的戏词也跟道歌歌词一样，有很多宗教成分。

二、戏词与史诗《格萨尔》说唱形式的关系

“岭仲”意为格萨尔说唱。《格萨尔》或称《格萨尔王传》是公元11世纪至13世纪产生的世界最长的民间英雄史诗。除散文部分外，仅史诗部分就有100万至150万行，估计有1500万字[①]。它分为三个部分：开篇、征战篇、结尾部（收篇）。在雪域高原，史诗《格萨尔》的传承形式是书面传播与口头传播并行。在文字产

① 出自杨恩洪2009年7月5日在北京大学百年讲堂上的讲座《藏族英雄史诗〈格萨尔王传〉概览》。

生之前，口头传播就已经存在，是早期史诗传播的主要形式。

《格萨尔》是吐蕃时期散文叙述插入歌唱对话的文体，后来受佛教说唱文学影响而又有高度发展、逐渐定型的藏族独有的一种说唱艺术。演唱部分多用鲁体民歌和自由体民歌的格律。它的歌词形式主要采用的是最普遍的比兴和前后呼应法，它和宗教道歌在说唱形式上有一定的联系。但是《格萨尔》说唱与藏戏的关系更密切。不论是在形式上，还是在内容上，藏戏都不可避免地受到《格萨尔》说唱的影响。例如在《格萨尔王》中有这样一段：

邪恶的魔鬼正直的神灵，
图谋利己虽然相似，
为人利他可不能等同。
奔巴王贾察和拉伍赖布，
母亲虽是同姐姊妹，
富家的高低却无法相比。
赛庆黑狗的灾难之子，
和圣岭穆布东姓后裔，
说成是兄弟太不知趣。
若不是父姓光明正大，
虽同母家有何理论?
事情都被做绝。
说调节不过是自欺欺人。
你怎么能说不知内情，
随军侵犯我岭国竟为何因。①

① 王歌行等：《岭·格萨尔王》，中国民间文艺出版社，1986年。

说唱中最普遍采用的一种方法是前面几段用兴，后面一两段点出要旨。所以这样的歌词在藏戏中也比比皆是。比如在《诺桑王子》一剧中，益超拉姆唱道：

看那湖面鸳鸯双双游，
形影不离相爱又相亲。
看那山岩雄鹰双双立，
翱翔蓝天也是影相并。
看那树林鸟儿在筑窝，
雌雄衔枝前后来帮衬。
祈求天界各方的圣主啊！
请睁开你们的慧眼吧，
怜悯我这个苦命的仙女。①

在藏戏中不仅在戏词的运用方面与《格萨尔》说唱法类似，很多戏词中的调与《格萨尔》的调也基本一样，比如在《意乐仙女》中：

统领雄兵赴疆场，
赴疆场。
铠甲刀枪射寒光，
射寒光。
升旗招揽军威壮，
马到成功保家乡，
马到成功保家乡。②

① 刘志群：《藏戏与藏俗》，西藏人民出版社，1990 年。
② 李云、周全根：《藏戏》，浙江人民出版社，2004 年。

这种调是《格萨尔》调中最基本的调，如：

张口的石狮子听我言，
听我言。
你的绿玉发真好看，
真好看。
为啥嘴头喷火焰，
喷火焰。
挡住我去路为哪般？
为哪般？

除独白与对话是适宜歌唱的韵文外，部分故事情节的叙述也改为可歌唱的韵文。说唱故事时用民歌、赞词、韵文或说唱的曲调把人物的话吟唱出来，使故事显得更加生动活泼、感人易记。

三、戏词与"折嘎"的关系

"折嘎"是藏区较古老的曲种之一，目前在现存的曲种中，除藏族英雄史诗《格萨尔》说唱深受广大农牧民欢迎外，另一个受欢迎的当数"折嘎"了。这种说唱形式广泛流传于西藏、青海和四川等地的藏区。"折嘎"这种形式在藏文里有好几种写法，每一种写法都有着各自不同的意思。由于汉译后有的音相近，但无法用不同的字来表示，所以用"折嘎"来做统称。随着佛教的传入，佛教也将"折嘎"的表演形式吸收了进来，用在春播秋收、修房造屋、盛大聚会、喜庆团圆等场合。

下面看一段"折嘎"唱词：

我从升起太阳的东方，
推开金刚石的大门来了。
我从盛产宝石的南方，
推开松耳石的大门来了。
我从无量光佛的西方，
推开珊瑚的大门来了。
我从俱卢洲的北方，
推开海螺的大门来了。
碰到高耸云天的大山，
我就猛力纵身一跳。

藏戏中也穿插了类似的“折嘎”，如在《朗萨雯蚌》中就有一个“折嘎”艺人，他在戏中唱道：

尊白度母之命，
再次探望朗萨。
劝其逃离虎口，
设法将其点化。

“折嘎”不仅是一种说唱形式，还可以配上舞蹈，这种配舞蹈的“折嘎”说唱一般会在盛大的节日庆典上表演。而在《朗萨雯蚌》的“庙会逼婚”中，老百姓就围着囊萨唱过这么一段：

像一轮皎月在天空出现，
像一朵莲花在水面玉立，
像一只孔雀在草坪回旋，
像一尊仙女降临了人间。
啊！美丽纯洁的朗萨姑娘，
你第一次来庙会好好游玩。

由此可见，“折嘎”在藏戏中也发挥着较重要的作用，而很多“折嘎”词中也穿插着很多的宗教词语。

四、戏词与“喇嘛嘛呢”的关系

“喇嘛嘛呢”是一种宗教色彩较浓的藏族曲种。在拉萨、日喀则、山南一带广泛流传。“喇嘛”指佛教僧人，“嘛呢”指佛教的“六字真言”。“喇嘛嘛呢”即由僧人讲唱佛教故事。关于“喇嘛嘛呢”的起源有两种说法：一说是吐蕃时期，由唐朝皇帝派高僧到西藏宣扬佛教，运用变文的形式演唱佛经故事流传而来；一说是由唐东杰布所创，让信徒们四处演唱，为修建铁索桥募化资金。为了使人们更好地了解藏戏剧本的基本内容，把神佛本生和传记连环图像画成唐卡（即“喇嘛嘛呢”唐卡）挂在墙上，由一个喇嘛或尼姑以说唱的形式进行讲述，讲大型故事时需要有几个喇嘛或尼姑。由于表演者的身份，在说唱故事的前后中间各个段落要不停地演唱“嘛呢”六字真言（“唵嘛呢叭咪吽”），因而该种说唱形式得名为“喇嘛嘛呢”。后来流传到民间，一些以说唱“喇嘛嘛呢”为谋生手段的苦行僧和一些职业民间艺人，也在街头巷尾悬挂唐卡，向过往行人说唱唐卡故事。

“喇嘛嘛呢”产生于藏戏出现以前，其发展与宗教关系密切，同时在内容和形式上反映出来的宗教色彩也十分浓厚。“喇嘛嘛呢”对藏戏的影响是非常大的，藏戏的剧本就是“喇嘛嘛呢”艺人的说唱故事脚本。因此，藏戏戏词的宗教成分也就不言而喻。另外，“喇嘛嘛呢”说唱艺术的特点还清楚地反映在藏戏演出中，如藏戏演出时有剧情讲解人，他讲到哪里，演员就演到哪里。演员一定要等讲解人以一种固定的念诵调介绍后才能上场表演。如《苏吉尼玛》写了一个生长于净修林纯洁无邪的仙翁养女，被国王娶进王宫，受到妖妃与巫女勾结设计的栽赃陷害而被流放，最后幸得释放，仙女乔装成说唱艺人得以重返王宫，并通过说唱“喇嘛嘛呢”揭出奸邪，为自己申述了冤情，具有很强烈的戏剧性。再比如，在《意乐仙女》中童卓唱道：

唵嘛呢叭咪吽！
提起阿姐谁不晓，
寻香国里美芙蓉，
生来仁慈又贤惠，
意乐仙女是她的名。

综上所述，不难看出藏戏戏词与自古流传下来的宗教说唱文学密不可分，它们对藏戏产生了很大的影响。从所反映的说唱内容上来看，藏戏的演出形式受宗教影响很深。它的传统剧目，既有反映西藏本土宗教巫本的神灵和祭仪的内容，又有佛教的人物和演义故事。著名的八大传统藏戏，有的本身就是佛经故事。这种与宗教有密切关系的思想内容都是通过韵文体的唱词展现出来的。古老的说唱艺术还有许多，如“堆巴谐巴”（祝颂赞词）、“百”（将士征战歌）、“夏”（对口诵唱）、“仲鲁”（故事说唱）等，都对藏戏的戏词有一定的影响。

27 浅论藏戏中各类面具的宗教含义

藏戏面具由来已久，各类面具占有十分重要的地位。面具在藏戏形成之前就已出现，是吸收了藏族早期各种民间表演中的面具发展而来的。它的最早来源，与藏族本教仪式中戴面具的拟兽图腾舞蹈有关。

藏戏面具不仅类别繁多，样式风格独特，而且它的发展历史也源远流长。藏戏面具，藏语称“巴”。它以夸张的色彩与造型表现了各种角色的不同性格，它有塑造人物形象的艺术价值，也有表现藏族个体和整体的美学内涵，体现了藏民族传统的审美意识。同时，这些种类繁多的藏戏面具还蕴含着不同的宗教含义。藏戏面具和藏戏的发展就与本教和藏传佛教息息相关，而藏戏面具上的装饰纹样、面具所代表的形象都有着深刻的宗教内涵。“在演出中，藏戏演员通过面具这一特殊道具掩盖自己的本色，不以自己的自然状态进入表演，而通过面具使演员进入类型人物的情态表演之中。”[①] 所以，演员们戴上面具就可以代表神灵，也可以体现出宗教教义，宣扬信仰。

藏戏面具种类繁多，分类方法也不尽相同。本文按塑造形象将藏戏面具分为温巴面具、人物面具和动物面具三大类，分别阐述每

① 王晓莉：《藏族戏剧舞蹈文化中的面具艺术——兼谈藏传佛教与藏戏的关系》，载《佛教文化》，2007 年第 6 期。

类面具中所蕴含的宗教含义。

一、温巴面具

温巴在藏语中意为渔夫、猎人。开场戏演员所戴面具为温巴面具。温巴面具又可分为白（黄）、蓝温巴面具两类。

（一）白（黄）温巴面具

藏戏白面具出现的时期，可以追溯到公元8世纪，现存历史遗物主要在如下两处：一是在大昭寺内殿门口右侧绘制的《文成公主入藏欢庆图》，壁画中有戴白面具的角色演员；二是在桑耶寺的康松桑岗林神殿的楼阁墙上还保存有一幅绘制于公元8世纪的壁画，反映桑耶寺落成典礼上民间百戏杂技表演的场景，其中也有戴白面具的角色演员。古老的白面具由白山羊皮毛制成，脸部呈平面，眼睛、嘴巴按形状雕空，画上或嵌上白眉毛和上唇八字形白色胡子，鼻子则以侧面剪影突起一块，用山羊皮毛制成下巴上的白胡子和满头的白发。面部最上方有个箭头形状的装饰物，后面披背，前面吊长齐胸。公元14世纪，唐东杰布为进一步用演唱和舞蹈的形式来表现故事情节而使用了面具，并创造了深受藏族百姓喜爱的蓝面具藏戏。为了纪念唐东杰布为藏戏做出的杰出贡献，藏戏表演者们视他为藏戏“戏神”，并依照唐东杰布本人面部为模型，创造了白发白须的白山羊皮面具，在白面具上还饰以螺制耳环，因为这种耳环系唐东杰布所戴。面具上满头白发表示老年人长寿无恙，青壮年无过、广识、富足等。白色象征纯洁、温和、善良、慈悲、吉祥和毫无害人之心。白色面具额部涂（或镶嵌）日月徽记，“一方面以为美饰，另一方面是佛学上福泽、智慧二‘资粮’的象征”[1]。白色长虬髯则象征男性之美仪。白面具发展到后期，还出现了扎西雪巴流派的黄面具。黄面具温巴是白面具中发展最为成熟、丰富的一个艺术流派，它的面具是在白面具基础上进一步装饰而成的。因黄色象征智慧、兴盛，表现容光焕发、功德广大，“它的面部专门用黄呢子做底，其他与白面具相同”[2]。这种黄面具，有时也为正戏人物仙翁、隐士、喇嘛、大修行者等角色使用。

（二）温巴蓝面具

蓝面具用硬质布板或呢料裱糊上蓝底花缎，又在上面镶金缀花而成，装饰精致、优美。面具下颚部分用獐子毛或山羊毛装饰成胡须。头顶上有个箭头状的装饰物，装饰物上绣有喷着火焰的“三宝”（“三宝”代表佛、法、僧）和日月图案，下接两边沿头形到两耳前，有一半圆的装饰圈边，亦镶有金银花缎，圈边缎带左右两头吊以红、蓝二色丝穗。整个面具的脸部造型采用了藏族传统的八吉祥图案。面具中的日月图案和八吉祥装饰均有很深的宗教含义。需要说明的是，蓝面具上有两处日月图案，一处是在头顶上的装饰物有日月图案，另一处是额头上有日月图案组成的法轮。日月图案代表了西藏原始宗教——本教对日月的崇拜。本教是曾在西藏地区盛行的一种原始宗教，也是藏族传统文化的根基。本教崇拜天、地、日、月、星辰、雷霆、雪、雹、山川、陵谷、土石、草木、禽兽，乃至一切万物、幽灵巫鬼，以祈福禳灾为事，以跳神舞、祭祀、占卜、驱魔为主要仪轨。

---

① 《中国戏曲志》编辑委员会编：《中国戏曲志·西藏卷》，文化艺术出版社，1993年，第193页。

② 李云、周泉根：《藏戏》，浙江人民出版社，2005年，第102页。

二、人物面具

人物面具种类繁多，属正戏角色面具，有平面和立体两种形式。平面面具相对简单，多以原色山羊皮、布料或硬纸板制成，脸呈平板形，眼、嘴按形雕刻，额头和下颚有羊毛制成的头发和胡须，无更多装饰。平面面具多表现剧目中有身份、有性格的重要角色。这类面具是按藏戏不同角色绘制成不同色彩的面具。不同色彩象征人物不同的性格特征，这类面具常用鲜艳的色彩，对比强烈、夸张。以下简单介绍几种。

白色面具所代表的人物一般心地纯洁、善良、温和、慈悲、无害人之心。在藏戏中，国王、仙人等角色都戴白色面具。白色面具在使用上具有相当的灵活性，在五官的绘制上按照角色的具体要求而定。黄色面具象征神圣而有智慧、威猛勇敢。一般为神佛、喇嘛和隐士等长者使用，表示知识渊博，具有利益众生之心。红色面具象征王权，多代表国王和大臣的权力。绿色面具一般象征女性与善业功德，藏戏中的绿色面具隐含了绿度母的宗教含义。黑色面具一般代表反面人物或小丑，表怒相。半黑半白面具又称阴阳脸面具，是正剧中两面派人物的象征。

人物面具中以不同色彩象征人物的不同性格、不同的社会地位，这与原始宗教和佛教的色彩美学有着密切的关系。

三、动物面具

藏戏面具中除了人物面具外，还有很多动物面具。动物面具主要用于藏戏表演中的跳神部分，具有原始宗教本教的意味。这些动物面具不仅是动物本身的象征，还是藏族自然崇拜的一部分。在本教中，动物崇拜是原始信仰的主要内容。在这样的宗教背景下，藏戏中也就出现了动物角色，它们代表各种生灵。

牦牛面具，头用泥塑脱胎纸壳或布壳绘制而成，全身皮毛以粗毛线编织而成；猕猴面具，以绒布制作。

藏戏面具的特点十分突出，不仅在藏族面具中个性鲜明，在中国面具文化中也凸显出强烈的民族性特点。藏戏面具的宗教文化含义非常明显，而且寓意也非常深刻，近乎深奥。藏族面具之所以能保存至今，正是受原始宗教本教的影响、佛教的影响和梵剧美学观念的影响。面具表演本是戏剧早期表演人物的一种形式，世界上各种古老戏剧差不多都要经历这一发展阶段。不过随着艺术发展的进程，有的已成历史陈迹，早已不复存在。而藏戏却不折不扣地保留了面具的表演形式并深受观众喜爱，它所蕴含的宗教、文化、传统韵味是可想而知的，面具舞这一表演形式的艺术魅力也就在此。

28 试论羌姆的几个特点

羌姆一词原为“跳”之意。作为专有名词，则泛指藏传佛教寺院舞蹈，这种舞蹈也被称为法舞、宗教舞蹈（宗教乐舞）、跳神等，羌姆大都戴面具。羌姆的起源一般认为是在公元8世纪藏王赤松德赞时期（742—797），据传由莲花生大师在主持修建桑耶寺的过程中所创。羌姆得以广泛流传是在公元10世纪以后，藏传佛教的各个教派在此时相继形成，各教派为了宣传和发展本派的教义和仪轨，继承和改革早期的羌姆，形成了具有一套规范程式的寺院法舞，即羌姆。

一、羌姆的佛教思想

羌姆是藏传佛教特有的一种宗教舞蹈。作为一种宗教法舞，也是严格的密宗修持仪轨，它包含着深刻的藏传佛教密法内容。羌姆运用舞蹈的表演方式再现本尊护法真容。羌姆最初只允许在密宗殿内进行表演，后来才出现在僧俗大众场合，信徒不仅是在欣赏舞蹈表演，更希望借此获得神佛加持。

不同教派的羌姆在结构和程式上有一些差异，但其目的是一致的，都有征服内敌、驱邪禳灾、宣传佛教思想等内容。佛教所讲的“三毒”和“五毒”，就是潜藏在修行者内心的“我执”，这是必须要征服的内敌，使内心得到安宁。除了“三毒”和“五毒”这些内在的魔障。对于那些外道和危害众生的各种灾害，以及瘟疫、疾病等都是外部敌人，这时羌姆便可发挥其镇压邪恶、护佑生灵的法力。

按照藏传佛教的观点，人甚至其他动物都是有灵魂的，灵魂是永远不灭的。它从前世转今世，再由今世转来世，就像转动的车轮，永无休止。在羌姆中，生命救度这一重大主题得以充分的展现。羌姆的表演者为人们展现了中阴境相，把藏传佛教中帮助死者灵魂顺利过关的仪式通过人物形象、舞蹈动作展示给观众。

二、羌姆的面具特点

羌姆面具种类繁多，尺寸硕大，造型怪诞，色彩艳丽。一类是护法神祇，多为怪诞恐怖的形象，他们所代表的是神通广大，各类智慧本尊的化身；另一类是世间神灵，如阎罗、鹿神、尸陀林主等等。羌姆面具多是表现愤怒相的护法神形象，它们大都狰狞怪诞，让观者触目惊心。塔尔寺的多尔达面具就像一具骷髅头，它目陷无鼻，头顶上有五颗小骷髅头；女神面具班达拉姆为吉祥天母，但也是口面通红，眼角下吊，口衔活人；萨迦派所供奉护法神宝帐怙主面具是黑脸，以五颗骷髅头为冠，巨齿獠牙，嘴唇血红，1 米多高，这样的巨型面具用于萨迦派羌姆仪式表演。

羌姆面具神秘、夸张，反映了宗教思想。从羌姆初创阶段的背景分析，“面具的出现和使用可说是佛本斗争的产物。它一开始就尽力突出摧伏一切妖魔孽障之力”[①]。这种力量通过各种护法神灵凶悍

① 嘉雍群培：《雪域乐学新论》，中央民族大学出版社，2006 年。

狰狞的形象，得到最直观的阐述和体现。在藏传佛教中，佛、菩萨以及高僧既有慈悲善施之情，也具备驱邪镇魔之力。无论做哪件事，他们必须通过神变和幻化身得以施展，“如格鲁派所修本尊大威德金刚，为无量寿佛的愤怒化身”①。其愤怒像为九头，十六足，三十四臂，手持人头骨碗，脚踏卧牛，牛下匍匐一裸体男人。在桑耶寺“多德”羌姆表演中，一个戴紫红面具的威猛护法神，就是降伏了众多妖魔鬼怪的莲花生大师的一种变相。

三、羌姆动作的特点

凡大型的宗教活动中都会有宗教法舞羌姆的表演，这与舞蹈艺术独特的审美特征是不可分的。舞蹈在表达人们的内心世界时更为形象、更为直接，而人们对形象的事物总会留下很深的印象。宗教舞蹈具有强烈的感染力和震撼力，比如《米拉》中羌姆的形象性表现在各个角色舞蹈动作的性格化，舞姿富有造型美。如其中的“阿杂拉”的舞姿以蹦、拧肩、快速旋转来表现他的灵动、活泼；鹿舞的舞步及手势都具有不同的造型美；猎狗的舞步以一跳单腿回头，另一腿前屈抬起，以受恐吓的手法来表现它的寻觅。手势丰富，并带有特定的含义。舞蹈在祭祀活动中是神人合一的，能与神沟通。羌姆的表演实质也是各护法神、本尊、上师降福人间的宗教活动，人们虔诚地观赏这种密宗仪式。

羌姆舞蹈在发展过程中不但继承了印度舞蹈的特色，还吸收了藏地特有的一些舞蹈的特点。从舞蹈技法上看，有了完整的全身动作特点，各种舞步和手势的组合较为完整，已形成规律。舞蹈语汇、

---

① 纪兰慰：《中国少数民族舞蹈史》，中央民族大学出版社，2005 年。

舞蹈结构和表现形式不断完善和发展，已形成较为完整的舞蹈理论。羌姆舞蹈的技巧，上身动作有“鹿头”“下转指”“狮子头”“双飞燕”“双摆手”“双绕推手”等变化；双腿动作有“弹腿纵身前跳”“跳十字”“跳喜旋”“正反跨腿旋转”“拉弓射箭”及“高举腿”（勾脚外开），等等。

四、羌姆的表演程式

跳羌姆之前先念经，再举行献祭牺牲仪式。仪式完毕，羌姆正式开始，刹那间，场上鼓钹、长筒号齐鸣，乐声中，羌姆演员登场，演员队列前由铁棒喇嘛引导，其后，另有两名吹唢呐者，再其后有一高僧举一束燃着的香，两神童手提香炉紧随其后，接下来出场的就是扮演黑帽金刚、各护法神、牛神、鹿头神、鬼怪、尸陀林主的演员，他们绕场一周，展示佛法形象。各路神圣亮相之后，遂开始分段表演各种舞蹈。其中包括寂静的护法神舞、忿怒的怖畏金刚舞、庄严的牛神舞、肃穆的鹿神舞、长命富贵的寿星舞、象征灵魂飞升的尸陀林主舞、张牙舞爪的鬼怪舞等等。最后，派神兵驱鬼迎祥，众神兵出场，携火枪和兵器押送“朵玛”（用酥油糌粑做成的臆想的鬼首）至寺外旷地点火焚烧。

五、羌姆与藏戏的渊源关系

羌姆本身就是一种用舞蹈形式表现鬼神故事的早期戏剧形式，绝大多数学者认同此说。从公元 8 世纪到 14 世纪，人们很难把跳神与藏戏分开。直至中华人民共和国成立前夕，藏戏虽然已形成独立的表演形式，但仍然包含用舞蹈形式表现鬼神故事的内容。因此，跳神与藏戏在产生和发展过程中有一个并驾齐驱的阶段。羌姆虽然还不是戏剧，但它的表演仪式中已经充满了角色扮演因素，因而可以说，它是藏戏的主要源头，是藏戏中不可缺少的一个重要组成部分。任乃强先生 70 多年前在甘孜看藏戏时是这样描述的："每出开场，须演诸天菩萨大跳舞，演汉人放铁炮、跳狮、跳牛、跳鹿，费时一日。"这就是说，正戏演出前要上演羌姆。此外，早期拉萨的"藏戏"和"跳神"也是不分的。据《拉萨见闻记》所言，正戏开始前先有藏兵持剑对舞的表演，到观众全部入席，表演的喇嘛入场，整个剧目其实就是一场羌姆表演。喇嘛在仪式中的表演包括两个环节，一个是《老人捉虎》，可视为一幕独立的哑剧；另一个是高出常人一倍的"大头和尚"，这是汉藏佛教交流的象征。另外，在桑耶寺的羌姆仪式中也有汉地和尚的角色，藏语称为"金达哈香"，亦即"施主和尚"，也被称为"弥勒佛"。哈香即汉语和尚的音译。

此外，德格藏戏又称德格羌姆，是直接从羌姆中演变而来的仪式戏剧。德格藏戏的音乐、舞蹈动作和鼓钹伴奏，基本都直接采用羌姆的形式，伴奏乐器也以寺院法乐器为主。从开场、演出正戏到结束维持秩序，这些也都是从跳神的演出方式演变而来的。

再如，桑耶寺的"马头明王舞"，其内容同藏戏《白玛文巴》相似，在藏戏《白玛文巴》中有主人公被马王搭救的情节。在该戏中，就有白玛文巴以佛法把黑、白蝎子精和九头罗刹女王及鬼卒们降伏点化为护法神的情节。在藏戏中，这些情节是用舞蹈的形式表现出来的，无疑就是羌姆。

结语

羌姆是由印度佛教密宗的金刚舞和西藏本教的巫舞、民间舞等构成。其形式和内涵的多样性满足了不同群体修行和信仰、祭祀等需要，对藏民族的文化艺术、社会生活、风俗习惯等方面都产生了深远的影响，羌姆以它特有的魅力而被大众所接受。

从世俗角度而言，在诸多神兽舞蹈中，要数“骷髅舞”和“鹿神舞”的舞蹈性较强，且活泼奔放，深受观众的喜爱。虽然这两个舞蹈也是宗教舞蹈，但剧情安排十分巧妙，更多的是给观众带来了精神上的愉悦与放松。“骷髅舞”和“鹿神舞”舞姿迥异，面具与服饰制作精细，为了活跃气氛，在节目间隙，还会穿插僧侣们的摔跤、角斗等表演，以此来娱乐观众。

29　试论藏族金属造像的材质与工艺

神奇的雪域文明与文化，以其独特的风格与斑斓的色彩，一直吸引着外界关注的目光。与其相关的藏传佛像艺术，特别是金属造像艺术更以其造型优美、工艺精湛、种类多样等特点引人关注。

一、藏族的利玛造像

利玛意为合金金属，作为藏族雕塑艺术中的重要组成部分，利玛造像历来受到人们的膜拜和赞美，这不仅仅在于它展示出了藏族人民高水平的造像技艺，更表达了佛教文化的深刻内涵。

佛教在吐蕃时期传入西藏，与佛教相关的造像工艺也从印度、尼泊尔、中原等地传到藏区。藏族先民在保留本民族独有的造像风格的同时，融合各地造像艺术的精髓，并在实践中不断发展，逐渐形成了今天的风格。而其中以“利玛”制成的佛像，更以其独特的魅力，显示出了藏族艺术家们高超的造像艺术水平，同时也反映了藏传佛教造像工艺在不同的历史时期所呈现的不同特点。

在不同的历史时期，因工艺技术发展的不同，藏族利玛造像也呈现出空间与时间的差异。其“发展从时间上大略可分前弘期、分治时期、元、明清四个时期”①。根据不同时期铸造利玛造像的人物、地点、教派等因素，造像又可分为不同的种类。其中，“西藏最早的利玛佛像是由诸法王出资雕铸的，因而称之为‘法王佛像’。法王佛像可以细分为上法王佛像、中法王佛像和下法王佛像”②。扎雅·诺丹西绕在《西藏宗教艺术》一书中对法王佛像做了如下总结：

（一）上法王佛像

上法王佛像指在公元 7 世纪由松赞干布出资铸造的佛像，铸造原料主要用“红利玛”，有时也用“白利玛”和“红利玛”互拼的镶色四方料，佛像面部饱满，五官棱角分明，衣纹较少，整个身体造型精美、特征鲜明，且全身镀金，因而显得富丽壮美。

（二）中法王佛像

中法王佛像指在公元 8 世纪赤松德赞法王在位时铸造的佛像，因大量使用“紫利玛”，颜色较上法王佛像深，其雕铸工艺较粗糙。

（三）下法王佛像

下法王佛像指公元 9 世纪赤热巴坚在位时铸造的佛像，主要使用“白利玛”浇铸，而且很多佛像表面都镀金。其造像风格与印度佛像的风格十分接近。

此外，还有其他几种比较著名的利玛造像，也呈现出不同的风格：

---

① 嘉雍群培：《藏族文化艺术》，中央民族大学出版社，2007 年，第 238 页。

② 扎雅·诺丹西绕：《西藏宗教艺术》，谢继胜译，西藏人民出版社，1997 年，第 131 页。

其一，噶当利玛佛像。指藏传佛教噶当派盛行时在涅[1]、洛扎、劳若、雅隆等地铸造的佛像。此类佛像主要由天然铜合金、银合金，以及“紫利玛”和“花利玛”制成，质量优异，工艺精巧。位于西藏拉萨市的噶当派祖寺——热振寺就供奉着大量的噶当利玛佛像。

其二，来乌群巴利玛佛像。指由西藏著名艺术家来乌群巴铸造的佛像，这类佛像也镀金，且带有明朝永乐年间的利玛造像的某些特点。佛像双腿自然呈跏趺状坐于两排莲花环构成的法座之上，花瓣脉络清晰，造型美观。

其三，白马卡巴利玛佛像。指由藏族著名艺术家白马卡巴铸造的佛像，镀金较薄，铸件的接缝处较粗糙。佛像下颌稍突，身材苗条，衣服表面饰有花纹。

其四，多觉边肯利玛佛像。指位于西藏拉萨市布达拉宫脚下的“多觉边肯”铸造工厂铸造的佛像。造像材料使用掺有大量紫铜的青铜合金，质量上乘，造型更是精美绝伦。其造像历史从五世达赖喇嘛一直延续至西藏和平解放。

其五，扎什伦布寺利玛佛像。指西藏扎什伦布寺铸造的利玛佛像，藏语中称“扎利”。其工艺与拉萨的多觉边肯利玛造像接近，知名度也很高。例如供奉在强巴大殿内的强巴佛，高 26.2 米，且饰有各种珍奇宝物，造型也十分精美。

其六，德格利玛佛像。指四川甘孜藏族自治州德格铸造的利玛造像，主要采用“紫利玛”。

以上通过对各类利玛佛像的分析，我们可以很清楚地了解到利玛造像在不同地域与不同艺术流派的深刻影响下，呈现出了时间与空间上的差异，它的发展也充分证明了藏族文化所具有的内在魅力，

---

① 位于今西藏自治区隆子县，是藏文创制者吞米桑布扎的出生地。

因而它所具有的研究价值也是不言而喻的。

二、利玛的种类

“利玛”，藏语音译，是“指某一种金属，也指集中金属组成的合金”[①]（《藏汉大辞典》中解释为：响铜铸成的器物）。“利”，藏语意思为响铜（一种以铜为主要成分的合金，可以铸造乐器和其他器物[②]）；“玛”，藏语意思为“像”，即指“人”。“利玛”两字的意思为用“利”制作的像，后来泛指佛像。对于制作“利玛”佛像时所需的“利玛”的种类，历代藏传佛教高僧和艺术家们已有了深刻的认识，并且总结成相关的书籍或文章，为后世人们的研究留下了宝贵的资料。旅居德国波恩大学的扎雅活佛参考晋美林巴（1729—1798）所著《如乘教言集所记辨别佛像、佛经、佛塔用塑形材料优劣详解》，共列举出了九种“利玛”，简述如下：

（一）匝那卡西利玛

匝那卡西利玛分为两种：一种是天然匝那卡西利玛，是从地下矿藏中获取的与自然铜非常相似的一种矿物，以颜色偏黑质量为上乘；另一种是人工合成的匝那卡西利玛，主要由铜混以金、银、镍等几种金属合成，在西藏的宗教艺术制作中广泛运用。例如，质量较好的“德格利玛”就属于这一类。

（二）花利玛

花利玛是一种杂色合金，主要由八种贵重金属合成，它的颜色

① 扎雅·诺丹西绕：《西藏宗教艺术》，谢继胜译，西藏人民出版社，1997 年，第 123 页。
② 张怡荪主编：《藏汉大辞典》（下），民族出版社，2008 年，第 2778 页。

比“紫利玛”要浅，但比“白利玛”要红。合成“花利玛”的八种金属本色均清晰可辨。这种利玛制成的佛像在噶当派寺院中较多见到。

（三）白利玛

白利玛是一种白色的合金，但又略呈淡黄色。这种利玛在下法王时期使用较广泛。例如，在公元11世纪至12世纪铸造的黑财神像，高14厘米。

（四）黄利玛

黄利玛是一种黄色的合金。例如，铸造于清乾隆时期的摩利支佛母，高17厘米。

（五）红利玛

红利玛，又称自生铜，色偏红，稍有黄色调，柔韧性强。这种利玛在上法王时期运用广泛。例如，在公元7世纪到8世纪铸造的度母像，高34.6厘米，其造像风格非常质朴，手法也注重于写实。此外，“在清朝西藏各地所造佛像上，经常可见这种红铜造像，其台座正前方专门刻写‘吉祥响铜’的藏文字样，表现了藏族人对红铜的特殊崇尚”①。

（六）紫利玛

紫利玛，色呈猪肝色，其表面光泽并不恒定，随着环境光线的强弱明暗有明显变化。例如，铸造于公元8世纪至9世纪的观音菩

① 黄春和：《藏传佛教艺术鉴赏》，华文出版社，2004年，第224页。

萨像，为铜镀金，高15.5厘米，其光洁度稍暗，雕铸工艺较差。

此外，还有青铜利玛、钟铜利玛、姜铜利玛等。

以上几种利玛作为藏传佛教造像所需原料的重要组成部分，不仅说明了藏传佛教造像所用原材料的多样性，也从侧面反映出藏族利玛造像在不同的历史时期所需的原材料稍有不同，因而呈现出时代与地域上的某种规律性。从上面的分类中我们也可以看到，部分铜材料在当时并不十分流行，相比之下，红铜和黄铜使用要比其他材料多。这说明藏族艺术家们在探索利玛造像的艺术之路上，不断地进行筛选与整合，不断地寻求适合表达本民族审美思想和审美追求的造像材质。

三、藏族的金属浇铸工艺

藏族的金属造像的铸造方法一般采用模具法和失蜡法，二者制作方式、原理基本相同，但铸造流程又稍有区别。模具法作为藏区传统的造像方法，其制作过程讲求细腻，需严格按照一定的顺序进行。其制作流程大致如下：

（一）铸造模具

模具要根据已有的实物或比较实用的模型来制作。制作模具时，要根据模型的规格尺寸把四块木板进行拼合，做成一个没有顶盖与底部的木框。四块木板之间打上孔再用皮条穿牢，留下一块活动板便于打开。

（二）制作模子

先把模型置于模具内，再填入潮湿泥土，快到三分之一时，将泥炭夯实。填好夯实后，将模型主体放入木框的正中位置，然后往木框内的其他空间同样填泥土，一直到泥土和木板的顶边齐平、夯实。再从木框中取出模型，首先把包裹模型的外围泥坯切开，从泥坯的底部以同样的方式将泥坯环切为两半。这样，其中的模型就像核桃仁样完整地从两块泥坯中间取出来。此后，两块泥坯再合在一起扎紧。留一个合适的浇铸口，泥坯扎紧后过 1 天左右，再将两块泥坯分开，使其完全干透。

（三）浇铸

浇铸时要重新把两块干燥的泥坯模具合紧扎好。待金属完全熔化后，立刻灌入模具内。等模具内的金属凝固后，将泥坯打开，凝固的金属就是完成的作品。最后，对佛像的面部、衣物等进行修饰，并进行磨平擦光。

在铸造一些佛像时，因为要在内部装藏佛教神物，所以必须在铸造时使佛像的腹部透空。制作模具时，可以将一块成型的泥沙放在模具中心。浇铸结束后，便会在佛像中间形成一个空间，填入圣物后，再用同样的金属制作一个合适的盖子盖在上面。这样，整个佛像就算制作成功了。

失蜡法在藏区铸造形制复杂、具有立体透雕效果的大型佛像时较为实用。这种铸造方法是古代金属铸造工艺之一，其原理是先用蜡制成所要造的佛像，在外面敷上制作模具所需的材料，使之成为整体。待干燥后对其进行加热将蜡化掉，从而形成空腹的模具，然后再将造像所需的金属液体浇入。金属液体凝固后，去除外壳，即得所需的造像。这种方法的历史也较为久远，公元前 3000 年，印度河谷哈拉帕文化出土的跳舞女人像就是采用的失蜡法，这是迄今为止发现的最早的以失蜡法铸造的作品。由此可以说，藏族艺术家在追求与完善造像工艺的同时，也把外来的优秀文化带到了藏区，进一步促进了藏族文化艺术的繁荣与发展。

另外还有一种“金属敲花法”也很有特色。它是利用红利玛的柔韧性，先将其捶打成薄片形成佛像的各个部件，然后再将各个部件焊接在一起，组装完整，再经过修整，最终成像。藏区的“金属敲花法”注重对佛像装饰与衣着的制作，手法较复杂。但这种造像工艺又有它自已的特点，比如节省材料、重量轻、搬运方便，所以在历史上也十分流行。例如公元 18 世纪铸造的一尊纯金的宗喀巴大师像，高 18. 5 厘米，整个佛像的造型脉络清晰，做工十分精美。

藏族的金属造像以及相关的造像工艺作为藏族文化艺术的重要组成部分，不同的铸造工艺，融入了不同时代的工艺水平，充分反映了藏民族对完美的执着追求。金属造像作为一种宗教艺术的存在形式，直到今天仍为藏民族所尊崇。佛教僧人巧妙地将佛、法、僧“三宝”和戒、定、慧“三律”等佛教内容与一切艺术手法结合起来，达到弘扬佛教教义的目的。

30　论嘉绒藏族民居的艺术特色

嘉绒藏区的藏族民居造型美观、风格古朴。长时间以来这些藏族民居一直保持着传统的建筑风格和浓郁的民族特色。

一、嘉绒民居的特点

嘉绒藏族民居的建筑形式非常独特，比如说丹巴的藏寨旧称碉楼寨房，碉楼和寨房原本是两种不同性质的风格建筑，但是在时光的流逝中，如今碉楼和寨房已经完美地结合在了一起。所以，嘉绒藏族民居从外形上看，既有寨房的特征，又有碉楼的形态。碉楼寨房一般为三层，也有四层或五层的，有的藏族建筑还配有厢房。通常情况下，最下边一层是家畜生活的地方，往上依次是锅庄室、储藏室、居室、经堂及角楼（家碉）。其中二、三层有露天阳台。嘉绒藏寨的经堂里置一神龛，神龛里供奉一尊佛像。另外，在经房里还有为喇嘛准备的卧室（念经时用）。在经堂的上面是煨桑的地方，有一间方形石碉样的敞间，里面堆放着用来煨桑用的柏枝，在这个敞间的顶上就是敬神的场所。四周砌起两尺多高的矮墙，四角再抬高，呈弧形，刷为白色。在突出的四角之上放白石，作为四方神祇的象征。在四个角顶部分还专门留孔，以插入木杆系挂各色嘛呢旗，背靠神山一面的矮墙中部还砌有煨桑用的桑炉，做平日的烟祭，以求全家平安。

从藏族民居中可以感悟到自然崇拜的韵味，比如说山神崇拜，每天都可看见藏寨碉楼屋顶的桑烟缭绕，这是人们对山神的敬拜。此外还有水神崇拜，自本教形成后水神就是“龙神”。在丹巴等地，房屋正门门楣两侧安有一对雕刻成龙头形的“切生”，据说这是一种在水里生活的动物，用它可吓唬鬼怪，可起到门神的作用。对牦牛的崇拜，可从藏寨屋顶上的四角得以体现，这四个角砌得具有一定的艺术性，下面着地面积大，往上就逐渐收分，如果站在房顶的东西两侧向里看，就会看出，两角相立并往里侧收分，宛如一个牦牛头。嘉绒藏寨的这部分建筑风格表现出动物崇拜的特征，这在其他藏区是看不到的。不过，在小金县民居房顶的四个墙角处都有一个三角形突起，如宝塔耸立，上面插经幡，用以祈祷吉祥。很明显，小金民居房顶四个角的宝塔是与藏传佛教相关的，而这一建筑特征或许是受到了屋顶像牦牛角的建筑的启发。从嘉绒民居的特点可以看出，宗教思想已经融入建筑领域中，并一代一代地传承下来。

二、建房仪式和建筑材料

在嘉绒藏区，盖房前一定要请巫师念经、卜卦，在念经和卜卦之前，房主先把全家人的生辰八字和房基上的一撮土交与巫师，巫师通过念经、卜算，得出两项结果：一是盖房的具体位置，这个位置是较为精确的，可以精确到墙角地基的挖掘点；二是开工的时间和放墙角基石的时间。在嘉绒藏区，当地百姓普遍认为，盖房开工前由巫师事先通过念经的方式告知土地神，会得到土地神的保佑，房子才能顺利建成。

嘉绒藏区的建筑所使用的材料几乎都是石木结构，其中的居室建筑也是如此。嘉绒藏族世代在这片土地上居住，用双手建造自己的理想居室，积累了丰富的石砌技术，并使其成为嘉绒文化的一个亮点。丹巴的房屋石碉建筑使用天然石料进行砌筑。砌筑前先挖掘表土至坚硬的深土层，俗称“基脚”（内地称为“地基”）。“基脚”平整、夯实后便开始放线砌筑基础，基础一般采用“筏式”，即整个“基脚”下大石块，然后加添黏土和小石块，使基础形成一个整体，以避免地基的不均匀深陷和增大地基的承载力。基脚的宽度和基础的厚度，视其所建高碉的大小和高度决定。在砌筑过程中，还要注意墙体外平面的平整度和内外石块的错位情况，切忌上下左右石块之间对缝（如果上下石料对缝，那么墙体则容易倒塌）。细微空隙处，要用黏土和小石块填充，以加固墙体。砌筑工匠所使用的工具比较简单，仅仅是铁锤（一头为圆形，另一头为楔形）和撮泥板（由牛的肩胛骨或木板制作而成）。在嘉绒藏区，砌石是一种谋生的技术，如果想要掌握这门技术，就得从少年时期开始学习。一个技术过硬的砌石工匠或是专门负责放线、砌筑墙角的师傅，通常情况下是要担当建筑工作之重任的。

三、嘉绒民居的装饰特点

藏族民居的图案装饰独具特色，色彩与图案是嘉绒藏族宗教文化的组成部分。嘉绒藏族崇尚白色，碉房四面墙壁均用石灰涂边，窗户周围也勾白边。在建筑主体的墙面上画有图案，这些图案有其特殊意义，代表着房主人的追求与愿望。图案包括金刚结、胜利幢等藏传佛教八吉祥图，这是藏民族崇尚吉祥平安幸福的标志；还有密宗金刚橛，这是一种十分厉害的法器，意为牢固、锐利，能摧毁一切，妖魔鬼怪见此物都会望而生畏，表现房屋主人希望他的居所如金刚般牢不可破，能抵御灾害和危险；再如“卐”图案，这个图案原本是上古时代许多部落的一种符咒，在古代印度、波斯等国的历史上均有出现，后来被古代的一些宗教所沿用。最初人们把它看成是太阳或火的象征，以后普遍被认为是吉祥的标志。随着古代印度佛教的传播，“卐”也传入中国。它被画在佛祖如来的胸部，被佛教徒认为是“瑞相”，能涌出宝光。“卐”在藏传佛教中是最具代表性的符号，它的意思没有变，还是象征太阳和火焰。本教也有此符号，但旋转方向与其相反，即“卍”，代表永恒、坚固、无穷无尽，民间则指兴旺发达、繁荣吉祥。在嘉绒藏区，信奉本教的人家在其房屋的墙上就画有这种图案。嘉绒藏族民间历史上盛行原始本教，崇拜世间万物，相信万物皆有灵，嘉绒人认为这种寨墙图案能召唤佛光灵气、驱鬼避邪、禳灾降福、佑护生灵。此外，反映本教和藏传佛教思想的绘画在嘉绒藏区还有很多，比如在小金的大街小巷随处可见雪莲花、吉祥结、宝伞、牦牛、藏羚羊、麒麟等图案。

嘉绒民居建筑的顶部，四个角落会用砖石垒起四个垛子，在每个垛子上都放有一块较大的白石，有些还在白石周围摆上一圈较小的白石。新房修好以后，主人随时往房顶四角、大门顶和露台上加放白石。年代越久，白石越多。有的房顶四角放不下白石了，就放在周围的墙头上，以至有的寨子房顶呈现出醒目的白色。在房顶、门窗放置白石是为了避邪驱魔，认为有了白石晚上魔鬼就不敢进屋，表达了驱邪求福的民俗心理。另外，在祭祀山神和水神的地方，也都会放上一些白石，以示对神灵的敬意。

秋末冬初（农闲之际），是嘉绒各寨粉刷墙壁的季节，家家户户请喇嘛诵经看风水，喇嘛根据所算结果提出应画的图案内容。房主人则熏桑烟祈祷，在屋旁竖经幡，用石灰作画。经过粉刷后的山寨焕然一新，生机勃勃。嘉绒民居的墙体上那一幅幅精美的图案，既表达了百姓的愿望，又美化了百姓的生活。

四、家中的经堂

在嘉绒藏族家居的顶层要布置一个相对封闭的空间作为经堂，这是家中最神圣、最庄严的地方。设置经堂的目的既能够表达对佛的尊敬，同时也为家庭宗教生活提供了必要的场所。在平时，嘉绒藏族人家每日要在经堂中焚香燃灯、敬献净水、献新茶、朝拜佛龛上的某位宗教大师的神像。为了消灾祈福、确保一年的平安，在农闲时延请附近寺庙喇嘛到家里念经做法事。在遇到亲人过世时，还要为死者做超度法事。另外，凡遇到宗教节日、家人生病或孩子考学等，都要请僧人到家中作法。法事的规模根据家庭经济状况的具体情况而定，大多数家庭是请三四名喇嘛集中在家里念经三天。

嘉绒藏族家庭的经堂面积有大有小，内部装修情况也各不相同。但是，一般情况下，经堂内需设有佛龛，墙壁上要挂有数量不等的唐卡。佛龛下方的藏式长条几案上，摆放一定量的宗教用品，如银壶、银碗、花瓶、酥油灯和各类佛像等。另外，在经堂里也少不了各类藏式家具。

嘉绒藏区的佛龛雕饰极为讲究，多使用浮雕手段来装饰佛龛的正面，佛龛顶部一般雕有二龙戏珠图案，门柱雕刻有神龙盘柱，龙身随柱盘绕而上，龙首昂立，龙身有祥云相衬。也有的佛龛是运用大鹏、狮子和复杂的卷草纹为主要造型装饰。总之，佛龛上的雕刻内容多为宗教题材。另外，大部分佛龛上要彩绘、施金。

因此，在嘉绒藏家的经堂中，佛龛总显得神圣华丽、金光流溢。

嘉绒藏族家庭的经堂以及家居中装饰有许多精美的图案。其中八宝吉祥最为常见，由八种吉祥的图案组成，它们是金鱼、胜利幢、宝伞、白海螺、莲花、宝瓶、吉祥网、金轮。八宝吉祥是最常见的一种图案，经常在壁画、丝绣和手绘的唐卡中出现，也常被刻饰在家具和木器上。八宝吉祥与佛法是息息相关的，它代表着佛陀身体的不同部位。

嘉绒藏家经堂里的家具十分精致，不仅体现在精细的做工上，更体现在家具上那富有韵味的细致雕刻，这些都反映了嘉绒藏族家居经堂的鲜明特点。在嘉绒藏区各式各样的藏式家具雕刻中，有许多与宗教相关的图案。图案千姿百态，色彩鲜明，洋溢着一种幸福、吉祥和热烈的气氛。藏式木雕家具以及门窗上木雕的内容，常以人物、花卉、虫鱼、鸟兽、图案、花纹等为主。比如家具上的莲花图案，一朵莲花绽放开来，莲瓣上除有一佛座外，别无他物，但是民间工匠们刀工神妙，能令人感受到环绕在莲花和宝座的无限空间，充满了一种神秘的气息。再如云彩的图案，两朵呈飞舞状卷曲的云朵被定格在一方镂空的云木上，其余别无一物，借以表现佛教“四大皆空”的用意。

家庭经堂中少不了酥油灯。酥油灯是藏传佛教寺庙、本教寺院乃至佛、本两教信徒家中供台上燃着的长明灯，因用酥油作燃料，故被称为酥油灯。酥油灯一般由银或铜等原料铸造而成，品类繁多，常见的有格桑式和土登式。所谓的格桑式就是七世达赖喇嘛格桑嘉措时期流行的样式，土登式则是十三世达赖嘛土登嘉措时期流行的样式。酥油灯的样式精美，做工细腻。酥油灯在宗教法事活动中起着重要的作用。

结语

嘉绒民居非常漂亮，当你置身于山的一侧去看另一座山时，会看到整个山坡修建了许许多多的民居，它们很自然地错落在一起，几层楼的民居建筑样式独具特色，加之，民居主人在墙体上的绘画，更使民居显得美丽多姿。由于嘉绒民居是石木结构，从外部看都是由大块大块的山石砌成的，结实牢固，给人一种安全感。

31 浅谈寺院建筑的艺术韵味

藏传佛教寺院的建筑方法是非常讲究的，从建筑结构上看，每一个细节都表现出强烈的民族特色和浓重的宗教韵味。同时，在建筑学上又表现出它合理的一面，因为藏区寺院大多数都是依山而建，这就需要特殊的规划设计和非同寻常的建造方式才能完成。

一、建筑方式

首先，藏式寺院可分建在平地的和建在山麓的两种，以后者居多。平地寺院称“平川式”，接近于规整对称的方式，作为构图中心的主体大殿形象最为突出。山麓地带的又可分为“屋包山”和“依山式”，这两种均取自由式布局，没有总体轴线也没有事先规划，但仍遵循着一些布局的规则，如寺庙多北依山峦之体势，南向平地伸展，呈错落参差的布局，建筑物多为平顶建筑，石墙小窗。外墙有明显的收分，墙顶以藏族特有的材料做女儿墙。内部为方柱托梁密肋式木构架，有巨大的托木和复杂的雕饰。建筑屋面局部吸收汉族建筑的坡屋顶及斗拱构造。在外三面围以大片低矮小院，供僧人居住。

其次，藏区有些寺院的内部结构从平面上看，采用了“回”字形，外围一圈楼房装修内向，中部是天井庭院或纵横排列的柱网，中部突起形成天窗阁。寺院建筑基本上是平面布置的基本形式，正方形和长方形。“回”字形设计显得很紧凑，给人一种显示凝聚力的感觉。这种设计理念很可能与印度的坛城有关。

二、建筑材料与承重结构

藏式寺院的主要建筑材料是石头、木材、阿嘎土等。“阿嘎”是藏语，意为白色的物质。[①]“阿嘎”是藏区特有的一种建筑材料，是把风化的石灰岩或沙黏质岩类捣成的粉末，其主要化学成分是碳酸钙。“阿嘎”一般用于建筑物的房顶及地面。施工时，将其掺水砸实、磨光，地面建成后平整、光滑、坚实，不渗水，功效犹如水泥。布达拉宫内有些空间的地面就是由“阿嘎”夯筑而成的。我们现在经常能在藏族歌舞中看见一排人拿着和自己身高差不多的木杆，木杆底端是个方形的木板，这就是打阿嘎土的工具。从整体上看，藏式寺院结构上一般采用木构架，外面再围以泥土或石头砌筑的厚重墙壁。楼层用木头铺设构成。屋顶多为平顶，最上层以阿嘎土加水拍打，这是西藏传统的屋面构造方法。石头、阿嘎土等建筑材料都是就地取材，建成后的房屋具有冬暖夏凉的特点。

一些大的寺院的承重结构形式有墙体承重结构和墙柱混合承重结构两种。墙体承重结构一般用在面积比较小的碉楼或附属建筑上。其具体做法是用通长的梁和檩条架设楼层或屋面，每层屋面的荷载通过梁、檩传到墙上。墙柱混合承重结构是寺院最基本的建构形式，同时也是藏式建筑普遍采用的结构做法。此结构就是外墙和内部柱子同时承重，大梁横向铺设，外墙及内柱承受大梁传下的荷载，檩

① 次多：《西藏传统建筑中的“阿嘎”土》，载《西藏民俗》，1999年第2期。

条横向铺设，外墙和大梁承受密铺椽子传下的荷载。这种结构适用于各种平面组合的建筑，小到民居，大到寺院、宫殿均可采用。

三、门窗

藏式寺院门窗多为长方形，较内地门窗小，窗户为可开启部分，这种方法能适应藏族地区高寒气候特点，也可以防风沙。虽然从总体来说，寺院的窗户较小，但是也有大窗户。例如，四川甘孜寺院的门窗就大得多，几乎朝阳的一面都是门窗，越往西行所见门窗越小；比如昌都地区（今昌都市）的唯色院，二层的窗户较大，也较多，而一层的窗户又少了许多，大门也明显小于甘孜寺院的大门。或许是因为大窗户能够显示一种威严、气魄，布达拉宫的窗户，有通间或贯通几间的落地大窗，也有大量狭窄的小窗户，大小对比悬殊。如红宫正面中间的7层大窗各宽8.15米，高3.3米，而大窗两侧的10个小窗宽仅0.82米，高1.9米。据佛经记载，宫室尺度常以大门宽度的四分之一为计算单位，其大小高低均有一定比例关系。根据调查材料表明，实际情况并非如此。

寺院门窗靠外墙处都涂成上小下大的梯形黑框，凸出于墙面。有些寺院常在土里掺加黑烟、清油和酥油等磨光，使门窗框增加光泽。门窗上的端檐口，有多层小椽逐层挑出，承托小檐口，上为石板或阿嘎土面层，有防水及保护墙面、遮阳等作用，也有很好的装饰效果。寺院大门是装饰的重点，门框上刻有三角形几何图案或卷草、彩画等。寺院大门大多为双扇板门，也有四扇、六扇。门面周围装有门框、门楣、门槛等。门扇上置有半球形门环和仰月千年吊（环扣），还钉有精致的门环。这些金属构件大多是精雕细刻的工艺精品。有的寺院的门楣上有依次为狮头梁、挑梁面板、挑梁、椽木面板和椽木五层重叠而成的雕楣。在围墙的门上还覆盖屋顶状的门檐。

四、梁柱

木结构分为檩椽结构、柱梁椽结构等。其中又以柱梁椽结构为主，柱子一般为圆柱或多棱柱。“藏式建筑的檩椽实为一体，在柱子上架设大梁，大梁上再铺设椽子，在梁与椽之间不用檩条过度。”① 在藏区有些宗教建筑的跨度较大，如布达拉宫五世达赖喇嘛的灵塔殿，内外墙净距 11.5 米，中间立两排柱子，铺三步椽，每步椽的跨度在 4 米以上，因此椽子用了直径为 0.2 米×0.3 米的大料，甚至用了超过一般台梁式建筑檩条的大料。“檩就是这些建筑中用到的粗壮的大椽。梁柱呈正方形、圆形、八角形以及‘亚’字形。立柱在寺院建筑中的使用比较平常。”② 比如布达拉宫红宫中的五世达赖喇嘛灵塔有立柱 16 根，世袭殿和持明殿有立柱各 20 根，七世达赖喇嘛灵塔殿有立柱 10 根，上师殿有立柱 16 根，五世达赖喇嘛灵塔殿享堂有立柱 44 根，白宫中的东大殿有立柱 44 四根，其西侧二、三层库房各有立柱 28 根和 35 根，东、西日光殿的经堂各有立柱 16 根。这些柱子大多纵横成网。

经堂的柱头、柱身雕镂着各种花饰或绘饰着各色彩画，图案内容有兽首、覆莲、仰莲、卷草、云纹、火焰和宝轮等，具有浓厚的宗教色彩。梁上常施彩画，梁头、雀替则多用镂空木雕花饰，涂重彩、色彩艳丽、浑厚，与室内木柱等连成整体，达到一定的艺术效果。较大的寺院的木结构和柱式集中表现了藏传佛教建筑凝重、沉

---

① 姜怀英：《西藏布达拉宫》，文物出版社，1994 年，第 30 页。
② 姜怀英：《西藏布达拉宫》，文物出版社，1994 年，第 30 页。

稳的风格和民族特点。木柱的雕饰非常讲究，梁上通常施彩画，与精心镂刻绘饰的木柱交相辉映。

五、边玛墙

西藏寺庙的建筑常见一种用灌木柽柳做成的“边玛墙”。它一般位于女儿墙的外侧，以木钉固定，刷深赭红色。边玛墙不仅以自重较轻的材料为墙体，减轻了上部的压力，还具有较好的装饰作用。特别是在边玛墙上镶嵌的铜制鎏金的“七政”“八宝”图案，和边玛墙上口的檐下以短木做成一排象征星辰的白色圈点，既装饰了寺庙建筑的外墙平面，又突出了建筑的宗教特色，是西藏建筑最具地方特色和民族风貌的重要外部特征。

边玛草——柽柳枝生长在高寒地区的深山中，这种植物质地坚硬且枝条长少有分叉，不易弯曲，不易腐烂，去掉叶子和皮后，枝条本身的色泽呈土黄偏白。赭红是经过涂染之后的颜色，也就是藏地人们口头所称的“喇嘛红”，这种颜色几乎为出家人和寺庙所独享，所以赭红在藏地形成的视觉暗示总与权力和宗教有关。由于边玛草原料有限且采集困难，费工费时，所以只有大寺院、宫殿或特别显赫的贵族庄园才会使用。因此，除了宫殿和庙宇之外，拥有边玛墙的私人建筑也成了身份的象征，比如冲赛康和桑珠颇章，前者曾是驻藏大臣的衙门，后者曾是七世达赖家族的府邸。而普通老百姓往往只能用柴草或其他灌丛来筑建和装饰墙顶，不会刻意去将墙涂色。

因为原料和色彩的不同，边玛墙的筑造过程也比造其他类型的墙更为麻烦。大致分为采集边玛草、铺砌边玛墙和涂染边玛墙三个步骤。[①] 首先，采集边玛草。拉萨地区的边玛草一般采于墨竹工卡县的尼玛江热乡和门巴乡的深山里，采集期一般在秋天，而且只能采集长度够长（一般要长于0.5米才行）主干无分叉的枝条（有分叉的枝条捆不紧）。然后，对采集来的枝条削叶去皮，铺开晾晒，晾干后再用生牛皮绳捆扎成直径约0.1米，长度为0.5米左右的扫帚状，也有捆成筒状的，用于填置墙角的边玛草束要捆扎成扇形。捆好后，将草束断面切剁齐整。其次，铺砌边玛墙。将准备铺设草束的位置用石块铺平，再铺上带有孔洞的木条和出挑的椽子。将捆好切齐的边玛草束紧密平铺在木条上面，注意铺设时要将齐整的、尾巴大的那一边对准外墙，同时用泥灰和碎石将墙内侧铺实，边铺边敲打平整，要敲实压紧。每铺两三层，就在底层的木条的孔洞上钉上木签，以固定铺好的草束，再用散边玛草将空隙填实压紧。需要再将墙的上层也铺上木条和椽子，与插在草束中的木签和木钉相互配合，钉牢边玛草垛。在上层的椽子上，再铺设两层相互交错的“央巴”(石片，在墙顶铺设石片相当于内地建房时盖瓦)，作为滴水檐。在“央巴”上面铺上塑造成扇形的阿嘎土墙。这就是我们在各寺院屋顶所见到的那垛女儿墙，这垛女儿墙如果压得方向不好，边玛墙极易在它的压力下出现“外闪”现象。最后，涂染边玛墙。涂料由红泥、牛奶、红糖、牛胶、豆粉再添加木浆等各种原料制成，把它们在铁锅内混合搅拌熬煮成浆后，泼洒在铺好的边玛草墙上，注意要泼洒得均匀。这样既可染色，也可填实草束之间的空隙。

六、金顶

藏族的鎏金技术是驰名国内外的特种工艺技术，有着悠久的历

---

① 次多：《西藏传统建筑——边玛墙》，载《中国西藏（中文版）》，2006年第5期。

史。寺院的金顶上有着丰富的局部装饰物，著名的大昭寺和布达拉宫以及藏族其他地区寺院的金顶，各种鎏金饰物，如宝塔、倒钟、宝轮、金盘、金鹿、覆莲、金幢、经幡、套兽等，在阳光下光彩夺目，相当具有特色。

金瓦屋顶俗称金顶，是加盖在寺院主殿、佛殿、王宫屋顶和佛塔顶部上的特制金属屋顶瓦。它是用铜铸造外镀纯金的一种豪华建筑装饰。是否在宫殿、寺院、佛塔等建筑上加盖金瓦屋顶与建筑金顶面积大小是宫殿、寺院贫富贵贱的重要标志，也是政教权势大小的重要象征。自公元10世纪至19世纪近1000多年，藏区先后共建有佛教和本教大小寺院5000余座，其中主殿和重要殿堂加盖有金顶的寺院仅100余座，1980年以后，随着各地寺庙的重建，有经济实力的寺庙也开始修建金顶。从目前的情况来看，面积较大、工艺较好、造型较豪华，并具有代表性的金顶有拉萨大昭寺、布达拉宫、萨迦寺、哲蚌寺、色拉寺、甘丹寺、罗布林卡金色颇章、日喀则的扎什伦布寺、甘肃拉卜楞寺、青海塔尔寺、康区理塘寺、甘孜寺、甘孜的大吉寺、吉塘甘丹松赞林寺。佛塔金顶中比较有名的是西藏昂仁县日乌齐金塔和江孜白居塔。

藏族金顶历史悠久，它的渊源有人说是藏族自己创造发明的，有人说来源于古印度。从拉萨布达拉宫所藏唐卡和桑耶寺、布达拉宫、大昭寺、罗布林卡等处壁画来看，始建于公元前800多年的雍布拉岗，建于公元7世纪初的布达拉宫、大昭寺，建于公元736年的桑耶寺等建筑均加盖有金顶。据《西藏王统记》《西藏王臣记》《青史》《红史》《拔协》等史书记载，藏王松赞干布于公元638年修建拉萨大昭寺时，神殿屋顶饰有纯金瓦和其他装饰。公元736年藏王赤松德赞在今西藏扎囊县境内创建藏族第一座佛、法、僧“三宝”俱全的桑耶吉祥自成寺时，上述史书均提到该寺主殿和四周四大殿、八小殿，以及赤松德赞的三个王妃兴建的三座神殿屋顶均加盖有金瓦。创建于公元940年前后的阿里古格托林寺，据史料记载，其建筑屋顶及柱梁全系金子所筑，俗称古格托林金质神殿。

结语

藏区有一定规模的寺院都展现出它们的建筑艺术之美。在建筑式样、门窗、梁柱、边玛墙和金顶等几个建筑结构的处理上都清晰地反映出佛教文化的特点和民族特色。藏区寺院建筑具有凝重、肃穆和绚丽多彩的艺术风格，显现出一股强烈的凝聚力和震撼力，与青藏高原的宗教氛围融为一体。

32　漫谈藏族的体育与杂技

藏族人酷爱体育、游艺和杂技等活动，而且历史非常悠久。对此最早记载是在公元779年，桑耶寺竣工，由藏王赤松德赞和印度高僧主持了盛大的开光典礼。当时搞了一系列庆祝活动，其中就有体育比赛和杂技表演。后来，又将庆典活动的一些场面在桑耶寺大小佛殿和回廊的墙壁上绘制成壁画，在“乌孜”大殿东门内侧回廊和中层回廊两处壁画描绘的是体育竞技方面的内容，如抱石、射箭、摔跤、赛跑、赛马等场景。藏族的这些传统体育项目流传至今，还出现了一些新的体育种类，共同汇聚成具有藏族特色的民族体育与杂技。

一、体育竞技类

包括马球、射箭、游泳、抱石头和各种棋类项目。当今，射箭、抱石头和各种棋类等项目均比较普及，在节日和其他庆典活动中经常可以看到。

（一）马球

马球运动曾一度风行于藏区。不少学者认为马球运动起源于吐蕃，唐朝时传入内地，后来又传入中亚并进入欧洲。藏语称马球为

“颇罗”，唐人称“金颇罗”，英语叫作“polo”即来自藏语。

在藏族历史上，吐蕃王朝为扩充疆域，增强实力，曾建立了一支强大的骑兵部队。在对骑兵的军事训练中，就把这种骑手骑于马上，手持棍棒，追逐击打木球的运动作为吐蕃王朝军队的训练科目。至于马球这项运动的真正起源至今还没有令人信服的资料，然而，可以设想，在战时代替这根平时训练用的木棍的一定是锋利无比的马刀，而追击的“木球”肯定是战时的敌兵。吐蕃军队把这项运动作为军事科目加以训练，因此可知，马球运动成为当时提高骑马作战技能的有效方法，可以断定，当时在军队中，马球比赛是经常进行的。

吐蕃王朝时期，吐蕃与内地交往频繁，马球运动也随之传入内地。据说在入唐的吐蕃使团中，总免不了有那么几个马球高手，到了内地后，这些人还经常同唐朝官员在场地上比试几个回合。

在马球这一运动中，骑手与马都是重要角色。这需要通过平时的训练，提高人对马匹的驾驭能力，使马匹能够准确理解骑手的意图，促成二者的默契配合。此外，在马球运动中还有两个重要器械，一个是球，一个是杖。马球比网球要大一些，是用木料制成的，中间挖空，外表涂以颜色；打马球的棍子叫“球杖”或“鞠杖”。

（二）射箭

射箭运动在西藏乃至其他藏区非常普及，无论是节日庆典还是举行大型活动，都会有表演性质的体育项目，其中射箭项目是必不可少的。此外，在西藏各地还有许多专门的射箭比赛。西藏境内不同地区的射箭比赛，各具特色，形成了西藏体育活动一道亮丽的风景线。

在西藏有两个地区的射箭运动较有影响力，也颇具特色。其中一个是工布地区的“响箭”。在这一地区，射箭比赛一般以村为单位参赛。每当举办“响箭”比赛时，村里的男女老少就兴奋得如同过年一般，他们穿上美丽鲜艳的民族服装，备好各种佳肴和青稞美酒，来到比赛现场观看，部分观众还组成歌舞队，为自己的箭手唱歌跳舞助兴。

工布地区的“响箭”藏语称为“毕秀”，意为“尖啸”，该活动有1500多年的历史。所谓“响箭”即射出去的箭带有声响，其中的奥秘是在竹箭杆上装着一个头为方体、尾为圆锥体的空心木制箭头，上面有4个小洞，箭离弦后由于空气作用而发出鸣叫声。响箭比赛从射程上来划分，主要可分为远射和近射两种。近射主要比准确性，射程分为35米、40米和45米三种。远射则既较量距离的长短，又看重精准的程度。比赛开始前，箭手们会有一番讨论，主要是商量决定参赛者的射程分配问题。开赛之前，弓箭手和歌舞队齐唱《工布箭歌》，以壮大士气，鼓舞斗志，同时也带动起了赛场的热烈气氛。比赛正式开始，弓箭手们横向排成“一字形”，歌舞队按照男右女左的顺序在箭手们的纵向排成“一字形”。比赛一般要进行10~15轮，每轮每人射两箭。工布地区的“响箭”记分方法简单而独特，每一个箭手身旁弓架上的左端都放有8颗圆形石子，弓架右端则空余。每得1分，箭手自己便把左边的1颗石子放到右边。此外，响箭比赛没有裁判，只有一个拾箭人。在比赛期间，为了确保安全，除拾箭人之外，任何人都不能在场地内随便走动。比赛中，歌舞队会不停地唱着箭歌，并且跳一种动作特别的“工布箭舞”。每当箭手射中靶心，都会有3名藏族妇女向他敬酒，其余的助兴者则是边跳舞边唱祝酒歌，以此表达对箭手的敬佩和赞赏。而当参加比赛的选手两箭都失利时，他不但要被罚酒一杯，还要遭到人们的嘲笑和奚落，当然，罚酒、嘲笑和奚落都是在一种欢快的气氛中进行的，并无恶意。

在西藏还有一种有特色的射箭比赛，即跑马射箭，这是一项激烈精彩的竞技项目。跑马射箭是西藏民众普遍爱好的体育活动，流行于广大的农牧区。作为固定节日仪式的跑马射箭活动距今已有500多年的历史了，这项活动始于后藏江孜地区。跑马射箭的赛道大约有200米长，在100米左右两处各设一个靶子。藏区各地所用的靶子是由不同材质制成的，正规一些的是由一个2米见方的木板上贴靶环下支架子固定而成，靶心距离地面的高度大概2米。两个靶子被放置在距赛道两三米远的地方。比赛开始，骑手从起点驱动坐骑，飞奔而来，当接近靶子时，骑手侧身瞄准靶心，开弓放箭。每轮比赛要求骑手向两个靶子各射一箭，以总环数的多少论胜负。15世纪以后，跑马射箭这项运动流传到拉萨、贡布、羌塘等其他藏区，后来拉萨的跑马射箭还增添了新的项目，如平射，按射出箭的远近定胜负；对空射箭，比高低。

（三）游泳

游泳这一体育活动在西藏由来已久，十分受人喜爱。原始时期，狩猎是人们求得生存的一种手段。有时为了获取猎物需涉水渡河，而要过河就必须会游泳。另外，在早先，有的藏族先民是靠捕鱼为生，要下河捕鱼也需会游泳，所以说，在很久以前藏族先民就掌握了游泳的技能，这种为了生存而掌握的技能在以后的发展中逐步成为一项体育运动项目。

据说，格萨尔王的游泳技能就相当出色，在史诗《格萨尔王传》中就有记载，史诗中生动地描绘了格萨尔王“蛟龙戏水”的情景和不同凡响的“泳术”。另外，据史料记载，松赞干布也是游泳高手，他曾在拉萨河游泳。五世达赖也是位游泳爱好者，他规定男子必须具备“九术”，其中体育方面占“六术”①，在“六术”中就有游泳。

藏族人喜好游泳，这在壁画上就有所体现。比如在布达拉宫的壁画上呈现出300多年前的游泳场面：在一个大水池中有诸多游泳健儿在竞赛，从画面来看，游泳姿势有仰泳、自由泳、侧泳，还有的做跳水姿势。另外还有些不寻常的水中姿势，比如站立水中、水上行走、成跏趺状坐于水面等，据说，这些水中姿势带有瑜伽功特色，不是一般人能做出的。此外，在日喀则的扎什伦布寺有一幅绘于明清时期的壁画也描绘了游泳的内容，壁画上绘制出三名游泳爱好者在河水中奋力挥臂，击水前行的情景。画面上所画出的游泳动作非常优美，与现代游泳的技术动作并无多大差别。西藏壁画中所反映的游泳场面，真实记载了古时西藏民众游泳的情况。

（四）抱石头

这项体育活动在西藏各地很普及，是深受藏族群众喜爱的运动项目之一。最初进行的抱石头比赛，只是为了显示男子的力量和权威，没有规范的比赛规则。在后来逐渐演变发展的过程中，形成了独特而完整的比赛规则，但仍保留了原有的传统特点。

抱举石头的比赛形式多样，一般有以下几种：第一种，需将重约150公斤的石头或装满沙子的皮袋捧起，抱到胸腹部并抱至肩上或从腋下移到背上走圈，走圈多者为胜。第二种，先把重约100公斤、150公斤不同重量的石头抱至肩头，然后从肩部向后抛，抛远者获胜。第三种，在重约150公斤的圆形石头上涂上酥油，赛手先弓身搬起石头，然后逐步抱到双腿、腹部、肩膀上，最后将石头从后背抛至地面，即为成功。第四种，在大石上遍抹酥油以加大举抱

① 体育中所占的六个方面是射箭、举石头、跳远、赛跑、摔跤、游泳。

难度。参赛者先弓腰抓石，然后逐步抱到双腿、腹部、肩膀上，要求身子挺直、不得晃动，再把石头稳妥地放回地面，即为成功，最后以举抱的高度决定胜负。第五种，参赛者双手托石绕场一周，根据所抱石头的重量和所用时间的长短来判别优胜者。最后一种比赛方式是赛手把石头抱至左（右）肩头经过颈部移到右（左）肩头，再抱回胸部，周而复始，以所移次数多少定胜负。

抱石头的比赛时间和地点有一个历史演变过程。以前拉萨的抱石头比赛是在每年藏历正月十八的大昭寺松曲绕瓦广场举行。由于抱石头要求的场地、器材和设备都比较简单、灵活性较大，因而特别容易开展。只要有一块地方，几块石头就可进行锻炼或比赛。正是由于抱石头比赛的这些特点，这项民间体育活动后来普及到了乡村和牧区，在各类节日以及闲暇之余或赛马会上均要举行抱石头比赛。大力士们大显身手，比试高低，观众则怀着浓厚的兴趣前来观看比赛，为参赛者鼓劲儿。

抱石头这项运动不仅能发展体能、增进健康，还能磨炼意志，培养耐力。在长时间的比赛实践过程中，参赛者练就了勇敢、顽强、坚毅、果断等意志品格。

（五）藏围棋

敦煌文献中记载，松赞干布的父王朗日松赞的大臣琼布·苏孜色，擅长下藏围棋（“密芒”），他能边处理公事边下棋，这就看出了远在松赞干布之前“密芒”就已开始盛行。《旧唐书·吐蕃传》中也记载了“密芒”：“围棋陆博，吹蠡鸣鼓为戏。”《新唐书·吐蕃传》云：“其戏綦六博。”

藏围棋在藏语里被称作“密芒”，它像内地围棋一样，也是一种具有悠久历史的棋种。在藏文中，“密”是眼睛的意思，“芒”是众多的意思，所以“密芒”也被人们称为“多眼棋”或“眼睛的战争”。藏围棋已在雪域高原存在了千百年，仍保持着它原有的风貌。寺庙的僧侣、早期西藏的贵族以及广大农牧人对“密芒”都怀有浓厚的兴趣，凭借小小的棋盘对来生转世、宇宙永恒的问题进行着无限思索。

藏围棋和围棋有相似之处，围棋是纵横19道线路，而藏围棋棋盘则是17道线路，计算胜负都是以计算双方所占的地盘而定。但藏围棋和围棋也有不少区别：其一，围棋持黑子先走，藏棋持白子先行；其二，围棋有让子棋，藏围棋则无，如果双方实力有较大差距，通常用贴目解决；其三，对局前，藏围棋要在棋盘上放12个子，黑白各6枚，交叉摆放，位置固定，而围棋没有这等规定。此外，下藏围棋的人数不受限制，只要双数就可以，商量而定，而且在时间上也不受限制，一盘棋通宵达旦才终局的事常常发生。

关于藏围棋的起源有三种不同的说法。一是认为藏围棋是由文成公主从中原带到西藏的，并保留了古代围棋的规则。二是认为藏围棋起源于西藏的本教时期，是用来卜算和念咒语的。吐蕃王室就曾用藏围棋进行占卜，赞普甚至用对弈输赢决定重大国事，藏围棋昔日的风光可见一斑。三是说藏围棋同古代军事有关，比如“原始社会的部落酋长以及奴隶社会的军事领袖，在指挥战争时，往往会在地上画一些简单的军事形势图，并用石子表示双方的兵力部署，商量取胜的方法”①。典型的军事形势图逐渐演变为一种军事游戏，被贵族子弟或将领所传习。在西藏吐蕃墓葬中发现的棋子，可将藏围棋历史追溯到3000年前，另外在阿里古格王朝的废墟中，也发现了一块砂岩，上面画着见方的格子，同现在的围棋棋盘如出一辙。

① 闫振中：《西藏文化之旅》，民族出版社，1995年，第284页。

宗教在藏区十分盛行，宗教思想渗透到藏族社会的方方面面，藏围棋也不例外。首先，藏围棋受到了本教思想的影响。中原围棋是黑子先行，而藏围棋则是白子先行。本教的历法中认为，时日的更替是在黎明出现启明星时，故有了白棋先行这一规定。另外，因为藏族有尚白的习俗，藏族对白色的物品十分偏爱，也就逐渐形成了白石崇拜的习俗。“藏族对白石的崇尚，表现出藏民族文化诸多方面的精神内核，它将祖先崇拜、灵物崇拜、本教教理、佛教经义熔为一炉。”① 在藏族百姓的眼中，白色代表善良正义的神灵，代表吉祥，而黑色则代表了邪恶凶残的魔鬼，代表不幸，所以没有人愿意持黑棋。因此，在棋局开始时，对弈双方通过猜测第三方手里棋子的奇偶来确定谁持白棋谁持黑棋。其次，藏围棋也受到佛教思想的影响。在本可以将对手的一片棋立即致死的情况下，却规定缓一手，以打劫形式放生，称作“打劫生死棋”，这或许是佛教不杀生戒律在围棋规则中的经典体现。

二、杂技类竞技项目

这里讲的杂技是具有藏族特色的杂技，具体包括“强坎塔绪”(高杆溜索)、腹上开石、跑马、“吾多”（绳甩石)。其中的跑马和吾多比较普遍。

（一）“强坎塔绪”（高杆溜索）

这项运动的历史渊源有两种说法。第一种是“溜索”说，就是“滑绳”，这种技艺是从“溜索”发展而来的。“溜索”原是一种渡

① 闫振中：《西藏文化之旅》，民族出版社，1995年，第290页。

河工具，藏地山川险峻，江河湍急，无法架桥，故以竹、藤或牛皮为索，用这些材料制索横悬在两岸陡峭的崖壁上。至今在澜沧江、怒江等江河流域两岸尚可见到。随着时间的推移，这种需要力量、技巧，更需要胆魄的过河手段在拉萨逐渐形成了具有冒险惊奇特点的高空滑绳表演。第二种就是“采集”说。这种观点认为“强坎塔绪”是藏族原始先民在最初的采集活动中锻炼出来的劳动技能。为了攀上高处取得食物，人们不得不冒着危险借用绳索攀爬滑行。在家庭教育中，长辈为了锻炼下一代的生存技能，并测试孩子们的学习情况，将滑溜索发展成了带有技巧性的比赛项目。最初这种比赛只是为了考核人们的生存技能，后来逐渐地加进了技巧性和审美性，演变成今天的“强坎塔绪”。

“强坎塔绪”具有悠久的历史，早在吐蕃王朝时期，这种冒险的表演运动就已经出现。比如，在拉萨大昭寺落成和山南桑耶寺落成典礼仪式上，都有此项表演。发展到后来，比如在西藏地方政府统治时期，“按照传统于每年藏历十月二十五日，在布达拉宫前举行纪念藏传佛教格鲁派创始人宗喀巴圆寂和藏历正月初二举行庆祝藏历新年佳节以及达赖参加的传召大法会的仪式上”①，这项表演项目是必不可少的，曾吸引不少观众前来观看。“强坎塔绪”是一项惊险、刺激的体育竞技运动，是男人的运动。布达拉宫高13层，垂直高度达130米。将一条长200多米的皮绳的一端系在布达拉宫的顶部，要求表演者从宫堡的顶部开始顺皮绳下滑一直到地面。《十三世达赖喇嘛传》中说，绳子上端系在布达拉宫一间房子里，下端拴在布达拉宫下面平地上的一块方形石碑上。参加表演者有3个人，他们用皮带把自己的身体拴在绳子上往下滑，一个接一个从上面滑下来。表

① 甘肃省古籍文献整理编译中心编：《中国民俗知识——西藏民俗》，甘肃人民出版社，2008年。

演开始前，他们每个人都诵经祈祷，并在屋顶上抛撒糌粑，以示祭神，祈求神灵保佑。在“溜索”过程中，表演者几乎是在没有任何保护的情况下进行的，所以说参与这项运动是非常危险的，有的表演者在滑落过程中，皮绳突然断开或护胸的器械脱落，从几米到一百多米不等的高度坠落而下，由于地面没有铺设任何保护性的护垫，所以，表演者不是死就是伤。尽管“强坎塔绪”危险系数很高，但这项运动仍吸引着很多人参与，也得到了成千上万的僧俗百姓、大小官员的青睐。

关于这项活动还有一些说法，比如说，“17 世纪时，五世达赖在蒙古首领固始汗的支持下，推翻了日喀则的藏巴汗政权，建立甘丹颇章王朝”①。基于对原藏巴汗所属臣民的某种愤慨，遂制定了惩罚措施，强迫他们以支付差役的形式每年派一人到拉萨进行“溜索”表演。前边讲到，这项运动要冒极大的生命危险，所以说这种派差式的表演带有惩罚性质。此外，这项运动还掺进了占卜习俗，就是说带有占卜的性质。当时的统治者组织这样的表演也有预测年景好坏的意思。比如说，表演者能够安全着地，则是吉兆，这种结果预示在整个年头里，百事吉祥，风调雨顺。如果表演者受伤或者坠落而亡，那就是凶兆，必是灾荒之年。到了十三世达赖喇嘛后期，为了安全起见，对这项运动做了一些改进，比如将绳索上的技巧改成杆顶部旋转，等等。这种活动一直保持至今，在西藏的门珞地区，节日期间还在举行攀索活动。

（二）“腹上开石”

相传在印度佛教传入的同时，还有印度其他宗教教派传入，其

① 丁玲辉：《西藏的民间传统体育》，西藏人民出版社，2006 年，第 246 页。

中有一支能够通过类似咒语一类的形式，激发人体潜能，使修炼者在一段时间内获得一种超常的力量。比如“腹上开石”，就是要将一块100多公斤重的大石头压在修炼者的腹部，再用大铁锤猛烈敲击石头，将其击碎，而人却可确保安然无恙。由于此教派流传范围很小，故只有极少数人信奉此教，且因此教与佛教所提出的观点大相径庭，由于佛教的大范围传播，同期传入的其他的宗教教派受到打压排挤，此教派也就更不为人所知。在佛教势如洪流般传入吐蕃的过程中，其他宗教派别由于势单力薄，便逐步被湮没。虽然，上述传授“腹上开石”的教派在吐蕃王朝时期也未能站住脚，但它却把“腹上开石”的功夫留在了西藏。据说这一教派认为“腹上开石”既不是魔术，也不是巫术，而正是此教派所修炼的一种瑜伽功。

谈及“腹上开石”在西藏的传播过程，这就不得不介绍热巴。热巴是一种以卖艺为生的流浪艺人班子，一般以家庭为单位。是一种以铃鼓为主，融说唱、谐（歌舞）、杂技、气功、热巴剧于一体的综合性艺术。据史料记载，热巴起源于公元11世纪，由藏传佛教噶举派第二代祖师米拉日巴所创。其中的气功表演就与“腹上开石”有关，当然也有其他气功表演项目，如“尖刀刺腹”“夹刀旋转”“滚牛角尖”等等。

西藏表演的“腹上开石”同内地的程式基本相同，在表演开始之前表演者会做些健美姿态或运气的准备，使观众相信他身怀绝技，具有过人的本领，之后便不慌不忙地躺在地上或长凳上，也有的表演者横躺在两条板凳之间，使腰部和背部悬空，身上盖一层薄布，之后助手们把一块大石板抬起，放在表演者的身上。一切准备停当，由其中一名助手握大铁锤，运足力量，将铁锤高高举过头顶，奋力向石板击去，随着一声巨响，石板顿时被击裂成两半。表演者轻松自如地从地上蹦起来，毫发未损，面带笑容，向观众挥手致意，引来台下阵阵欢呼喝彩之声。

“腹上开石”这项运动深受藏族群众喜爱，发展至今，它已经成为一种具有健身作用的民族民间体育项目。然而，不管说“腹上开石”是宗教中的一种修炼也好，还是说它属于现在人们常讲的气功也罢，在这项表演中还是要讲究一些技巧的，否则成功系数不大。要成功必须具备这两个环节：其一是选石板时有一定的诀窍，要选择那种易断裂的石料。对厚度、宽度也有一定要求，厚度一般在 10 厘米左右，重量应控制在 150 公斤以内。其二就是用锤子击打石板时也要注意技巧，最重要的是，挥锤时发力要适中，用力要恰到好处，既要猛又要有所控制，猛的目的是要击断石板，控制指的是要保护好石板下的表演者。最好做到敲击石板后迅即收力，可谓点到为止。观众只看到挥锤者用尽全身力气将大锤猛砸下去的那一幕，而忽视了接触石板的刹那间收力的细微动作。此外，表演者也要配合好，要恰当用力，在锤子落下来之前的一瞬间，应收腹挺胸，用力向上撑。

（三）跑马

藏族主要居住在农牧地区，离不开马，马的用途十分广泛，作为挽力、驮载和骑乘的工具。后来马又多了一项职能，即娱乐，早期以马为娱乐形式的大概就属速度赛马了。速度赛马可从距离上划分比赛项目，有一里二里的短程赛，有十里以内的中程赛，也有几十里的赛程，十公里左右的赛程居多。藏族群众自发组织的一些赛马运动，一般对赛道长短距离的要求不是很严格，估计个大概即可，对用时多少当然也不会太在意。他们注重的是名次，从起点出发，看谁能一马当先，最先到达终点。夺取第一名，才是目的。藏族赛马也有其多样性特点，比如从参赛马匹和参赛骑手有很多具体的分类。前者有骏马赛、马驹赛、母马赛；后者分为成人赛、少儿赛、姑娘赛等（三个类型的骑手依次对应骑乘前三个种类的马匹）。有些地方的骑手则骑着光背马参赛，增加了比赛的难度。在西藏还有一种奇特的赛马，就是无骑手赛马，完全靠马匹跑完规定的赛程，先到达终点者为胜。后来又衍生出带有马术性质的赛马比赛，如马上射箭、马上拾物、马上表演等等。

藏族的赛马会一般选择在一块比较平坦的地方举行，参赛的骑手们精心打扮，穿上华美的彩衣或紧身服，戴上红缨帽或大头帽或金花帽，显得格外俊俏潇洒。骑手们也给自已心爱的骏马做了精心的打扮，有的除给马匹备上精美的鞍鞘、笼头外，还会给马的额头挂上彩花，脖子披起彩绸，等等。发令枪声响后，骑手们挥舞鞭子，催动坐骑。骏马如离弦之箭，奋力狂奔。观众则情绪高涨，欢呼雀跃。比赛结束，众人为夺冠的骑手献上哈达，表示祝贺。

（四）“吾朵”

“吾朵”是藏区牧民用来放牧的一种工具，主要用于驱赶牛羊。“吾朵”长约 1.5 米，用羊毛编制而成，大体上分为三段，中间是一个略小于巴掌的椭圆形织物，被称作“吾梯”，是用来放石头或土块的，顶部一端有套环，末端则用羊毛做成梢鞭。

牧民在驱赶牛羊时，瞅准牛羊群中领头的牲畜，将石子放在“吾梯”内，右手食指套住套环，抓住梢鞭，逆时针抡甩几圈后，放开鞭梢，将石子抛出，一般能够弹射出几十丈远，在石头或土块飞出去的瞬间发出响亮的声音。由于牧民们常年使用“吾朵”，练就了一手绝活，命中率非常高，可有效地控制头羊或头牛。此外，“吾朵”还可当作鞭子使用，给牧民的放牧劳作带来极大的便利。

在藏区，“吾朵”不仅是一种放牧工具，还与藏族百姓的宗教信仰联系紧密。以前在藏区设有专职的防雹喇嘛，防雹喇嘛固定的供奉对象是山神和佛。在雹雨将要来临前，防雹喇嘛一般用“吾朵”装上“擦擦”（一种用红胶泥等做的小佛像），向空中射去。用这种方式来祭祀“神”，祈求“神”的原谅，不要降下雹雨，毁坏庄稼和草场。

“吾朵”在藏族百姓心中还留有一段不可磨灭的历史记忆，那是藏族人民与外来侵略英勇抗争的历史记忆。在清光绪年间，英国侵略者以西藏不履行藏印条约而出兵进犯西藏地区，江孜藏民为了保卫家园，与英国侵略者进行了殊死搏斗。在整个抗英战争过程中，藏族民众与英国侵略者在实力上悬殊巨大，英军有先进的武器装备和通信设备，而藏族百姓只有少数的快枪，大部分是最原始的火枪，有的甚至连火枪也没有，只能用大刀、长矛和“吾朵”。当时“吾朵”也成了一种武器，发挥出巨大威力，让英国侵略军吃尽了苦头，所以英军把“吾朵”称作“长眼睛的石头”。

随着藏族地区经济的发展，西藏百姓不再从事单一的牧业，但是“吾朵”并未绝迹，有些牧区还在使用，牧区藏民仍然喜爱这种传统的放牧工具。除此之外，现在“吾朵”还成了藏族群众喜爱的一种民间体育活动，人们进行“吾朵”比赛，看谁的石头打得远、打得准。或许是“吾朵”能把“擦擦”射向空中的缘故，所以藏族群众把“吾朵”挂在房屋里，当作驱邪的一种物件。

“吾朵”是藏族百姓智慧的结晶，因西藏高原独特的自然环境和藏族百姓的需要而产生，承载了藏族社会发展的一段历史。

33 论藏族传统体育——大象拔河

"大象拔河"是一项在藏族群众中广泛流传的传统体育运动。关于这项运动起源于何时何地，目前尚难考证。就起源的时间来说有两种说法，一说是在400多年前，另一说已有上千年历史。据说格萨尔王攻打敌国后在凯旋的途中，缴获了千头牦牛，为了公平起见，就用"大象拔河"的方式分配牦牛。从地域上讲，有关"大象拔河"也有不同的提法，有的说它起源于西藏本土，藏族视大象为神物。另一说是它起源于印度，后随佛教的传入而进入西藏。笔者更倾向于后一种说法，在本文第二部分将做一论述。

一、"大象拔河"的特点

"大象拔河"，藏语称"押加"（即一对一的拔河），或"浪波聂孜"，意为大象颈部技能。这是一项在藏族群众中广泛流传的体育运动。将一条绳子的两端分别固定在两个运动员的身上，具体的操作方法是，两名参赛者背对而立，把绳子两端挽成圈，套在脖颈上（比赛时受力部分是人的后脖颈），再经过参赛者的胸部和腹部，最后从身前的两腿间平行穿出。比赛方式是双方匍匐于地面，移动身体，先把赛绳拉直，两参赛者之间的距离大约1米。绳子中间系一红布作为标志，垂直于中界。比赛开始后，两人朝相反的方向爬。比赛时双方两手、两脚和两膝着地（动作似大象），巧妙地利用腿部、腰部、肩部、颈部乃至于手指和双脚的力量奋力向前移动，一方把另一方拉过中界线就算获胜。

在漫长的历史进程中，藏族创造了独具特色的民族传统文化，其中的民族体育运动丰富多彩，别具一格。“大象拔河”同藏族赛马、赛牦牛、射箭、藏围棋、摔跤、抱石头等运动项目一样，受到藏族群众的喜爱。无论是在节日里，还是在茶余饭后或是生产劳动的间歇，或是在牧场上，或是在田间地头，要么在热闹的人群前举行一次认真较量，要么是怀着一种娱乐的心态做游戏。总之，“大象拔河”是一种集竞技和娱乐于一体的民族体育活动，它简单易行，不受场地的限制，一块 2 米宽，4—5 米长的平坦地面即可，也不需要什么运动器械，仅需一条四五米长的绳子就行，如一时找不到绳子，那么两根背带或两根腰带接在一起，也能将就。由于这项运动几乎不受任何条件的限制，随时随地均可进行，只要兴致一来，几分钟的准备时间，就可投入比赛。所以说“大象拔河”又不同于藏族的其他体育比赛，诸如赛马、赛牦牛、射箭、藏围棋、抱石头等都要受条件的限制，不能说赛就赛，而“大象拔河”几乎不需要做什么准备，它的随意性很强，在藏族群众中十分普及，也更受到人们的喜爱。

或许是因为“大象拔河”朴实、简单，不受条件限制，深受人们喜爱等因素影响，藏族群众从中受到启发，又发明了颈力比赛、腰力比赛和手力比赛，这些比赛与“大象拔河”同出一辙——参赛双方多是各为一人、用一根绳子。在这里不妨把这些比赛简单做个介绍。颈力比赛，分为坐、立两种形式。一是参赛者面对面坐于地上，双脚相抵，绳子两头打结，分别套在两名参赛者的颈部，二人脖颈用力，均向后拉；二是双方站着向后用力，将对方拉过界就算获胜。腰力比赛，是把绳子两头分别固定在两名参赛选手的腰部进行比赛，比赛过程中双方用脚部和腰部力量相互拉扯，把绳子上的标记拉过界为胜。腰力比赛也分两种，一是面对面向后发力；一是背对背向前发力（背对背拔河的受力部位是腹部，不过，按规则参赛者可以用手抓住绳子助力前移）。此外还有一种叫“奔牛”的拔河项目，把绳子的两头结成环状，分别套在参赛两人的肩背部，两人侧向而立，互相对拉。最后一种就是手力比赛，它和普通意义上的拔河没有什么区别，唯一不同的是，除集体拔河之外，藏族也有单人和三人为一方的拔河比赛。

二、“大象拔河”项目与印度文化的关系

“大象拔河”这一藏族传统体育具有很强的民俗性特点，要弄清是如何形成这一民俗性特点的需要理清一条脉络，即传说中佛祖与大象的关系、佛教由古印度进入西藏、藏族群众笃信（藏传）佛教。佛祖释迦牟尼（前565—前485）是佛教的创始人，原名悉达多·乔达摩，相传是古印度的西北部的迦毗罗卫（今尼泊尔境内）王国净饭王的儿子，释迦族人，故佛教徒尊称他为释迦牟尼（意即“释迦族的圣人”）。在古印度有一些专门讲述释迦牟尼一生事迹的佛教书籍，其中一本叫《方广大庄严经》，书中记载了释迦牟尼年轻时与一些人比赛的情景，其中讲到，当释迦牟尼的大白象被牵进城来时，一名释迦族人见到后顿生嫉妒，他自恃是释迦族人，又力大无比，于是上前抓住象鼻一拳将大象打死，正当他洋洋得意之时，另一个青年不甘示弱，为了展示自己的力量，他一把抓住死象尾巴把象从城门口扔了出去，显得毫不费力，就在这个青年为之沾沾自喜之时，释迦牟尼坐着马车来到赛场，看见

死象，“……菩萨坐在马车上，伸出一条腿，用大脚拇指挑起大象，扔将出去，大象越过七条滩七条沟，在离城一俱卢舍（约250市尺）的地方落下，大象落下时还将地砸了一个大深坑”①。在另一部佛教典籍《佛出世经》中，谈到释迦牟尼坐胎于母腹后，其母摩耶夫人做了四个梦，其中第一个便是梦见一头小象从她右边撕开子宫钻了进去。

印度自古以来就是个盛产大象的国家，在印度驯养大象已有3000年的历史。印度人对大象怀有特殊的感情，大象力大无穷，在印度人看来，这种动物是力量、智慧和善良的象征。在漫长的历史岁月中，人们与大象无论在日常生活还是在社会生活中都有着非常密切的关系，人们同大象建立了深厚的感情。因此，大象在印度的历史和文化传统中占有重要的地位，从佛祖释迦牟尼的身世与大象的关系中也反映出了这一点。

公元7世纪，佛教开始传入西藏。到了公元8世纪，古印度的一些佛教高僧来到西藏传播佛法，同时大量的佛教经典、佛教画像、佛教造像等进入西藏。佛教传入西藏后，经历了一些周折，到了公元10世纪后半期，最终在西藏扎下了根。

佛教传入西藏后，与当地的原始宗教——本教相融合，最终成为藏传佛教或者叫作喇嘛教。随着历史的不断发展，藏传佛教逐步渗入藏族群众的生活当中，而且触及面非常广泛，不仅如此，佛教思想也根植于人们的脑海之中，影响着人们的道德观念、价值观念和审美情趣。佛教渗入藏族群众的生活，佛教思想改变着人们的思想观念，这势必对藏族的民族习惯产生巨大影响。久而久之，便逐步形成了藏民族独特的生活习惯。

① 佟锦华等：《藏族文学史》，四川人民出版社，1989年，第397页。

藏族传统体育与藏族风俗习惯是有直接关系的，两者相互依赖，相互渗透，形成了传统体育的民俗性特点。民俗促成了传统体育的形成与发展，传统体育丰富了民俗的内容。大象这一物种的形象随着佛教从印度进入西藏，藏族群众在接受了佛教的同时也自然包容了大象这一憨态可掬的形象，人们审视它的体态，想象它的动作，一种古老的游艺民俗即传统体育之滥觞——“大象拔河”从此产生。在以后的发展中，大象拔河从一般性的娱乐活动渐渐地融入藏族传统节日、祭祀和庆典中。

三、“大象拔河”项目的发展与普及

藏族传统文化在不断地发扬光大，各项事业蓬勃发展，民族体育方面也得到了充分重视。包括“大象拔河”在内的多种藏族竞技活动已被纳入由国家民委、体育总局举办的全国少数民族传统体育运动会的与会项目。“大象拔河”先是作为表演项目在第四届全国少数民族传统体育运动会上第一次亮相，向人们展示了藏族传统体育的神奇魅力。到了1999年，第六届全国少数民族传统体育运动会上，“大象拔河”被正式确定为运动会的比赛项目。

为了不断发展、壮大民族体育事业，使之在今后的发展道路上不断完善，内容形式趋于合理，比赛场面更加紧张激烈，“大象拔河”作为民族体育的参赛项目，在竞赛规则方面有了明确规定。第六届全国少数民族传统体育运动会拉萨分赛场的比赛，对“大象拔河”的竞赛规则做了新的修改，如比赛的场地为长方形，宽2米，长不做限制；比赛场地应有明显的界线，长边叫边线，短边叫端线，在两条边线的中点，画一条与端线平行的连线中线，在中线的左右1米处，各画一条与中线平行的线为决胜线；比赛用的带子长 11.4 米，宽 0.9—1.2 米，用两头有圈的彩色绸缎制成，绸带中间有一坠条，作为判定胜负的标志；运动员要着民族服装，穿胶底鞋，双手不能有任何辅助器材。此外，还规定一场比赛的参赛者为两人，参赛者的年龄不受限制，参赛选手按体重划分成 55 公斤级、60 公斤级、70 公斤级、80 公斤级和 80 公斤以上级 5 个级别进行比赛。每场比赛均采用三局两胜制。比赛时间一般不受限制，但在一局比赛中如遇双方相持达一分半钟不能决出胜负，则暂停比赛，休息一分钟后重新开赛。

“大象拔河”自从成为民族运动会的比赛项目后，很快就成了许多少数民族乐意尝试的运动，一些其他少数民族运动员也组成了自己的“大象拔河”参赛队参加比赛，比如新疆、内蒙古、甘肃、宁夏等地区的少数民族。“大象拔河”受到各少数民族的喜爱并被积极尝试，也使得这一项目的整体水平迅速提高。如今，除藏区以外的其他各少数民族地区，人们也能看到“大象拔河”的比赛。

四、“大象拔河”项目的科学训练

作为藏族传统体育项目的“大象拔河”不仅被列入全国少数民族传统体育的竞赛项目，而且还成为民族学校的体育课程。可以看出，继承和发展民族传统体育的理念已被贯彻到具体细节当中，并且被提升到一个理论高度。把“大象拔河”作为一门课程来继承和发扬，就意味着这一藏族传统体育将朝着系统化、科学化的道路发展下去，它也将更有活力、更具魅力。

在这里应该向读者简单介绍一下南宁沛鸿民族中学“大象拔

河”体育课程的教学设计，[①] 这份教学设计是以表格形式呈现的。该教学设计细致周到、科学合理，具有很强的可操作性。它首先明确了教学目标，提出几个要点：首先要掌握大象拔河的一两项基本技巧，了解基本比赛规则；其次是对身体素质和改善体能方面有目标要求；最后一个目标是学会与同伴合作，培养自尊心、自信心，练就勇敢品质和增强团队竞争意识。该教学设计还总结出了教学重点和难点，重点在于腿部的用力方法，难点是上下肢的协调用力。

“大象拔河”在学习内容方面涵盖了导入学习、初步学习和强化学练三个大部分。其中的初步学习包括“蹬”“爬”“拉”“滑”“压”等基本技术。[②] 在教学设计中很清楚地解释了“蹬”要求前脚掌蹬地面，使身体向前移动；“爬”需腕关节和手指作用于地面，使身体向前移动；“拉”就是肩背牵拉拔河绳；“滑”是指在相互牵拉时，出现打滑产生身体移位；“压”是在相互牵拉中，保持向前拉力而降低重心、沉肩低头、弯腰屈膝。

针对三大部分教学内容，该教学设计还设置了一系列对应环节，如期望目标、教师指导、学生学练、负荷与时间等等。其中对第二部分教学内容——“初步学习”所提出的期望目标中包括：一是了解技术动作要领；二是调动学生的腿、手臂、肩、腰等身体部位的力量。对“强化学练”这部分教学内容的期望目标，该教学设计讲得很明白。首先，掌握简单比赛规则；其次，降低难度，模拟比赛，激发兴趣，体验成功；再次，增强学生的力量、灵敏、平衡及协调能力；最后，培养学生自信、勇敢、顽强、不怕困难的精神。

---

① 玲辉：《略论西藏民族传统体育的社会特性和功能》，载《中国藏学》，1999 年第 3 期。

② 邱蕾：《大象拔河 · 跳大绳》，《教学设计》，南宁沛鸿民族中学。

从这份教学设计可以看出，“大象拔河”已经被纳入完整、深入、科学的教学体系当中，从基本动作的初步掌握到几个技术动作的协调演练；从激发学生的兴趣到心理素质的培养等，在该教学设计中都有十分详尽、具体的阐述。此外，对于教师如何教授，学生如何领会等方面也都做了明确的说明。通过民族中学的这份教学设计，我们可以预见，藏族传统体育“大象拔河”这一项目在今后的竞技中将更加精彩、激烈。在今后的发展道路上，将有更多的少数民族体育代表队参加这一项目的角逐。

五、“大象拔河”项目的发扬光大

长时期以来，藏族传统文化得到了充分保护和发扬，藏民族传统体育也得到了继承和发展。除了在藏族节日期间以及其他特别的日子里举行传统体育比赛以外，还有全国少数民族传统体育运动会和西藏民运会等众多展示藏族传统体育的平台，每一次平台上的展示都是传播藏族传统文化的机会。包括“大象拔河”在内的藏族传统体育在向全国人民乃至世界人民展示自己的雄浑与魅力的同时，还担负起传播藏族传统文化的神圣使命，而这样的传播在当今世界更具有深层含义。所以也可以这样讲，“大象拔河”等各个单项竞赛项目汇聚起来的藏族传统体育形成了对藏族文化传播的一股力量。1994 年，第二届民运会在西藏召开，“大象拔河”作为表演项目，吸引了成千上万的观众，特别是中央电视台、西藏电视台和国内有关报刊等新闻媒体对其进行报道后，在国内外产生了强烈反响。20 世纪 90 年代，西藏地区和其他国家、地区间的体育合作日益频繁，一些国外的体育界同行纷纷来到西藏考察和研究具有藏族特色的传统体育活动。通过国际间的体育交往，西藏传统体育文化得以弘扬。

通过对“大象拔河”这一藏族民间传统体育的深入了解，我们深深地感觉到，产生这一竞技项目的文化土壤是丰厚的；在藏族历史的进程中，它的生命力是顽强的；而当藏族历史揭开新篇章后，它的发展与壮大又是惊人的。

34 论藏族赛马

青藏高原山岳绵亘，江河纵横，水草丰美的天然牧场多在这种地理地貌上形成。这里也是产马的地方。分布在全国各藏区的马匹种类不尽相同，其中比较常见的是高原小型马，简称藏马。藏马分布于中国西藏东部的昌都、那曲和南部的日喀则，青海的玉树、果洛，四川的甘孜和云南的香格里拉等青藏高原地区。“这种高原马个头中等，体质结实，结构紧凑；四肢有力、蹄质坚实；毛色复杂，以骝、栗、青色较多。在西藏，因地域不同，所以藏马差别也较大，藏北所产的体格较大，藏南的较小。”① 其中一种就是我国的四类马种之一的河曲马，旧称西番马。产于青藏高原东缘，长年生活在气候寒冷，海拔高度为3400—4000米的区域。在甘南藏族自治州和四川阿坝藏族羌族自治州均有此马。再有就是青藏高原的腹地巴颜喀拉山南麓的山丹马，这种马体质粗壮、结实，速度和持久力都很不错，可适应4000—5000米的海拔高度。

赛马作为传统娱乐活动，可以追溯到吐蕃盛世。善骑尚武的藏民族曾征服、兼并了苏毗、羊同、白兰、党项、附国、吐谷浑等部落，统一了青藏高原各部。由此可见，后来发展起来的赛马运动是有着深刻的历史文化背景的。从古至今，赛马运动在各个藏区定期

---

① 王铁权：中国百科网。

举行，广大藏族群众深爱着这一骏马奔腾的娱乐活动，久而久之，赛马运动成为藏族群众生活的一部分，而且是重要的一部分。

一、藏族文学中反映的马与赛马

藏族文学作品十分丰富，无论是藏族作家文学还是民间文学，涉及马与赛马的内容都很多。有些作品是直接说马，有些是间接提及。从总体上看，涉及马与赛马的作品在藏族文学中占有一席之地。

（一）文学中反映的骏马

藏族群众在长期牧业生活与生产劳动中，很自然地与马结下了不解之缘，久而久之，马成为人们生活与生产中不可缺少的一部分。在长期的饲养过程中，人们认识马、了解马，并形成了一整套经验。比如藏族文学作品对藏族人识马就做了十分细致的描述：

马的长相分三类：
凤凰脸型是上品，
山羊面孔居中等，
鹿子脸蛋是下品。

再如：

马的腿形分三类：
牛腿、鹿腿、山羊腿，
牛腿第一鹿腿次，
山羊腿排在最劣等。

对马身的结构及特点也做了严格说明，比如：

耳朵后面是头颅，
太高不如低的好。
尾巴后面是臀部，
低的又不如高的强。
腿部似怀胎母马的乳房，
突起不如铺展好。
端直且厚的头顶，
高耸要比低垂的强。
颈鬃犹如白绸飘，
长的要比短的好。
竖鬃擎天柱，
高的更比低的强。
……

除此之外，对马的其他部位也都有详细的解释。诸如，马的齿型分七类、毛质不同也分五大类、马蹄类型分七种，还有关于马的骨节、肌腱等也都做了细致的介绍。以上仅仅是从马的外部体形特征来分析马的优劣，更难能可贵的是，藏族群众还从解剖学的角度，更加深入、全面地对马匹的脏器做了汇总：

锁骨内面是肺叶，
小巧更比硕大佳。
外肋骨内面是肾脏，
凸起要比凹陷的好。
……

盛气的肺脏要宽大，
盛血的肝脏要小巧，
盛食的肠子需粗壮，
盛血的心脉薄算佳，
五脏六腑如此是良马。[①]

在长期的牧业生产中，藏族牧民不断积累着饲养马匹和辨别良驹的经验，对马由表及里的观察是非常细致的，同时也为以后的赛马前对马匹的挑选提供了令人信服的依据。

（二）文学中表现的骏马驰骋

从藏族文学作品中还可以看到大量与赛马相关的内容，如一首民歌这样写道：

在高高的山顶上，
驰骋着百匹骏马。
去年是百马驰骋的地方，
今年是金鞍聚集的地方。

在藏族谚语中也留有策马扬鞭的痕迹：

君主即使渊博，
也要取法于他人。
良马虽然善走，
也要催之以鞭策。

---

① 李学琴译：《格萨尔王传·赛马登位》，西南民族学院（今西南民族大学）语言文学研究所、四川省《格萨尔》工作领导小组办公室，第92-95页。

再看藏族的卜辞：

马儿呢有美名，
唐噶呢和尼噶。
不知呢野牛肉，
牛尾呢作鬃饰。
飞驰呢野牛前，
四蹄呢不沾地。
宝鞍呢鞍身短，
不会呢磨背疮。
扬起呢白藤鞭，
催马呢奔向前。

文学作品中对骏马驰骋，奋力争先的场面做了具体描述；对策马扬鞭，催动坐骑的情形做了形象的说明。藏族文学作品中的这些内容可以使我们总结出以下几点：首先，藏族群众酷爱骑马，尤其是飞驰的骏马。实际上，骑上骏马，在原野上驰骋就是赛马运动的基础。暂不提历史及文化的因素，如果没有骏马的奔驰，哪儿来赛马的欲望。其次，藏族群众对于他们朝夕相处的马是何等的依恋，能在一个民族的文学作品中看到许多有关骏马奔腾的记载，本身就足以说明，在长期的牧业生产过程中，马既在人们的经济生活中发挥着作用，同时也深植于人们的精神世界之中。最后，藏族群众把驾驭马匹的技巧和规律拓展到社会生活的其他方面，用以解释问题，说明道理。

二、历史上的赛马盛事

在藏族历史上举行过无数次赛马活动，虽然说没留下真正意义上的与赛马相关的记载，但是从一些藏文典籍、史诗和分散在藏区各寺庙的壁画，还是能够对当时的赛马场面和赛马状况有一个大概的了解。

（一）史料记载的赛马

公元779年，西藏第一座真正意义上的佛教寺院——桑耶寺竣工，由藏王赤松德赞和印度高僧主持了盛大的开光典礼。据藏族的一部重要史料《贤者喜宴》所记，此次庆祝活动持续了一年之久。其中记载的一系列欢庆活动中就有赛马，这也是迄今发现得最早的有关赛马的记载。赛马的内容在桑耶寺所有大小佛殿和回廊的壁画上均可看到，尤其在“乌孜”大殿东门内侧回廊和中层回廊两处壁画均绘有“体育活动”方面的内容，如抱石、射箭、摔跤、赛跑、赛马。据何周德、索朗旺堆编著的《桑耶寺简志》所言，赛马这部分壁画共出现了19匹马。由壁画可知，比赛正在进行中，骑手们俯身坐在马背上，策马扬鞭，急速奔驰，马儿四蹄腾空，昂首引颈，奋力向前冲。赛马者头戴胡帽，身穿长袍，脚穿长靴。一名裁判手拿短鞭在旁指挥。据史料记载，赛马运动一般会进行半个月，赛马的形式也不尽相同。从壁画上来看，其方式有两种：一种是长距离赛马，以马儿跑得快慢决胜负；还有另一种是在中心点有一骑士骑马而立，另有两位骑士自等距离不同的两个方向向中心点飞驰而来，以先到达中心点为胜。

（二）史诗《格萨尔王传》与赛马

《格萨尔王传》是一部在藏族百姓中广泛流传的英雄史诗，大约产生于1000年前的藏族社会，主要描绘的是藏族社会处于分裂割据、互相征战的历史场景。在流传过程中不断有人创作新篇目，截至1985年，已经调查有据的版本有100多部，属目前所知的世界上独一无二的英雄史诗之冠。在这部浩繁的史诗中有一部名为《赛马登位》的作品，该作品记述十分精彩、详细和完整，故将《格萨尔王传·赛马登位》从作品章节中分离出来，单独做一介绍。

格萨尔是藏族历史上一位杰出的军事家和体育家。他长年征战于沙场，习武于兵马之中，他拥有高超的骑术，其胯下的骏马也十分出众。《赛马登位》讲的就是格萨尔通过长距离赛马的激烈竞赛方式，获得岭国国王的故事。史诗中对参赛的骏马、骏马的名字、赛马的场面以及骑手们驾驭骏马的能力都做了出神入化的描述。如对骏马的夸赞：“红艳艳的全身毛梢上，天神马头明王在旋绕；直直的鬃和长长的马尾上，无数歼敌战神在旋绕；……油光光的胸脯上，福寿兴旺的神灵在旋绕；耳朵尖一撮鹫毛上，洞察三界的慧眼在旋绕；……”史诗中的骏马都有自己好听的名字，如：追风玉骢、雪山雄狮、追风绝地、千里绝群、善飞天鹅、飞翻奔雷、孔雀银骢、绝尘银驹、闪光银驹、飘逸赤电、赤兔飞黄、白踵骅骝、白额善驰、白唇赤驹、白蹄孔雀、黑花牦牛等等。由于参赛的骑手众多，赛马场面十分壮观，骑手们“上山如同浓雾向上涌，下山好似滚石落下坡，平地奔驰像鹰盘旋”。再者，《赛马登位》表现的是长距离的赛马，选手们“有的在山麓，有的在草原，前前后后，马不停蹄地向前奔驰着”。到后来，英雄的格萨尔催动宝马“风幻轮”风驰电掣般超过众骑手，夺得第一名，最终登上了国王的宝座。当然，整部史诗中有着十分浓重的宗教色彩，格萨尔在整个赛马过程中得到了各路“大神”的帮助，此外，参赛马匹也都是通人性、懂语言的。诚然，《格萨尔王传》是在以高原为背景，以牧业为依托的情况下产生的。马曾经是青藏高原各部落军队的命脉之一，通过赛马的形式决定一个部落的归属是合情合理的。长期以来，格萨尔成为藏族人民的骄傲，也是他们崇拜的对象。这种崇拜的风俗文化逐渐地在藏族群众心中扎下了根——藏区的赛马运动频繁，人们喜欢观看。对英雄的崇拜之情也在赛马过程中得以释放，人们视夺魁者为英雄，报之以发自心底的欢呼。

三、赛马与节日紧密相连

赛马是藏族民众十分喜爱的一项活动，这从两点上最能得到证明。一是藏族群众有自己的赛马节日，而且还不局限在一个地方，而是在不同时间、不同地点都要以赛马来庆祝这个节日，从这点上就完全可以看出，赛马这项运动较之其他运动项目的重要性。二是在所有的藏族民间传承的节日中，赛马运动几乎是不可缺少的，而且还是诸多比赛项目中的“重头戏”。这充分说明赛马运动的历史延续性没有受到任何干扰，对英雄的崇拜也好，对马匹的热爱也罢，总之，藏族这一特殊的古朴遗风被完完全全地继承了下来。

（一）藏族的赛马节

青藏高原上举行过无数次赛马运动，而且这一体育运动一代传一代。赛马的规模在不断发展，观众的数量也在不断增加，后来逐渐形成了赛马节日。发展到今天，藏族赛马节的数量有所增加。如：藏北赛马节、松宗赛马节、那曲赛马节、当雄赛马节、羌塘恰青赛马节、定日赛马节、康定赛马节、理塘八一赛马节、盘坡赛马节、天祝赛马节、中甸端阳赛马会等等。藏族赛马运动相当普遍，受到包括西藏、甘肃、四川、青海和云南五省区内居住的藏族同胞的喜爱。

从这些赛马节日来看，它们有共同点。首先，不同区域的赛马，从项目安排、赛事规则到具体细则大致一样。其次，从赛马运动的几个要件来看，情况也是相同的。诸如，第一，参赛马匹都属于家庭财产，在平时，这些马匹都作为役用，只是到了赛马节这天才派上娱乐的用场。第二，参赛的骑手也不是专业骑手，在平时要参加各种生产劳动。第三，场地是在宽阔平坦的草原。第四，观众怀着浓厚的兴趣，从周边十里八乡自发而来。一般而言，骑手的家人是一定要到场助兴的。最后，赛马节多在八月举办，比赛时间多为一天。

不同地区的赛马节也有不同的情况，单说赛马节的起源，即可看出它们的差别。上边谈到，藏族人喜好赛马，这同环境有关，也同历史上的尚武精神有关，更与英雄崇拜有关。这些是促使藏族群众对骏马情有独钟，对赛马运动具有强烈参与意识的主要原因。更是赛马运动流传至今，乃至形成赛马节的大背景。在这个大背景下，关于各个藏区赛马节的起源还有一些不同的传说。比如，甘肃天祝赛马节是为了纪念古代在抵御外族战斗中英勇献身的十三位英雄，开幕式上还要鸣礼炮十三响，以示对十三位英雄的敬意。在节日期间，还有歌舞团和杂技团前来助兴。四川康定赛马节又叫康定跑马山赛马大会，在每年六月举行，传说是为了向“山神”祈福，祈求风调雨顺。每年农历五月初十，康定百姓和僧侣便会聚集在跑马山下，共同祭祀“神山”。云南中甸端阳赛马节，顾名思义是庆祝端午节的一次赛马运动。还有的赛马节打破了地区的界限，成为几个藏区群众共同庆贺的节日，如青海玉树“三江源”赛马节。由于青海玉树、云南迪庆、西藏昌都、四川甘孜三州一地山水相连，从古至今，经济相融，商贾往来其间。“三江源”赛马节的历史不长，兴起于20世纪末，至今也不过举行了五六届，从某种意义上讲，该赛马节不过是青、滇、藏、川毗邻地区文化旅游节的一个部分，但如果从赛马运动的角度而言，它可谓是一次规模空前的赛马盛事。三州一地的赛马高手云集于青海省玉树藏族自治州扎西科草原，当地各族群众几万人到场助威，随着其规模的不断扩大，最近两届赛马节还吸引了不少外地人和国外游客到场观阵。另外，每年八月在青海省门源还有一个盘坡赛马节，这个赛马节的最大特点就是除了藏族以外，还有蒙古族、土族、回族、汉族等各族骑手参赛，可以说这是一个民族团结的赛马盛会。

（二）赛马与民俗节日

藏族民俗节日有很多。有庆贺方面的，如藏历年、林卡节、香浪节、“六月六”歌舞会；宗教方面的有吉祥天母节、插箭节、转山会，等等。在大大小小的民俗节日中，还有一系列竞技运动为节日助兴，其中的赛马运动是场“重头戏”。除上面所讲的历史因素、环境因素，赛马运动还有这样几个特点：首先，一人一骑整体体积大，看似伟岸，造成视觉上的冲击；其次，马儿四蹄落地发出的声响和骏马飞驰擦身而过留下的呼啸声，带来听觉效果的刺激；最后，马的奔跑速度快，犹如风驰电掣，给观赛者心理上造成一种强烈的震撼。故在藏族各类运动项目中，赛马是最激动人心的、最具有感染力的。

四、独具地方特色的赛马形式

在藏区，赛马的形式灵活多样，有速度赛马、走马、跑马射击、跑马射箭、跑马拾哈达。我们可以简单地把这些不同形式的赛马分为两个大类，速度赛马和马术比赛。

（一）赛马

从距离上看有一二里的短程赛，有十里以内的中程赛，也有几十里的长赛程，其中十公里左右的赛程居多。而正式比赛就比较规范，并有专门的赛马场地。比如云南省第八届少数民族传统体育运动会马术竞赛规则规定，速度赛马的赛程为 1000 米、2000 米、3000 米、5000 米，走马为 1000 米、2000 米、3000 米。速度赛马也要求按照国家体育总局审定的《速度赛马竞赛规则》进行。

为了参加重要比赛，赛前骑手们还会对参赛马匹进行精心饲养、训练和调理，这一系列准备工作，在不同的藏区赛手会有不同的办法。如在安多地区对给马提供的精饲料的数量是有严格规定的，此外什么时间提供也很有讲究，连凌晨时分让马啃食地上的青草的口数也有节制。既要保证参赛马匹有足够的营养，又要避免马匹过肥。再如当雄地区，参赛前 40 天到 2 个月，每到深夜便将马浸泡在冰冷的河水里，据说，经冰水浸泡过的骏马，跑势凌厉，且有耐力。

（二）马术比赛

还有一些具有民族特点的赛马活动，不同于国内其他地区乃至世界各地的真正意义的赛马，也不按速度决定胜负（正规比赛是要计算时间的），而是看骑手在马背上做出的高难技术动作，这在其他地区或许被认为属于马术范畴，然而，藏区人们依然习惯叫它赛马。比如跑马耍枪、马上拾哈达、马上射箭、马上献青稞酒等。在这里着重介绍一下跑马耍枪、跑马射箭和跑马拾哈达。

1. 跑马耍枪。这是一项颇具趣味的传统竞赛项目，它有一整套规定动作，要求骑手在规定的赛程内完成，动作要连贯、协调，姿势要优美、舒展。有些地区跑马耍枪的规定动作是由马术的动作发展而来，有十多个环节。比如耍枪动作要求骑手首先从背后取下火枪，举至头顶，顺时针方向转圈，接着将枪支从身后递至左手举到头顶，然后逆时针方向转圈，接下去要从马脖子下把枪传至右手射低靶。这个项目一般被设定为团体比赛，要看参赛队的整体实力，即以参赛队中所有选手的动作完成情况和射击的准确度来决定名次，因此，这个项目只有团体成绩，没有个人成绩。

2. 跑马拾哈达。在众多的马上竞技项目中，跑马拾哈达的难度最大，对骑手的马上功夫和驾驭马的能力的要求都比较严格，比赛过程中要求骑手在疾驰的马背上俯下身子把横铺在赛道上的数条哈达拾起来，计算成绩的依据是拾起哈达的条数，以多少来决定团体的名次（如果两队所拾的哈达数量相等，那么就要看用时长短来决定名次了）。如果在比赛中，奔跑的马匹减速或者停顿，所得哈达就不能算数。

3. 跑马射箭。这是一项激烈精彩的竞技项目。赛道大约有 200 米长，在 100 米处的左右两边各设一个靶子。藏区各地所用的靶子是由不同材质制成的，正规一些的靶子是在一个 2 米见方的木板上上贴靶环下支架子固定而成，靶心距离地面高度大概 2 米。两个靶子被放置在距赛道两三米远的地方。比赛开始，骑手从起点驱动坐骑，飞奔而来，当接近靶子时，骑手侧身瞄准靶心，开弓放箭。每轮比赛要求骑手向两个靶子各射一箭，以总环数的多少论胜负。跑马射箭这项运动起源于后藏江孜，15 世纪后流传到拉萨、贡布、羌塘等其他藏区。后来拉萨的跑马射箭还增添了新的项目，如平射，按射出箭的远近定胜负；对空射箭，比箭射出的高低。工布地区跑马射箭所使用的箭支均为响箭，当地藏民在箭头上做了处理，箭离弦后，发出尖利的响声。

由于跑马耍枪、跑马拾哈达和跑马射箭这三项运动主要是看骑手的技术动作，对马的奔跑速度并无太高要求，所以，骑手们在选择参赛马匹时要考虑到这一点，尽可能选择相对较矮的马匹。比赛前要对参赛马匹进行细心挑选，对马的口齿、身量、体态、毛色等都有严格的要求。看口齿是判断马匹的年龄；观察马的身量和体态，判断它善跑、稳健的能力；选择红色或白色的马匹，以求好运和吉祥。

结语

赛马是藏族民众十分喜爱的一项运动，除专门的赛马节以及其他民俗节日外，在一些藏区，无论是祭山敬神还是操办婚事，乃至迎宾送客等都离不开赛马竞技。当前，有些藏区还成立了业余马术队，在节日期间娱乐群众。有的地区还把赛马节列入省级非物质文化遗产名录。藏族赛马既有历史文化背景，又具有经济文化背景。可以说，藏族赛马运动是在两种文化背景的依托下对民族精神的展示。居住在五省区的藏族群众在一系列民俗节日和喜庆的日子里，举办了许许多多规模不等、形式不同、各具特色的赛马运动。赛马文化就体现在这些赛马运动中。一方面，赛场上骏马奔腾，骑手驾驭赛马的技能和各种马上功夫，骑手潇洒而漂亮的着装以及对赛马的精心打扮，对夺魁者的奖励，赛前对马匹的挑选与历练，等等。另一方面，藏族观众对赛马运动的热爱，对赛马运动所持有的那份高涨的激情，对冠军的敬慕，等等。所有这些造就了独具民族特色的赛马文化，赛马文化也在当前改革开放、创建和谐社会的进程中得以发扬光大。

跋

整理好这部文集以后，我想借此机会介绍一个人，说说我俩曾经的一段交往。这个人就是中央民族大学音乐学院教员嘉雍群培。

嘉雍群培于 2014 年 11 月 7 日因胃癌不幸去世，享年 59 岁。

嘉雍群培，藏族，青海省玉树人。中央民族大学音乐学院教授，博士生导师。曾担任“中国传统音乐”“中国少数民族音乐”“藏族文化艺术”“艺术概论”等课程的主讲人。出版发表有《雪域乐学新论》《藏族宗教与文化》《藏族文化艺术》《中国少数民族乐器》(合著)《中华民族史》(西藏部分)《中国民间舞蹈集成·青海卷》(藏族部分)《玉树民间故事集》(合著)《玉树民间谚语》(合著)等论著和 50 余篇论文。

我俩是在他调到藏学院时相识的（后来他又被调到音乐学院)。那时我们经常出没于学校周边的各个茶吧。1999 年夏，我在北京理工大学南墙偏东一点的位置发现了一家叫“小巫山”的茶吧，老板是少数民族，也是我的中学同学、发小和东北老乡，只是很长时间没联系了。偶遇“小巫山”，邂逅店主人，我兴奋异常，没过几天就带着嘉雍群培兴冲冲地赶了过去，让他与我一起分享在家门口再遇故知的这份喜悦。我把老板向他做了介绍，当时大家都很高兴。我觉得一个熟人经营的茶吧会很温馨，聊天也方便。于是，这里就成了我俩“摆龙门阵”的地方，常常是叫上一壶茶，坐上两三个钟头。店老板也盼着我们去，还常常加入我们，经常送些吃的给我们。店老板做得好，我很满意，嘉雍群培羡慕我，常常露出惊喜的表情。这样，我俩一周得去个一两次。

其实去茶吧的目的不是为了喝茶，主要还是为了接触、聊天，大部分时间是谈论学术方面的一些事。嘉雍群培来自藏区，以前又在群艺馆工作，有关藏学的事情知道得很多，所以我从他那里了解了许多情况。有时，我们也讨论课题方面的内容，谈论图书出版内容和教学实践中的一些体会。记得有一段时间我们谈得更多的是如何与社会上的一些文化团体联合做些文化产业方面的工作。当然，嘉雍群培也经常把他在北京的所见所闻说给我听，并向我打听其中一些他认为的“怪事”的原委。总之，我们谈论的话题无所不包，范围很广。不过呢，也时常说点儿轻松的，嬉笑言骂亦有之。偶尔，如果谁不注意，闹出点儿笑话，彼此就做上几句打油诗相互“揶揄”。他写给我的诗还让我多提宝贵意见，我写给他的诗则让他拿去谱曲。两人聚在一起，相互打趣，欢快愉悦。静静地想，那时的我俩真开心。

嘉雍群培，高个儿，不胖，康巴人所具有的那些美好的相貌特征他都有。同时，全身上下还透着一股不俗的气度，举手投足间透露着一抹潇洒。一头长长的卷发，配上一副黑框眼镜，更具艺术家气质。说话时略显瓮声瓮气。大笑起来，哈哈之声清脆而悠扬。他性格开朗，谈吐幽默，对答巧妙，善于脑筋急转弯，常常引人大笑。嘉雍群培说普通话带有浓重的青海口音，比如把“二锅头”读成“爱国头”、把“离过婚的”说成“李国红的”、把“剪影”读成“奸淫”……

一个活脱脱的人，似乎还在眼前晃动，欢声笑语还在耳畔萦绕，可人呢？到哪里去找寻，听说骨灰都做成“擦擦”了。